分断社会と若者の今

吉川 徹
狭間諒多朗 編

大阪大学出版会

目次

序章

分断社会を生きる若者たち

吉川徹
狭間諒多朗

吉川徹，狭間諒多朗

1　日本の若者論の今

若者論は現代社会学において、活況を呈している分野である。若者論とは、若年層に焦点を絞った社会学研究をいう。一九九〇年代に女子高生の新しい動向を論じた宮台真司の『制服少女たちの選択』（一九九四）から、二〇一〇年代の古市憲寿の『絶望の国の幸福な若者たち』（二〇一一）に至るまで、見通しの効かない平成の日本社会を生きる若者たちの姿は、様々に論じられてきた。

昨今耳にするのは、「今の若者は、日本社会のあり方や自分たちの生き方について、以前よりも肯定的になっていて、幸福で満足だと感じている」、「若者たちの価値観がゆるやかに保守回帰している」、「若者の日常の活動が、以前よりも消極的でおとなしくなっている」などの傾向である。本書では、ときに相互矛盾するこれらの現代若者言説の正否を、成人を対象とした最新の大規模社会調査のデータによって検証していく。

一般に若者論では、日常の人間関係、消費やファッション、趣味や社会的活動、音楽やアート、パフォーマンスなどの文化事象、そしてインターネット上の言説のように、かたちを捉えにくい萌芽的な社会現象や風潮が扱われることが多い。そうした場合、当事者である若者たちの語りの聞き取り、参与観察、テキスト、音声、画像や映像などが分析の対象となる。いわゆる質的な研究である。事例の個別性・固有性を大切にするこうした議論は、人々の感性に訴求することで大きな説得力を持つが、その反面、議論の普遍性や信ぴょう性に疑念が呈されることも少なくない。

これとは対照的に、調査計量というアプローチは、議論の「自由度」は高くないが、客観性の高い方法だといえる。本書で一貫して用いるのはこちらの方法である。以下では、これを計量若者論と呼ぶ。

見田宗介は、高度経済成長期に出色の若者論を展開したことで知られる社会学者である。彼はあるところで、質的研究は「おもしろいが、たしかさがない」立論になりがちだが、調査計量は「たしかだが、おもしろくない」分析に終ることになりがちだ、と質的・量的、双方のアプローチが持つ「弱点」に注意をうながしている（見田　一九七九）。「おもしろくない」分析というのは、既存の命題を後追いで検証せざるをえない調査計量というアプローチが、「そんなことならば、すでにだれもが感じている（≒知っている）」というような、自明の事実をなぞるものになりがちだということを指摘したものである。調査計量が持つこの性格は如何ともしがたいのだが、見田が構想したのは、両者の有機的分業と対抗的相補関係であったと考えられる。

では、計量若者論の現在の動向はどうだろうか。一般にはあまり知られていないかもしれないが、現代日本における計量若者論は、着実に厚みを増しつつある。社会学の書籍に限ってみても、この一〇年ほどの間に、次にあげるような緻密な研究成果が示されてきた。

海野道郎・片瀬一男編（二〇〇八）『〈失われた時代〉の高校生の意識』、中澤渉・藤原翔編（二〇一五）『格差社会の中の高校生―家族・学校・進路選択』、友枝敏雄編（二〇一五）『リスク社会を生きる若者たち―高校生の意識調査から』、藤村正之・浅野智彦・羽渕一代編（二〇一六）『現代若者の幸福―不安感社会を生きる』、石田浩編（二〇一七）『格差の連鎖と若者1　教育とキャリア』、佐藤香編（二〇一七）『格差の連鎖と若者3　ライフデザインと希望』、乾彰夫・本田由紀・中村高康編（二〇一七）『危機のなかの若者たち―教育とキャリアに関する五年間の追跡調査』、尾嶋史章・荒牧草平編（二〇一八）『高校生たちのゆくえ―学校パネル調査からみた進路と生活の30年』――。

これらはいずれも、一〇代の学齢期（高校在籍時）から初職就業への移行と、その後の職歴形成という過程にあって、揺れ動く現代若者の生活実態を、繰り返し調査、パネル調査などの複合データを駆使して解明する研究である。若者論が、質的研究ばかりではなく、調査計量研究のエビデンスも確認しつつ、複眼的に現実に迫っていることの意義は大きい。

本書もまた、「たしかで、おもしろい」若者論を求め、調査計量を展開する。多くの量的研究が進められている中で、わたしたちの研究アプローチが持つ特長をあげるとすれば、それは全国規模の社会調査データのうちの若年男女に着目しているということである。具体的には、本書では、学齢期の青少年をあえて対象に含めず、若者の定義として、その年齢層を二〇歳〜三九歳（もしくは三四歳）と、やや高めに設定している。この点で、本書で扱われる若者は、正確には青少年ではなく「現代日本の若年成人」だということになる。

この対象設定により、各章の関心は青少年の人生の形成過程の把握ではなく、若年成人たちが「大人の世界」の社会的地位の上下構造とどのように向き合い、そこにどのように埋め込まれているかをみることに置かれる。これは、計量社会意識論の枠組み（吉川 二〇一四）を若年層に対して適用する試みだということもできる。[1] 本書のタイトル『分断社会と若者の今』は、この方針を示している。

2　若者を測り出すことの難しさ

現代日本の若者を理解し、記述することは容易ではない。「〈若者〉の溶解」ともいわれる捉え難さが進行しているためである。浅野は、若者論の実情について、次のように警鐘を鳴らしている。

「若者の○×離れ」を考えてみよう。「○×」には様々な項目が入り得る。お酒、車、洋楽、テレビ、新聞、活字、等々。それらを商品として売る側からすれば、かつて存在した市場が失われることは大問題であろう。だが、そこで描き出されている若者はいったい何者なのだろうか。注意深くみてみれば、その「若者」は、「かつての若者のようには○×にお金を使わない」ものとして描き出されている。端的にいえば、それは「(消費の旺盛さという観点からみたときに)かつての若者ではない」若者である、といわれているのである。この描像は、「何ではないか」かという点については雄弁に語っているが、「何であるか」については何も語っていない。むしろ、それが語っているのは過去の若者であるということもできよう。旺盛に消費してくれた過去の若者たち。その像にマイナスの符号をつけたもの、それが「若者の○×離れ」語りだ。過去の若者(もう少し正確にいえば、その残像のようなもの)についての語りとしては饒舌であっても、現在の若者については驚くほど何もいっていない(「〜でない」としかいっていない)。(浅野 二〇一六b、iii〜iv)

若者論が分析を進める上で難しい課題を抱えていることは、別の側面からも指摘することができる。まず実態として、日本社会における若者の人口面でのプレゼンスが、以前よりも減少しているということがある。新成人の同年人口は、この数年は約一二〇万人であり、これは日本の総人口の約一％でしかない。一〇生年集めても、総人口の一割程度にすぎないということになる。必然的に、若者の社会的プレゼンスは以前よりも小さくなりつつある。

この実態を受けて、「若者」の定義上の年齢幅は、徐々に高い方へと引き上げられてきた。政府統計や官庁の公式文書においては、かつては二〇歳前後であった若者の年齢幅が、いつしか三五歳までとされるようになり、現在では四〇歳未満という見方が定着しはじめている。

「何歳までが若者か？」ということについては、形式上の定義にとどまらず、実態としても「高年齢化」を指摘できる。雇用の流動化の進行、非正規雇用の増大、晩婚化、少子化、離婚率の高まり、非典型家族の増加と家族役割の多様化などにより、現代日本の成人の少なからぬ人々が、社会にとりあえず出た後もなお、不安定な状態に置かれているのだ。

Ａ・ギデンズ（一九九一）は、近代以後の社会に生きる現代人が、既存の社会的役割から脱埋め込みされた状態にあることを論じている。他方Ｅ・Ｈ・エリクソン（一九六八）に従えば、若者は社会と個人のソリッドな結びつきをいまだ確立していない、モラトリアム状態をその特徴とする。両者を合わせみれば、現代人は、社会に出てからも社会的アイデンティティを確立しえない「脱埋め込み≒モラトリアム」の状態にあるとみることができ、青年期の長期化と符合する現象だという理解が成り立つ。本書が二〇～三〇代の若年成人を分析対象としているのは、この実情への対応でもある。

他方で、若者を一括りの年齢集団（コーホート）だとみなして、「今の若者は…」という総体としての傾向を述べることの限界もしばしば指摘されてきた。団塊の世代に代表される高度経済成長期の若者までは、若年コーホートは世代集団としての画一性を持っていたとされるが、現代若者はもはやかつてのようにひとまとまりの文化現象を呈さなくなっている。難波功士（二〇〇七）に従えば、若者論は、はじめは「〇〇族」という言葉でこの実態に対応していたが、こんにちではオタク系、ストリート系、ロハス系、草食系、意識高い系、自分探し系…などと「〇〇系」という言葉で細かな細分化に対応しているとみることができる。他方、マーケティング・アナリストの原田曜平（二〇一三、二〇一四）は、近年の若年層に消費や文化活動の消極性が蔓延していることについて、若年大卒層については「さとり世代」、若年非大卒層については「マイルドヤンキー」という別の言葉を与え、その傾向の異なりを示している。

このように多様化の進む若者像について、本書では男性／女性、大卒／非大卒、正規／非正規、未婚／既婚といった、それぞれの若者の社会的属性を枠組みとして計量分析を進めていく。これは、流動的で境界の定まらない文化集団そのものを対象として追うのではなく、動かしがたいアイデンティティにもとづいた、個々の若者の生き様や考え方の異なりから、若者をめぐる文化現象の実像を読み解く手がかりを得るためである。

計量若者論という方法にかかわって、もう一つあげておくべき困難は、若者の日常や人間関係が、ＳＮＳをはじめとしたインターネットの世界に大きなウェイトを置いた状態にあるということだ。そこで生起している現象は、不定形で、時空を超えて潜在していて、姿を捉えにくい。これはしばしば「バーチャル」という言葉によって「リアル」な世界との不接続性を強調される。そしてこの「バーチャル」な領域の拡大により、若者にとって「リアル」な社会が持つ意味は、少なからず薄らぎつつあるようだ。このことは否定しようがないだろう。

ところが、調査計量は、あくまで「リアル」な社会的地位や役割と個人のつながりを正確に測り出そうとする方法である。成人対象の社会調査でいえば、年齢、性別、職業、家族、居住地域、所属集団などの社会的属性が詳しく把握され、これらが人々の意識や行動を規定している影響力が分析される。これらは社会と個人の間にソリッドな（定常的な）結びつきが成立していて、その接点が、現代人の社会的アイデンティティの源泉となっているという見方にもとづいている。けれども、潜在する「バーチャル」な世界とは、そもそもこれらの「リアル」な実態ではないものというのがその定義であるのだから、それを大規模社会調査で測り出すことは容易ではない。

こうした実情や限界について、わたしたちは次のように考えている。現代日本の若年成人たちは、ネット上の世界を生活上不可欠のものとしながらも、なお「リアル」な現代社会の巨大な力と対峙し、否応なく絡めとられているという側面もあわせもっている。そこで本書における計量若者論は、若者たちにとっての「バーチャル」な領域の重要性に十分に配慮しつつ、あえて社会と若者たちの「リアル」な接点のほうに焦点を定めるものとする。

〈若者〉の溶解、少子高齢化による相対的な人口比率の低下、青年期の長期化、集団としての多様化、生活構造の「バーチャル」化という状況を考慮すると、現代若者の実態について調査データをもとに描き出すのは、決して容易なことではない。それでも、現代日本の若者論を「たしかな」議論にするためのたたき台となる調査計量のエビデンスが希求されていることは間違いないだろう。

3　若者と日本の分断

すでに述べたように、本書の最大の特性は、分析の射程からティーンエイジャーを外し、対象となる若者たちの年齢を、やや高いほうに移していることである。学齢期の青少年の日常生活は、大人の日常生活と比べると、定型的で画一的であるという特徴を持つ。同じ制服を着て、定時に登校し、定められたカリキュラムで授業を受け、余暇活動や友人関係も同じ学校内にとどまりがちだからである。それゆえ、かれらを対象とした調査では、意識や行動のあり方を左右する社会的な要因（独立変数）は、大人を研究対象とした場合よりも大幅に少なくなってしまう。

この点について、本書が捉える若年成人たちの場合は、多様なかたちで社会との接点を持っており、職業キャリアや家族形成が持つ重要性もはるかに大きい。こうした特性に注目するとき、必然的に、若者と社会的格差の関係が主要論点として浮かび上がることになる。格差というのは、従来の社会学で、階級・階層と呼ばれていたもののことだが、現在の日本社会では、これが、近年欧米でいわれるような分断状況へと進みつつあることが危惧される。そこで本書では、扱う社会調査データの性質にも鑑みて、分断社会の中の若者、あるいは若者の間の分断状況を主題に定めた。

具体的にみてみよう。堀有喜衣（二〇〇七）や乾（二〇一〇）は、学校から仕事への移行の安定性が学歴によって異なっていることを指摘している。実際、総務省の「就業構造基本調査」から非正規職に就いている人の割合を学歴ごとにみてみると、その違いがはっきりとあらわれている（図0－1）(2)。性別や年齢によってグラフの形に違いがあるものの、大きくみれば、学歴が低いほど非正規職に就いている人の割合が高く、なおかつその差が近年広

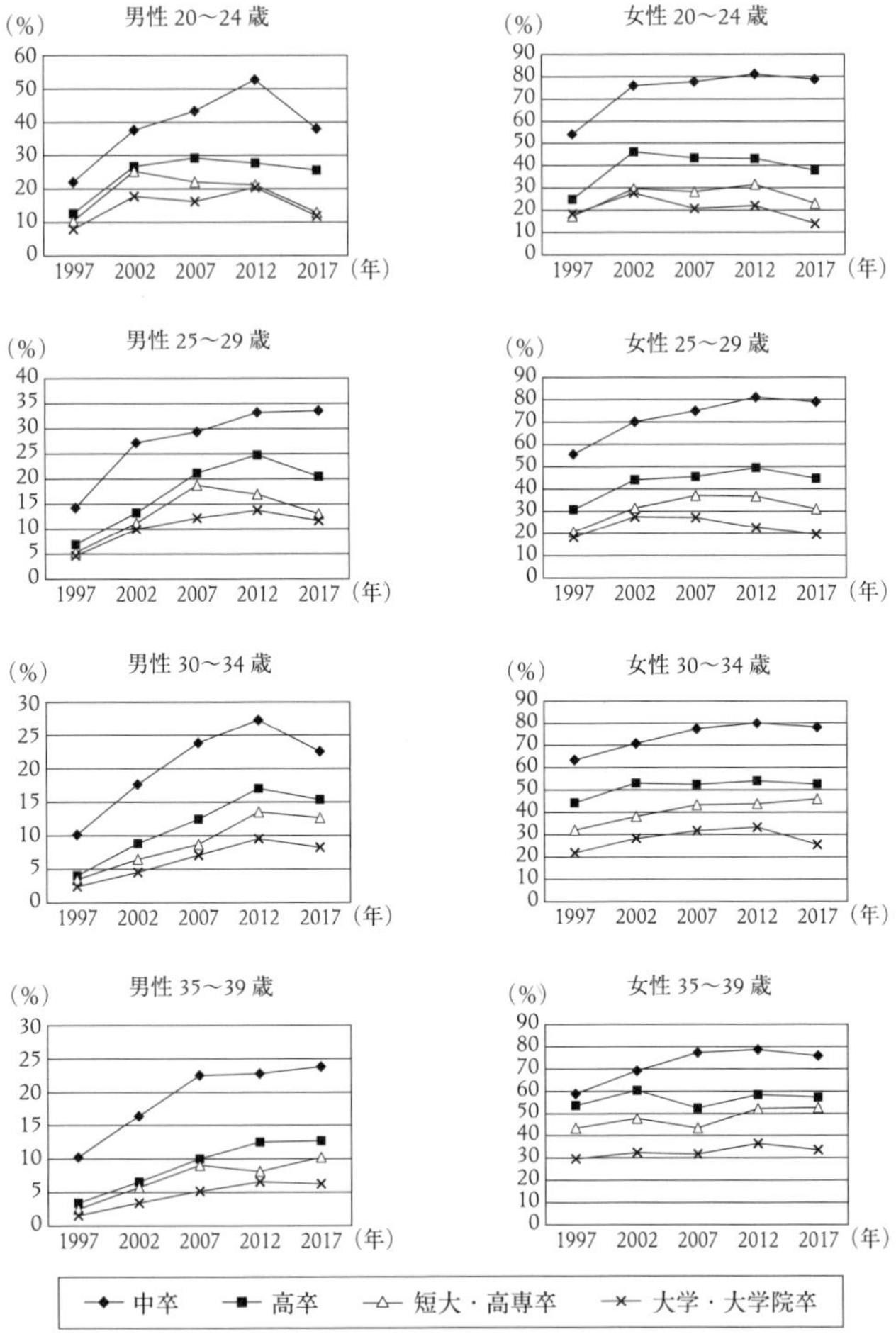

※就業構造基本調査より作成

図 0-1　学歴別非正規雇用者の割合の推移

がっている傾向にあることがみてとれるだろう。

また、厚生労働省の「賃金構造基本統計調査」から学歴ごとの賃金をみても同様の傾向がみられる（図0－2）[3]。男性における中卒層が不安定な動きをしているものの、それ以外は概ね学歴が低いほど賃金が少なくなっている。また多くのグループで、高卒層と大卒層の差が広がっていることがわかる[4]。

さらに吉川徹（二〇一八a）は、『日本の分断―切り離される非大卒若者《レッグス》たち』において、本書と共通のデータの調査計量によって、現代日本の分断状況を論じている。そこで提唱されている枠組みはシンプルで、日本社会の現役世代を、若年（二〇～三〇代）／壮年（四〇～五〇代）、男／女、そして大卒／非大卒の学歴分断線という三つの分断線で区分するというものだ。

これにより、日本を支えている現役世代を、図0－3に示したとおり、若年非大卒男性、若年非大卒女性、若年大卒男性、若年大卒女性、壮年非大卒男性、壮年非大卒女性、壮年大卒男性、壮年大卒女性という、八つのセグメントに切り分けて考えることができる[5]。その比率はほぼ八等分となり、現代日本の現役世代のデータに正方のメッシュをかけたような枠組みが出来上がる。

この枠組みは、性別・世代・学歴という固定的なアイデンティティにもとづいて、現代日

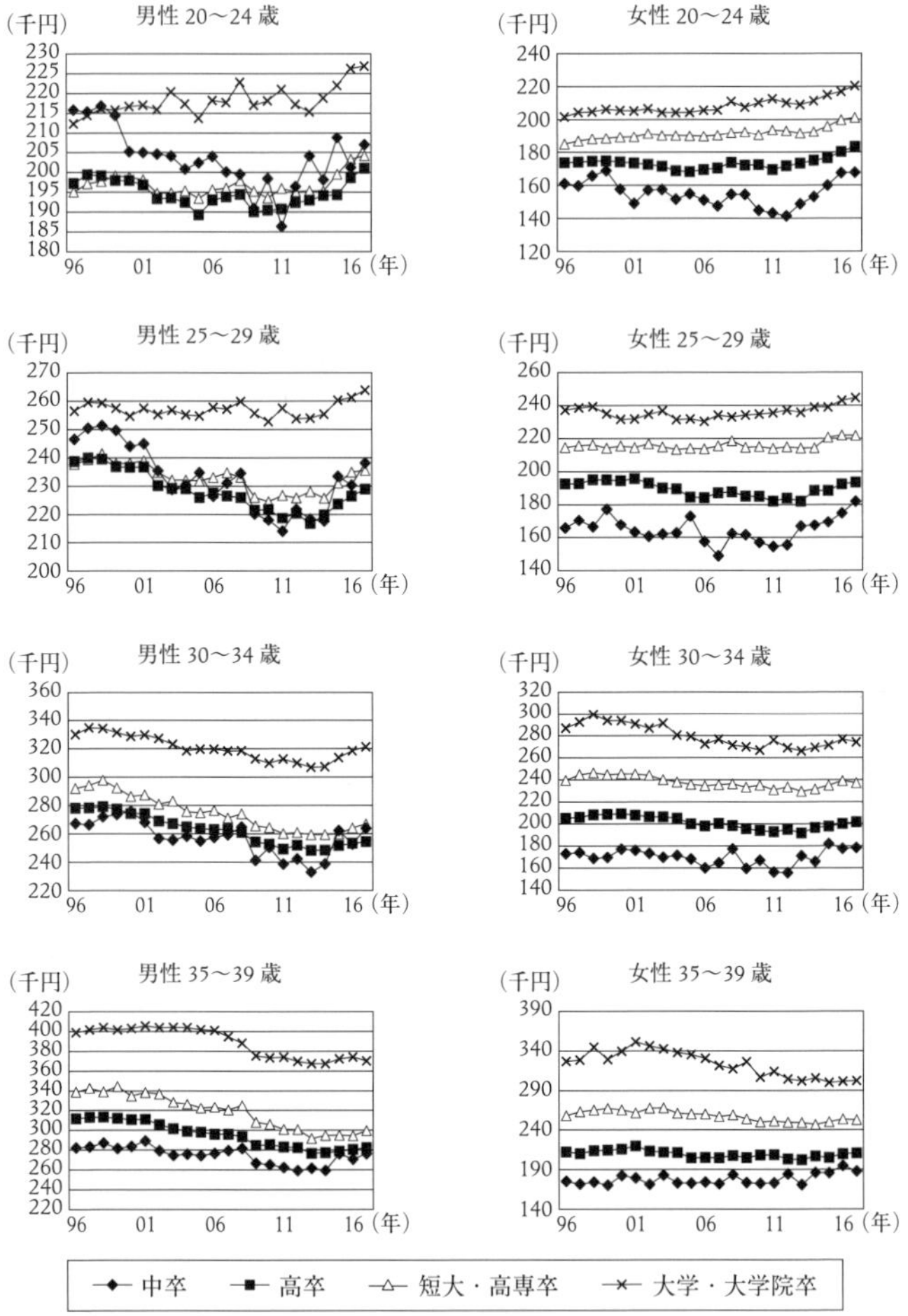

※賃金構造基本統計調査より作成

図 0－2　学歴別賃金の推移

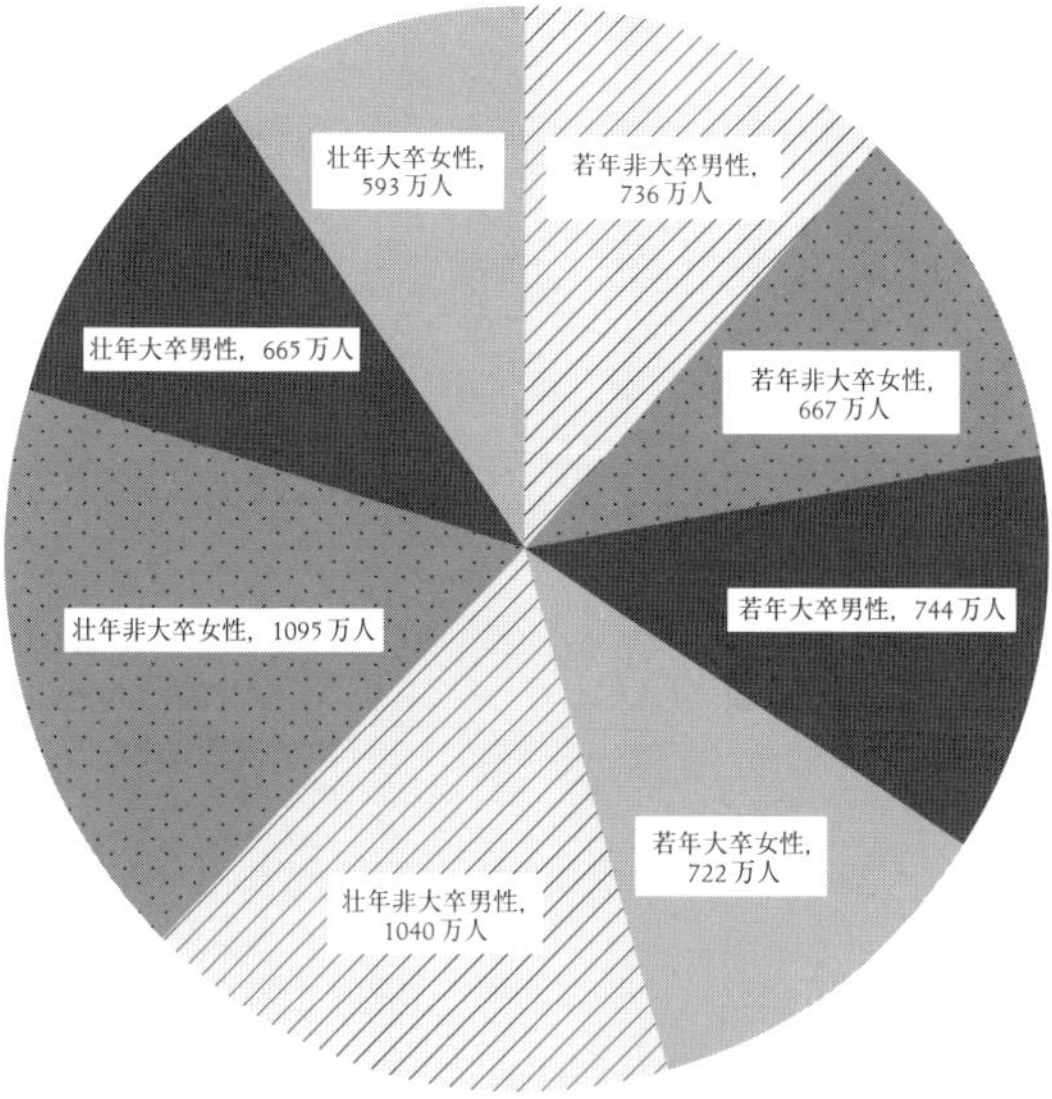

図０－３　８つのセグメントの日本社会における人口比率
（2015 年国勢調査）

本人の姿を整理することを可能にする。さらに、この八つのセグメントの差異を分析することは、性別の効果、世代の効果、学歴の効果、およびそれらの二次および三次の交互作用効果を考慮した場合と同等の情報量を持つ。これにより、若年成人の社会的地位を、性別と学歴に目を配りつつ検討することができる。

　同書では、職業、経済力、家族構成、居住地域、社会的活動、社会的態度などを、この八区分に従って分析している。その結果として、次のような事実が明らかにされている。

- 壮年大卒男性と若年非大卒男性の稼得力にはおよそ二倍以上の差があり、世帯収入には一日約一万円以上の格差がある。
- 壮年大卒男性における非正規雇用者はわずか五・三％だが、若年非大卒男性の非正規雇用者はそのおよそ二・五倍の一四・〇％である。
- 配偶者のいない若年非大卒男性の個人年収は約二五五万円であり、配偶者のいる若年大卒男性の約五三八万円の半分以下にとどまっている。
- 若年大卒女性の子ども数は〇・九一人だが、若年非大卒女性の子ども数は一・三二人である。非大卒女性は少子化を遅らせることにかんして、同年の大卒女性のおよそ一・五倍の貢献をしているとみることができる。
- 非大卒男性の喫煙率は約五〇％だが、大卒男性の喫煙率は約三〇％である。
- 若年非大卒男性の五二・五％は海外旅行の経験を持たないが、若年大卒女性の海外旅行未経験者は二五・九％にとどまっている。
- 若年非大卒男性は、若年層の中では幸福感・満足度が低く、現在志向が高い。

同書では、このようなゼロ次（社会の表面レベル）の命題が数多く提示されている。そして、こうした計量的実態を総合すると、日本社会の本体部分には、ある深刻な凹みがあることが見えてくる。それは若い非大卒男性たちが、雇用や賃金において低い水準に置かれ、多くのリスクを抱え、結婚して子どもを持つことにも出遅れがちで、政治、消費、文化、国際交流など何につけても消極的に社会とかかわっているということだ。同書においては、この層に「レッグス（Lightly Educated Guys）」という呼称を与え、その不利な生活構造と社会とのかかわりの消極性が、現代日本に新たな分断を生じさせていることが指摘される。

本書のいくつかの章では、この『日本の分断』において一般読者向けに素描された、分断社会におけるレッグスの実態について、多変量解析によって、より詳細な検討が加えられている。若者と分断社会の関係を考えるという意味において、本書は同書で提示された論点を専門的に検証する続編と位置づけることができる。

4　注目される若者の意識・行動

若者の意識や行動については、「最近の若者は〇〇」という形で常に注目されてきた。本書では若者の意識や行動を大きく二つに分けて分析を行っていく。

一つは、目に見えやすい形であらわれる若者の意識、そして若者の行動である。本書では前者を表層的社会意識、後者を社会的行動とする。たとえば、最近の若者は社会に対して声をあげずに「おとなしい」、自民党を支持している、消費をしない、幸福であるといった言説は、表層的社会意識・社会的行動に分類される。他にも、進学、労働、家族といったライフコースについての個別具体的な意識についてもこちらに分類してよいだろう。

これらの意識や行動は目に見えやすいために、「最近の若者は○○」という形でまず観察されることになる。身近にいる若者がお金に困っている様子もないのに全然モノを買わなかったり、困難な状況にあるにもかかわらず幸せそうにしていたりするのを見て、「最近の若者は消費しないのだな、幸せなのだな」と考えてしまうといった経験があるかもしれない。

しかし、若者にかんする議論はここで止まらない。目に見える形で若者の意識や行動が観察された後には必ず、「ではなぜ最近の若者は○○なのか」という議論がなされる。このとき注目される、表層的社会意識・社会的行動の背後にある意識が、本書で扱うもう一つの意識、基底的社会意識である。基底的社会意識は人びとの価値観や行動原理をあらわす意識であり、表層的社会意識や社会的行動に影響を与えている。

若者論の中で注目されている基底的社会意識には、たとえば次のようなものがある。一つめは、保守的態度である。具体的には、権威のあるものには従うべきといった従順さや、なるべく現状を維持しよう、古くからのやり方に従おうといった考え方などがあげられる。二つめはコンサマトリーな意識である。これは、高い収入を得たり、高い社会的地位に就いたりするために努力するよりも今を楽しもうとする考え方である。三つめは、他人に追い越されるかもしれない、これまでに獲得したものを失ってしまうかもしれないといった不安感である。この他にも、物質主義や新自由主義、宿命主義、閉塞感といった様々な基底的社会意識が注目されている。それぞれの基底的社会意識が若者論においてなぜ重要なのかについては、各章を読み進めることで明らかとなっていくだろう。

それでは、以上のように若者の意識・行動を分類した上で本書では何を明らかにするのか。本書では、若者の中にある意識や行動の分断を明らかにしていく。従来の「最近の若者は○○」という言説は若者を一括りにすることが多かった。しかし先述のとおり、現在の若者が置かれている立場は多様である。当然、「最近の若者は○○」として語られる意識や行動についても、個人の属性によって違っているはずである。大学進学志向の強い若者、ジェンダー平等意識の強い若者はだれなのかといった問いがまず検証されるべきだろう。さらに、従来議論されてきた基底的社会意識が表層的社会意識や社会的行動に与える影響についても若者の属性と関連づけて議論されなければならない。たとえば現在志向が強いがゆえに若者がおとなしくなっているという言説についても、そもそもどのような若者の現在志向が

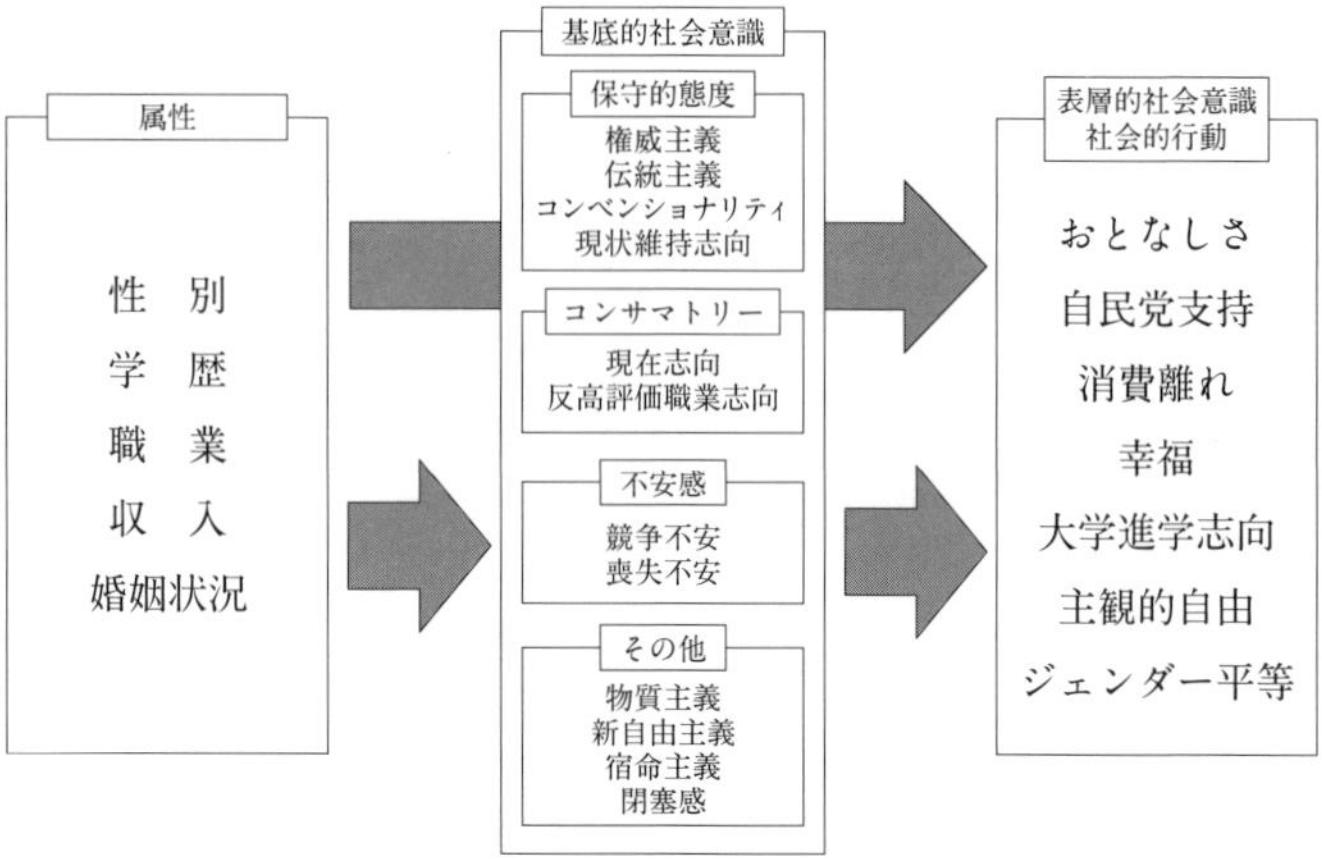

図０－４　本書の分析枠組み

強いのかという疑問がわいてくる。このように、本書では若者の属性、基底的社会意識、表層的社会意識・社会的行動の関連を明らかにしていく（図０－４）。

５　二〇一五年ＳＳＰ調査の概要

本書の各章で分析するのは、二〇一五年に実施された第一回階層と社会意識全国調査（略称　二〇一五年ＳＳＰ調査）のデータである。[6] これは信頼性の高い大規模学術社会調査データであり、今の若者を分析するという観点からも、十分な代表性とサンプル数が確保されている。

二〇一五年ＳＳＰ調査は現代日本社会全体の主観のあり方を主題としているが、その特長は、マスコミなどの世論調査よりも厳密かつ精細な調査設計がなされていることである。具体的には、現代の重要トピックである格差（階層意識）、満足・幸福（主観的ウェルビーイング）、絆と社会関係、労働意識、ワークライフバランス、ジェンダー、子育て・教育、社会参加活動、政治参加、支持政党、消費文化などについての五七項目が尋ねられている。

他方で、二〇一五年SSP調査は階層調査としての特性も兼ね備えているため、社会的地位や人生、家族などについての対象者のプロフィール変数を通常の世論調査よりも数多く（約五〇項目）尋ねている。これらのうち対象者や家族の学歴（教育年数、専攻分野）、職業（具体的な職業名、産業、従業上の地位、役職の有無、職業的自律性、継続年数、転職回数など）、経済力（個人収入、世帯収入、資産など）、家庭の階層的地位（配偶者や父母の学歴、一五歳時の家庭の状況などの階層変数）については、日本の代表的な階層調査であるSSM調査プロジェクトで培われてきた項目を踏襲して、詳細に尋ねている。(7) 質問項目総数はおおよそ一一〇項目であり、面接回答時間は、おおよそ三〇～六〇分であった。

またデータセットには、年齢、性別、居住地域の人口規模などの基本属性に加え、婚姻状況、家族人数、近隣との関係などの項目も含まれている。これらの対象者の社会的属性変数は、社会意識や社会的活動の規定要因（独立変数）として用いられる。

表0－1に示されているとおり、この調査は二〇一五年に全国のランダムサンプリング個

表 0 - 1　2015 年 SSP 調査の概要

調査名	2015 年 SSP 調査
正式名称	2015 年　第 1 回階層と社会意識全国調査
実施時期	2015 年 1 ～ 6 月
研究代表者	吉川徹　（大阪大学）
サンプル設計と対象母集団	20 ～ 64 歳の全国 9,000 名の日本人男女
抽出法	全国 450 地点の層化 3 段無作為抽出法
有効ケースと回収率	3,575（43.0%）
調査モード	タブレット PC を用いた個別訪問面接法

別訪問面接調査として実施された。調査対象者は選挙人名簿から抽出されているため、一九五〇～一九九四生年（二〇一五年一月一日時点で二〇～六四歳）の日本国籍を持つ男女である。計画サンプルは九〇〇〇ケースで、有効回答は三五七五ケース、回収率は四三・〇%であった。

ここで有効回収データの年齢特性にも触れておこう。わたしたちが特に注目しようとしている、この調査における若年層（二〇～三〇代）は、そもそも人口ピラミッドにおける比率が上の生年世代と比べてやや小さい。加えて、長期・短期の不在が多いライフステージにあるため、対象者と接触することも容易ではない。接触できた場合でも、調査への協力の同意が得られないことも少なくない。そのため、この生年世代について十分な代表性を確保し、動向を精緻に分析できる社会学的調査データはこれまでは必ずしも多くはなかった。

そこで二〇一五年SSP調査では、特に一九八五生年以降の若年層について、十分な有効回答数を得ることに配慮がなされ、この層について統計的検定にもとづく議論が可能な数のデータが得られている。この点で、本書の計量若者論は、大規模全国調査のデータにもとづいて現代若者の実像を論じる数少ない研究の一つだとみることができる。

6　本書の構成

本書では、分断社会と若者という共通の課題を背景に置きつつ、各執筆者がそれぞれの専門分野の視点から若者の「今」を分析していく。

第一章では、若者の現在志向の多様性と分断について、学歴を手がかりにした読み解きが試みられる（狭間諒多朗）。続く第二章では、現代の若者に目立ち始めた権威に対する従順さに注目し、その傾向を生じさせているのが、かれらの閉塞感や不安なのか、それとも手堅い生き方への志向性なのかということが検討される（濱田国佑）。第三章では、再び拡大しつつある若者の自民党支持の社会的要因を探る分析が展開される（松谷満）。

第四章では表出的な社会的行動として、プレミアム消費と海外旅行に注目し、そこにいかなる基底的社会意識が作用しているのかが明らかにされる（狭間諒多朗）。第五章では、これも若者論でしばしば論じられる若者の幸福感の規定要因が、それぞれの若者の立ち位置によってどのように異なっているかが分析される（ホメリヒ・カローラ、清水香基）。

第六章では、大学進学志向の若者内部における学歴差が大きくなりつつあるという学歴分断の実情が描き出される（吉川徹）。第七章では、若者が日々の労働にいかなる態度で向き合っているかということの、若者内部の異なりが検討されている（米田幸弘）。第八章では、男女の性別役割分業と、新しいジェンダー意識である男性の家事・育児参加のねじれが描き出される（吉川徹）。

以上のとおり、本書で扱うトピックは現在志向、権威主義、政治、消費、幸福、高学歴志向、労働、ジェンダーと幅広い。読者は是非、興味のあるトピックからページを開いてみて欲しい。

付記

本研究はＪＳＰＳ科研費 16H02045 の助成を受けて、ＳＳＰプロジェクト（http://ssp.hus.osaka-u.ac.jp/）の一環として行われたものである。二〇一五年ＳＳＰ調査の使用にあたってはＳＳＰプロジェクトの許可を得ている。

注

（1）データは新しく全国をカバーする大規模調査だが、現時点では一回限りのクロスセクショナル調査であり、他の研究のように複合データセットにより動態を捉える視点は持っていない。
（2）ここでは、役員を除く雇用者のうち非正規職に就いている人の割合を示している。
（3）ここでの賃金とは、六月分の所定給与額を示している。様々な手当てを差し引き、所得税等を控除する前の金額を示している。
（4）男性の三五〜三九歳、女性の三〇〜三四歳、女性の三五〜三九歳では賃金の差は広まっていない。
（5）吉川（二〇一八b）はこの枠組みを「プラチナ8」と名付けている。なお、人口比率は吉川（二〇一八a）に誤りがあったため、数値を修正している。
（6）調査の詳細はSSPプロジェクト公式ホームページ（http://ssp.hus.osaka-u.ac.jp/）を参照されたい。
（7）SSM調査とは「社会階層と社会移動全国調査」の略称であり、一九五五年から一〇年に一度実施されている調査である。

第1章

現在志向から捉える現代の若者

学歴による現在志向の違いと若者のおとなしさに注目して

狭間諒多朗

狭間諒多朗

1　若者の現在志向をめぐる議論

若者の現在志向は強まっているのか

今の若者は将来のことを考えておらず、今を楽しむことばかりを考えている――。このような言説を一度は耳にしたことがあるだろう。この「将来のために努力するよりも今現在を楽しむことを重視」する態度のことを「現在志向」という。

本章の目的は、この現在志向を手掛かりにして現代の若者の姿を描き出すことである。今の若者は厳しい状況に置かれており、ゆえに現在志向が強まっているといわれている。たとえば古市憲寿は、今の若者は「今日よりも明日がよくなる」と信じることができないために、何らかの目的達成のために邁進するのではなく、「今、ここ」の身近な幸せを大事にする感性を身につけていると指摘している（古市 二〇一一）。

たしかに、非正規雇用者の増加や未婚化・晩婚化の進行など、かつて標準的とされたライフコースから外れて不安定なライフコースを歩む若者は増加し、かれらの将来展望を困難にしている（乾 二〇一〇、Furlong and Cartmel 2007＝二〇〇九）。それゆえ、若者の現在志向が強まっている、という論理は一見正しいように思える。

しかしその一方で、今を享楽している若者の姿というのが実態とそぐわないという指摘もある。(1) 実際、今の若者の多くは、将来に不安を感じ、見通しも暗いと認識しているが、その中で現状を打開しようと志向しているという研究結果もある（久木元 二〇一一）。このような、よりよい将来をめざす若者の姿というのは、享楽的に今を生きている若者という姿とは明らかに異なっている。

さらに、かつての日本社会に目を向けると、将来展望が容易であるからこそ若者が将来よりも現在を重視しているという、今とは反対の論理が展開されている。たとえば濱島朗は一九七三年当時の若者について、おとなたちがしいてくれたレールの上を歩けば大過なくすごせるために努力をせず、未来よりも身近な「いまとここ」に身を沈めていると述べている（濱島 一九七三）。だとすれば、将来展望が困難になっている現在、若者は今の楽しみよりも将来のための努力を優先していると考えることもできる。

データから若者の傾向を探る

以上のように、過去に行われた議論の中には、若者の現在志向が強まっている／いないという相反する見解が存在している。そこで、まずは若者の現在志向が本当に強まったのか、データを用いて確かめてみよう。なお、本章では二〇～三四歳の人々を若者として扱う。

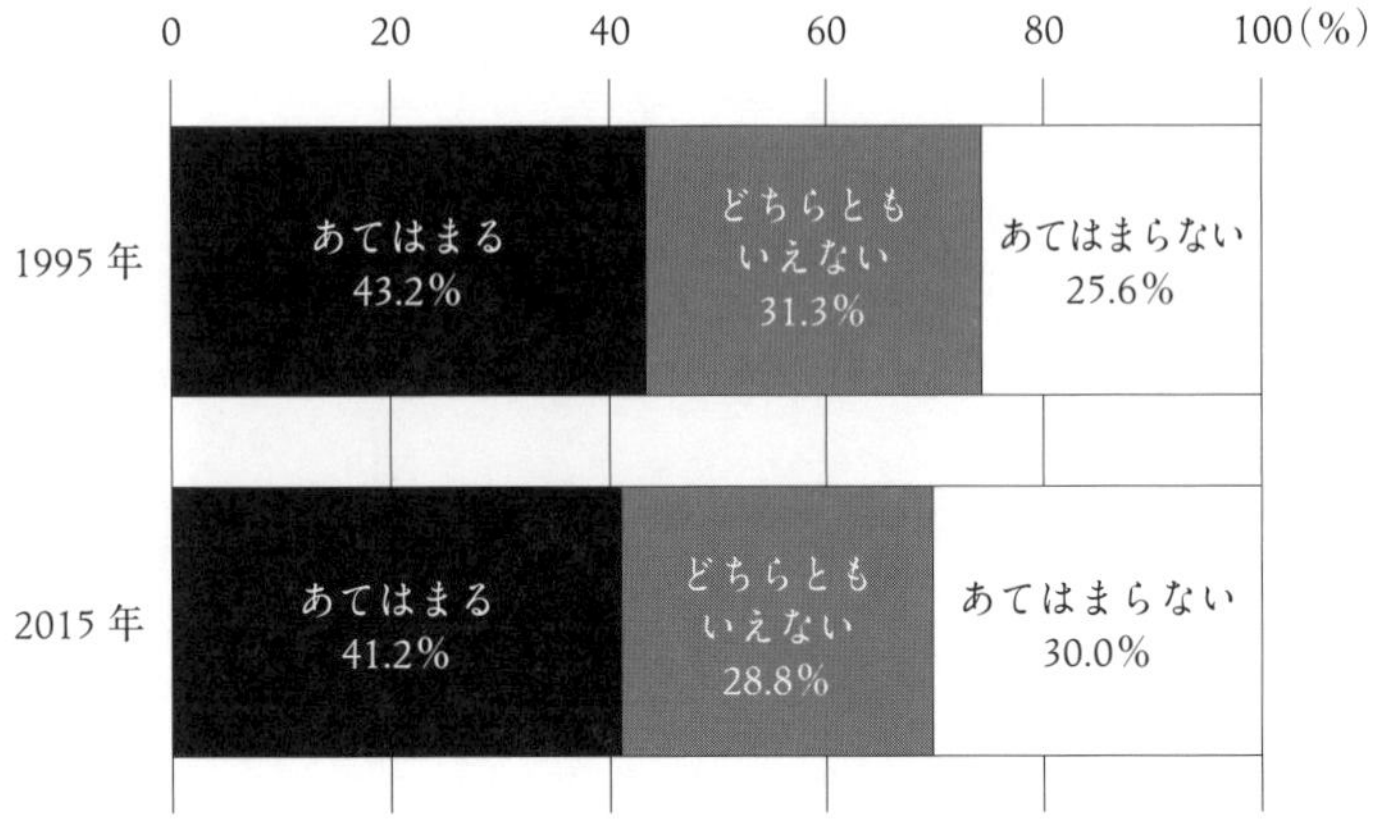

図１－１　現在志向の分布の変化

二〇一五年SSP調査には、人々の現在志向を測定する項目が含まれている。「将来のために節約・努力するよりも、今の自分の人生を楽しむようにしている」かどうかを尋ねたもので、回答選択肢は「よくあてはまる／ややあてはまる／どちらともいえない／あまりあてはまらない／まったくあてはまらない」となっている。また、これとまったく同じ項目が一九九五年SSM調査にも含まれており、一九九五年と二〇一五年の比較が可能となっている。標準的とされたライフコースから外れる人々が増加し、若者の置かれた状況が困難になったのは一九九〇年代末以降だとされている。[2] 一九九五年から二〇一五年の間に若者の現在志向は実際に変化しているのだろうか。それぞれの時点における現在志向の回答分布を比較して確認してみよう。[3] なお分布を確認する際には、回答選択肢を三つにまとめている。[4]「あてはまる」と回答した人のほうが現在志向の強い人である。

図1－1から全体の変化をみると、「あてはまる」と回答した若者の割合は、一九九五年が四三・二％、二〇一五年が四一・二％となっており、大きな変化はない。ただし、「あてはまらない」と回答した若者の割合は二五・六％から三〇・〇％とやや増加しており、あえて傾向をいうならば、若者の現在志向はむしろ弱まっているといえる。つまり、若者の置かれた状況が困難になったこの二〇年間をみても、若者の現在志向は、強まってはいないことがわかる。

現在志向の階層性

それではなぜ、若者の現在志向が強まっているという見解が、人びとに対して説得力を持っているのだろうか。本章では、現在志向の「階層性」をヒントにして、このことを考えてみたい。

まず、下層で暮らす若者たちについて考えよう。益田仁は、P・ウィリスの『ハマータウンの野郎ども』（Willis 1977＝一九九六）やE・リーボウの『タリーズコーナー』（Liebow 1967＝二〇〇一）といった、下層階級の人々が持つ現在志向を扱ったエスノグラフィを参照し、現在志向が生まれる状況をまとめている。その状況とは、「将来の生活に対する見通しに何ら希望がもてず、現在において将来のために努力したとしても何の見返りも期待できない状況」（益田 二〇一二、九二頁）である。努力しても見返りが期待できない状況ならば、その努力は無駄なものとなる可能性が高い。だから、下層階級においては今現在を楽しんだほうが合理的な選択となるために現在志向が強くなると考えられる。

しかしながら、今の若者全員が、努力しても見返りの期待できない困難な状況にあるわけではない。序章でも述べられているように、若者が歩むライフコースには階層性があり、日本では本人の学歴が学校から仕事への移行に影響を与えている。具体的には学歴が高ければ、比較的安定した仕事のキャリアを積むことができるということが明らかにされている（堀 二〇〇七、乾 二〇一〇）。裏を返せば、それは学歴の低い若者ほど不安定な生活状況にあることを意味している。すでに述べたように、不安定なライフコースを歩むことが将来展望を難しくする。だとすれば、将来に対する明るい見通しを持てる高学歴の若者とそうでない学歴の低い若者という階層差が生じている可能性がある。

この二〇年で生じた学歴による違い

そこで、若者を本人の学歴によって非大卒層と大卒層の二つのグループに分け、現在志向

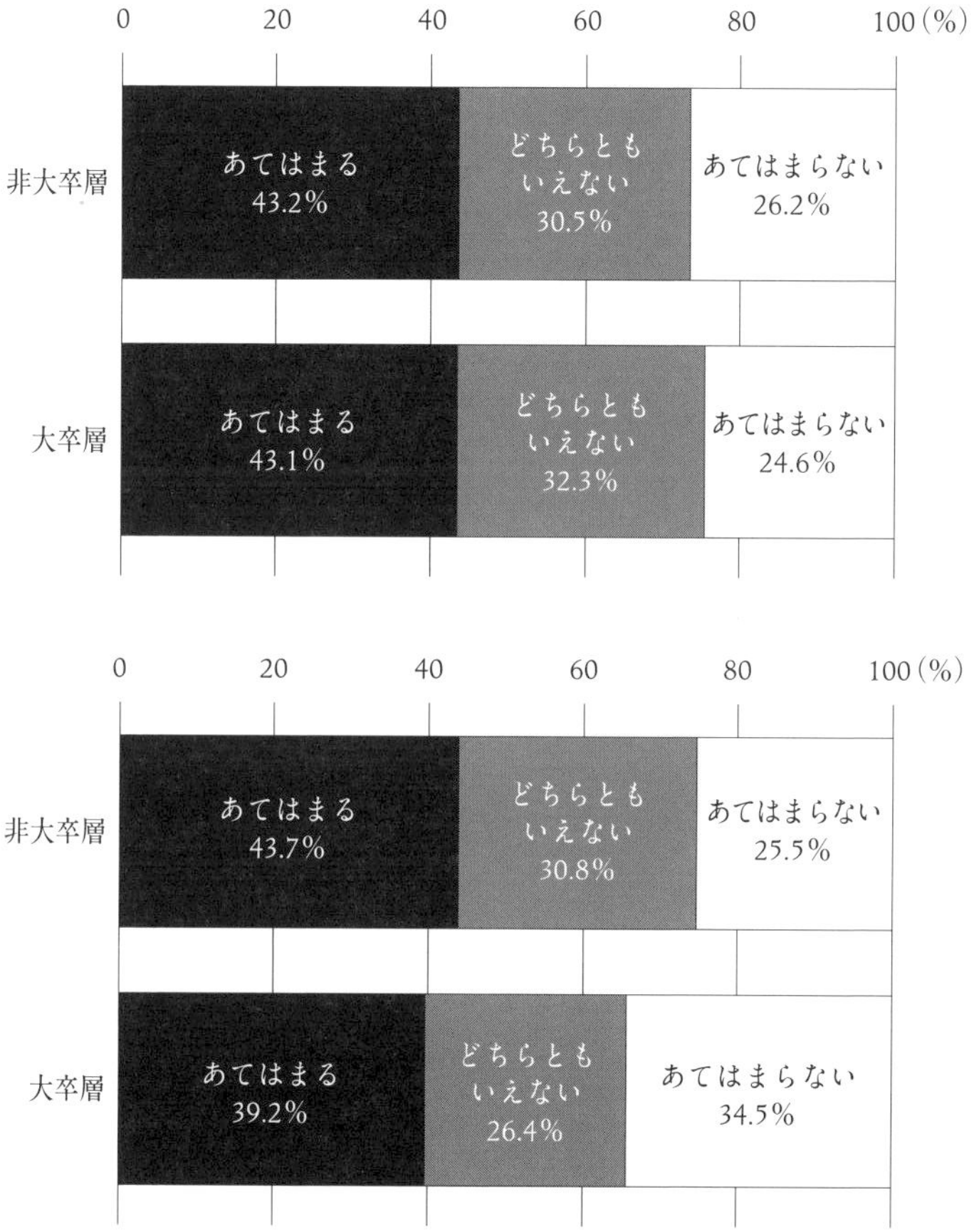

図１－２　学歴別の現在志向の分布
（上：1995 年　下：2015 年）

の分布を比べてみよう(5)。

まず一九九五年についてみてみると（図1－2上）、分布がほとんど同じ形をしており、学歴による現在志向の違いはないことがわかる。

一方で二〇一五年の結果をみてみると（図1－2下）、分布の形が学歴によって異なっていることがわかるだろう。「あてはまらない」と回答した若者の割合が、非大卒層では二五・五％であるのに対して、大卒層では三四・五％となっている。つまり、非大卒の若者と比べて大卒の若者のほうが、現在志向が弱いということがわかる。

これまでの結果をまとめると、若者の現在志向はこの二〇年で強まっていないが、二〇年前にはなかった学歴による違いがあらわれたということがわかる。

現在志向を弱めた大卒層

それでは、この二つの結果をどのように理解すればよいだろうか。この問いに答えるため、今度は学歴別に現在志向の回答分布の変化をみてみよう。

まず非大卒層（図1－3上）についてみてみると、回答分布はほとんど変わっていないことがわかる。一方で大卒層（図1－3下）についてみてみると、この二〇年で回答分布が大きく左に寄っていることがわかる。「あてはまらない」と回答した割合が、一九九五年では

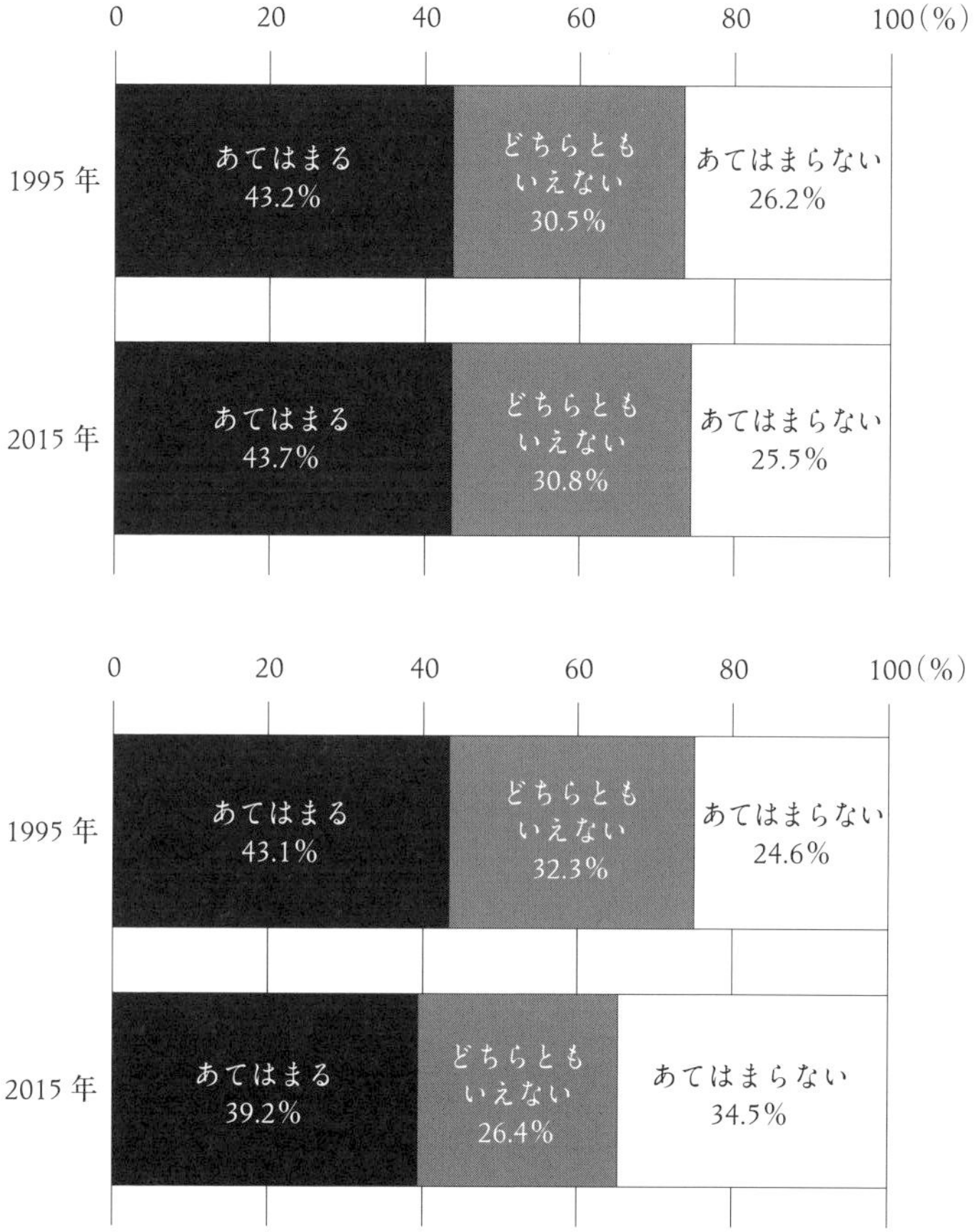

図1－3　現在志向の分布の変化
（上：非大卒層　下：大卒層）

二四・六%だったのに対して、二〇一五年では三四・五%に増加している。つまり、将来のために節約・努力する若者の割合が増加していることがわかる。

この二つの結果から、非大卒層は一九九五年と同じ程度の現在志向を持っている一方で、大卒層は現在志向を弱めていることがわかった。

若者の中の違いに注目する必要性

ここまでの分析から、若者の現在志向が強まっているという見解が、なぜ人々に対して説得力を持っているのかを考えてみよう。

近年の議論では、若者が困難な状況に置かれていることが強調され、それゆえに現在志向が強まったといわれている。しかし、すでに述べたように、困難な状況に置かれやすいのは学歴の低い若者である。このことから、若者の現在志向をめぐる近年の議論は、暗黙のうちに学歴の低い若者を想定して行われていたと指摘することができる。

しかしながら、学歴の低い若者だけに注目しても、かれらの現在志向は強まっているとはいえない。そこで重要なのが、かれらの置かれた状況とかれらの意識とのギャップである。学歴の低い若者のライフコースはより不安定となり、その状況から脱するためにはかれらの努力が必要であると思われている。にもかかわらず、非大卒層の現在志向は弱まっていない。時代の変化にあわせて、大卒層は目を覚まし、将来のための節約・努力をするようになった。なのに、非大卒層はとり残された状態にある。この事実によって、相対的に非大卒層が現在志向を強めているようにみえてしまうのだろう。そして非大卒層を念頭に今の若者を語ってしまうことによって、「若者の現在志向が強まっている」という議論が説得力を持ってしまうのだと考えられる。

この議論からは、若者を一括りにして語るのは危険であることがわかる。どちらかの層だけを念頭において若者全体を語ってしまうと、若者について誤った理解をしてしまう。今の若者を正しく理解するためには若者の中にある違いに注目する必要がある。

2　若者のおとなしさを考える

それでは、この二〇年で生じた学歴による現在志向の違いはいったいどのような問題を引き起こすのだろうか。

というのも、現在志向はそれ自身で完結するものではなく、他の意識や行動を方向づける価値観（基底的社会意識）、あるいは行動原理と捉えることもできるからである。将来のために現在の快楽を抑制するのか、将来のことは考えずに現在の快楽を優先するのかという行動原理の違いは、表層的な意見や行動に影響を与えると考えられる。

どうして若者はおとなしいのか

学歴による現在志向の違いを手掛かりに検討したい問題は、「若者のおとなしさ」である。今の若者は「社会的弱者」に転落したといわれている（宮本 二〇〇二）。かつては、若者の「甘え」や「意欲の低下」といった意識の変化が原因とされ、若者に対するバッシングが行われていた。しかし現在では、若者の意識の問題ではなく、社会構造的な問題であるという認識が広まっている(6)。

にもかかわらず、社会に対して異議申し立てを行う若者は少ない(7)。第二章でも議論されているように、今の若者のほとんどが、激しい主張をしたり、要求を掲げたりすることはしない。たとえば、困難な状況から脱するためには、政治に訴えかけるのが正当な手段の一つであるはずだが、若者の政治離れや政治的無関心がマス・メディアなどで問題視されている（秦 二〇一五）。このような状況から、今の若者は政治的に受け身な非政治的世代だとも指摘されている（小谷 二〇一一）。また、格差問題についても、その真っ只中にあるはずのかれらが、格差を問題視して声をあげようとしないことが指摘されている(8)。

困難な状況にありながら、若者がそれをおとなしく受け入れてしまうのはなぜなのか。この問いに対する十分な解答はまだ得られていない（中西 二〇〇九）。

現在志向が大きな問題に対して受け身にさせる

このような若者のおとなしさに、現在志向が影響を与えている可能性が指摘されている。古市は、将来のために努力するのではなく「今、ここ」を大事にする感性を持っているために、「格差問題」のような大きな問題には重大さを感じず、異議申し立てを行わないのではないか、と推測している（古市 二〇一一）。

確かに政治や格差といった大きくて難しい問題は、すぐに解決できるものではない。現在志向の強い若者が、そのような問題に対して積極的に行動せず、受け身な態度を示す可能性は十分にある。

ただし、以上の議論は推測や思索による部分が大きい。そこで、ここからは、まず若者における「今、ここ」を大事にする意識、すなわち現在志向がかれらのおとなしさに実際に影響を与えているのかを、二〇一五年SSP調査を用いて明らかにしよう。

その上で、学歴による現在志向の違いという視点を取り入れる。今の若者は現在志向が強く、それゆえに政治や格差の問題に対して受け身になるという議論は、若者を一括りにして行われがちである。しかし一節で明らかにしたように、今の若者は学歴によって現在志向の

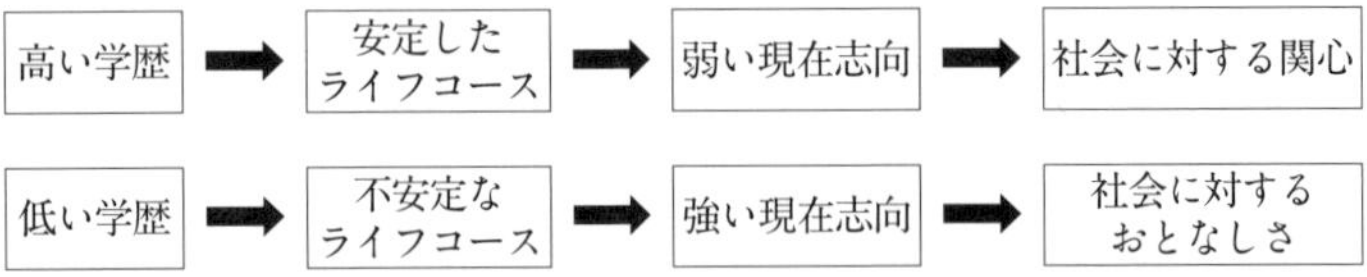

図１－４　現在志向を媒介とした学歴と社会に対する意識の関連

強さが異なっている。だとすれば、現在志向を媒介とした、学歴とおとなしさの関連を検証することが重要だろう。

その関連を図で示したものが図１－４である。

高学歴の若者については、まず比較的安定したライフコースを歩むことができ、将来を展望しやすい生活状況にあるために、将来のことを考えることができる。そして自らの将来をよりよくするために、社会に対しても関心を持ち、社会に対する意識を高めていると考えられる。

一方、学歴の低い若者については、不安定なライフコースを歩むことで将来展望が困難となり、将来よりも今を楽しむことを重視する。そして身近な「今、ここ」を大事にすることは、社会に対する無関心につながり、結果的に社会に対して異議申し立てを行わない「おとなしさ」につながっていくだろう。

政治委任意識と格差肯定意識

それでは、おとなしさを示す社会に対する意識としてどのような意識に注目すればよいのだろうか。第二章では基底的な意識である権威主義的態度に注目するが、本章では具体的なトピックに対する意識に注目する。

すでに述べたように、現在志向が強いと「政治」や「格差」といった大きな問題を問題だと「思わない」ために、おとなしくなってしまうのではないかという指摘がある。そこで本章では、おとなしさを示す、社会に対する意識として政治委任意識と格差肯定意識に注目してみよう。

まず、「政治委任意識」は「政治のことはやりたい人にまかせておけばよい」という、政治に対する受け身な意識である。

「政治委任意識」を含む政治に対するネガティブな意識（不信感や諦観など）はまとめて「政治的疎外意識」と呼ばれている。そして政治的疎外意識は「あそび志向」と関連しているといわれている。「あそび志向」とは、「現在と自己を中心として遊びと快楽を求めるような自己表出性の強い快楽志向のこと」（山田　一九九四、一〇五頁）であり、現在志向とほぼ同じ意識を指し示している。あそび志向が政治以外の価値の重視につながり、政治的疎外意識も強くなる可能性がある（山田　一九九四）。この指摘からは、現在志向が強いほど政治に関して主張せずにおとなしくなるという関連が予想される。

次に、「格差肯定意識」は、「今後、日本で格差が広がってもかまわない」という、格差の受容を示す意識である。日本社会では格差の拡大が現在も進行しているため、[9] 格差を肯定する人は格差を否定する人よりも現状の社会を肯定し、声をあげないと考えられる。

格差を肯定する意識については、その規定要因がこれまで研究されてきた。具体的には、いわゆる「勝ち組」(高学歴・高収入層)において格差肯定意識が強いことが明らかにされている(吉川 二〇一四)。「勝ち組」の人々は格差が広がることで利益を得ることができる可能性があるため、かれらが格差を肯定するのは当然ではある。再分配政策を支持する意識に目を向けても、学歴の低い層・収入の低い層の人々が再分配政策を支持するという知見が得られており、格差肯定意識と同様に自己利益によって意識が規定されている(Bean and Papadakis 1998)。

しかしながら、再分配政策への支持意識は自己利益だけでなく価値観や信念といった他の意識からも規定されていることがわかっている。たとえば、利他主義の人ほど再分配政策を支持することが明らかにされている(Alesina and Ferrara 2005)。この知見からは、格差肯定意識についても他の意識が影響を与えていることが予想される。本章では、現在志向が強いほど格差を問題だと考えずおとなしく受容する傾向が強くなるという関連を検証する。

分析の焦点

これまでの議論から、本章で行う分析の焦点をまとめておこう。

まずは、現在志向が政治委任意識と格差肯定意識に与える影響を分析する。現在志向が強い若者ほど政治委任意識と格差肯定意識が強いのかどうかが焦点となる。

次に、学歴が現在志向を通して政治委任意識と格差肯定意識に与える影響を分析する。学歴の低い若者ほど現在志向が強いことを考えれば、学歴の低い若者が現在志向を通して政治委任意識と格差肯定意識を強めているかどうかが焦点となる。

現在志向が政治委任意識と格差肯定意識を強める

まず、政治委任意識と格差肯定意識を従属変数とし、現在志向を独立変数とした重回帰分析を行った。その際、独立変数に属性変数のみを投入したモデル１と現在志向を含む意識変数を加えたモデル２の両方の推定結果を提示する。[10] 政治委任意識については、「政治のことはやりたい人にまかせておけばよい」と思うかどうかを尋ねた項目を、格差肯定意識については、「今後、日本で格差が広がってもかまわない」と思うかどうかを尋ねた項目を使用している。[11] なお、現在志向については一節と同じ質問項目を使用している。[12]

それでは、政治委任意識を従属変数とした重回帰分析の結果からみてみよう（表１－１）。

表１－１　政治委任意識の規定要因

	モデル1			モデル2		
	B	SE	β	B	SE	β
定数	3.640**	0.581		2.987**	0.637	
性別（ref: 男性）	−0.107	0.107	−0.045	−0.030	0.107	−0.013
年齢	−0.007	0.014	−0.024	−0.006	0.014	−0.023
教育年数	−0.102**	0.023	−0.193	−0.080**	0.023	−0.150
正規職（ref）						
非正規職	0.003	0.130	0.001	−0.030	0.129	−0.011
無職	0.236	0.164	0.066	0.189	0.162	0.053
学生	−0.023	0.200	−0.006	−0.091	0.197	−0.022
世帯収入（対数変換）	0.116*	0.058	0.085	0.117*	0.058	0.086
有配偶者	−0.018	0.114	−0.008	0.058	0.117	0.024
現在志向				0.142**	0.048	0.123
権威主義				0.257**	0.063	0.165
生活満足度				−0.045	0.059	−0.033
調整済み R^2		0.029**			0.066**	
決定係数の増分					0.041**	
n				590		

注 1）B：偏回帰係数　SE：標準誤差　β：標準化偏回帰係数

注 2）* $p < 0.05$, ** $p < 0.01$

モデル2から現在志向の効果をみてみると、有意で正の効果を持っていることがわかる（B=0.142**）。この結果から、現在志向が強い若者ほど政治委任意識が強いことがわかる。また、学歴については、学歴が低い若者ほど政治委任意識が強いという効果がみられるが、その効果は意識変数を加えることで減少している（B=-0.102**→B=-0.080**）。このことから、学歴が政治委任意識に与える影響の一部は、現在志向を通した影響だと考えられるが、詳しくは次節の共分散構造分析で明ら

表1－2　格差肯定意識の規定要因

	モデル1			モデル2		
	B	SE	β	B	SE	β
定数	1.071*	0.460		0.344	0.508	
性別（ref: 男性）	-0.446**	0.084	-0.232	-0.412**	0.086	-0.214
年齢	0.014	0.011	0.062	0.014	0.011	0.061
教育年数	0.049**	0.018	0.115	0.060**	0.018	0.139
正規職（ref）						
非正規職	-0.020	0.103	-0.009	-0.007	0.103	-0.003
無職	0.278*	0.130	0.096	0.300*	0.130	0.103
学生	0.242	0.158	0.073	0.200	0.157	0.060
世帯収入（対数変換）	0.043	0.046	0.039	0.047	0.046	0.042
有配偶者	-0.035	0.090	-0.018	-0.009	0.093	-0.004
現在志向				0.138**	0.038	0.148
権威主義				0.031	0.050	0.025
生活満足度				0.026	0.047	0.023
調整済み R^2		0.072**			0.089**	
決定係数の増分					0.022**	
n				590		

注1）B：偏回帰係数　SE：標準誤差　β：標準化偏回帰係数
注2）* p < 0.05, ** p < 0.01

かにする。

続いて、格差肯定意識を従属変数とした重回帰分析の結果をみてみよう（表1－2）。

さきほどと同様に、モデル2から現在志向の効果をみてみると、有意で正の効果を持っていることがわかる（B＝0.138**）。この結果から、現在志向が強い若者ほど格差肯定意識が強いことがわかる。

また、学歴については、学歴が高い若者ほど格差肯定意識が強いという効果がみられるが、その効果は意識変数を加えることで増加している（B＝0.049**→

B＝0.060**)。この結果は何を意味しているのだろうか。政治委任意識と同様、次節の共分散構造分析で詳しく分析する。

ひとまず、重回帰分析の結果からは、現在志向が若者の政治委任意識と格差肯定意識を強めているということがわかった。

現在志向が学歴の低い若者をおとなしくさせる

次に共分散構造分析を使って、学歴、現在志向、政治委任意識、格差肯定意識の関係を分析した[13]。はじめに、政治委任意識について分析結果の概略図をみてみよう（図1－5）。

まず、学歴が現在志向に負の効果を与えていることがみてとれる。これは、学歴が低いほど現在志向が強いという関係をあらわしている。次に現在志向が政治委任意識に正の効果を与えていることがわかる。これは、現在志向が強いほど政治委任意識も強いという関係をあらわしている。この二つの結果を組み合わせると、学歴の低い若者ほど現在志向を通して政治委任意識を強めていることがわかる。

一方、学歴は直接的にも政治委任意識に負の効果を与えており、学歴が低いことで直接政治委任意識を強めていることがわかる。

つまり、学歴は直接的にも、そして現在志向を通して間接的にも政治委任意識に対して負

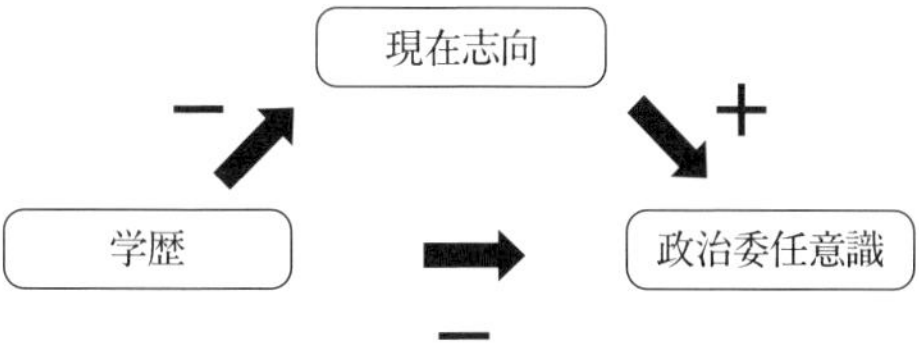

図1－5　政治委任意識の規定構造

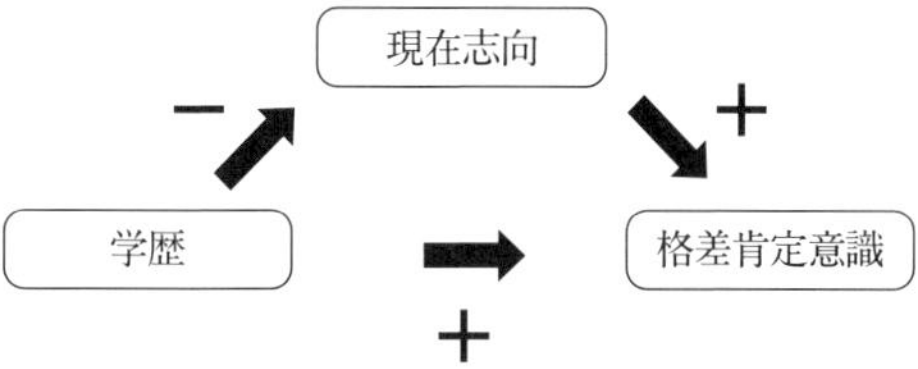

図1－6　格差肯定意識の規定構造

の効果を与えている。先ほどの重回帰分析において、現在志向の影響を考慮することで学歴が政治委任意識に与える影響が減少したのは、現在志向を通した間接効果の部分を除去したためだと考えられる[14]。

続いて、格差肯定意識について分析結果の概略図をみてみよう（図1－6）。現在志向と格差肯定意識の関係をみると、現在志向が格差肯定意識に正の効果を与えていることがわかる。つまり、現在志向が強いほど格差肯定意識が強いという関係がある。そして、学歴が現在志向に負の効果を与えていることと組み合わせると、学歴の低い若者ほど現在志向を通して格差肯定意識を強めていることがわかる。一方、学歴が格差肯定意識に直接与える効果は正の効果である。

つまり、学歴が低いほど現在志向を通して格差肯定意識が強くなるという間接効果と、学歴が低いほど格差肯定意識が弱くなるという直接効果という相反する効果が存在していることがわかる。基本的には、学歴の低い若者ほど格差を否定する傾向があるが、現在志向を通して格差を肯定させる効果が足を引っ張る形でその傾向を弱めている。先ほどの重回帰分析において、現在志向の影響を考慮することで学歴が格差肯定意識に与える影響が増加したことがこのことを物語っている。

以上、共分散構造分析の結果から、学歴の低い若者ほど現在志向が強いために政治を他人に任せ、格差を肯定するという因果経路があることがわかった。すなわち、現在志向は学歴の低い若者をおとなしくさせているといえる。

現在志向がもたらす意識の屈折

今の若者において、将来よりも現在を重視する意識が強いほど、「政治はやりたい人にまかせておけばよい」、「今後、日本で格差が広がってもかまわない」という意識を強く持っていることが明らかとなった。(15) それぞれの意識の「まかせておけばよい」「広がってもかまわない」という部分に注目すれば、これらの意識は「これからの社会がどうなってもよい」というような社会に対する無関心さを示す意識であるといえる。現在志向が強いほどこのような意識が強くなるということから、「今、ここ」を大事にする感性を持っていると大きな問題を問題だと思わないという関連は確かに存在することがわかった。これからの社会がどうなってもよいと考えている若者が社会に対して声をあげるとは考えにくく、やはり現在志向が若者をおとなしくさせているといえるだろう。

しかしながら、「今、ここ」を大事にする感性は、若者が皆一様に持っているものではなく、学歴の低い若者ほど強く持っている。そのため、学歴の低い若者ほど現在志向を通して政治委任意識と格差肯定意識を強めている。

若者が社会的弱者に転落したといわれているが、若者全員が社会的弱者に転落したわけではない。困難な状況に置かれている学歴の低い若者にダメージが集中していることが明らかになっている（宮本 二〇一二）。また、一節でも述べたように学歴の低い若者ほど不安定なライフコースを歩んでいる。すなわち、社会構造の変化による影響を真っ先に受け、困難な状況にある学歴の低い若者が、現在志向を通しておとなしくなってしまっている。本来なら政治に訴えかけ、格差縮小を求めるべき若者の意識を現在志向が屈折させ、自らの利益と相反する方向へ導いている。

今の若者がおとなしいといわれるのは、以上のように声をあげるべき学歴の低い若者たちが強い現在志向を持つことによって、声をあげようとしないためだと考えられる。

他の年齢層、一九九五年の若者との比較

本章で明らかにした現在志向とおとなしさの関連は、他の年齢層、あるいは過去の日本社会でもみられるものなのだろうか。それとも、今の若者に特徴的にみられるものなのだろうか。ここでは他の年齢層、また過去との比較という作業を通して、今の若者の置かれた状況をより明確にしていきたい。

まず、他の年齢層との比較を行う。

本章では二〇～三四歳を若者と定義し分析を行った。そこで三五～六四歳の人々を壮年層とし、分析を行った[16]。その結果、学歴が低いほど現在志向が強いという関係は壮年層にもみられた。また、現在志向が強いほど政治委任意識と格差肯定意識が強くなるという関係についても若者と同様にみられた。ところが、学歴が現在志向を通して政治委任意識と格差肯定意識へ与える効果はなかった。これは、学歴と現在志向との結びつきが若者よりも弱いことによる。

図1－7は、壮年層を非大卒層と大卒層に分け、現在志向の分布を比較したものである。大卒層の分布がやや左によっており、大卒層の現在志向が非大卒層より弱いことがわかるが、それほど大きな違いはない。若者の結果（図1－2下）と比べると、学歴と現在志向の結びつきが弱いことがみてとれるだろう。

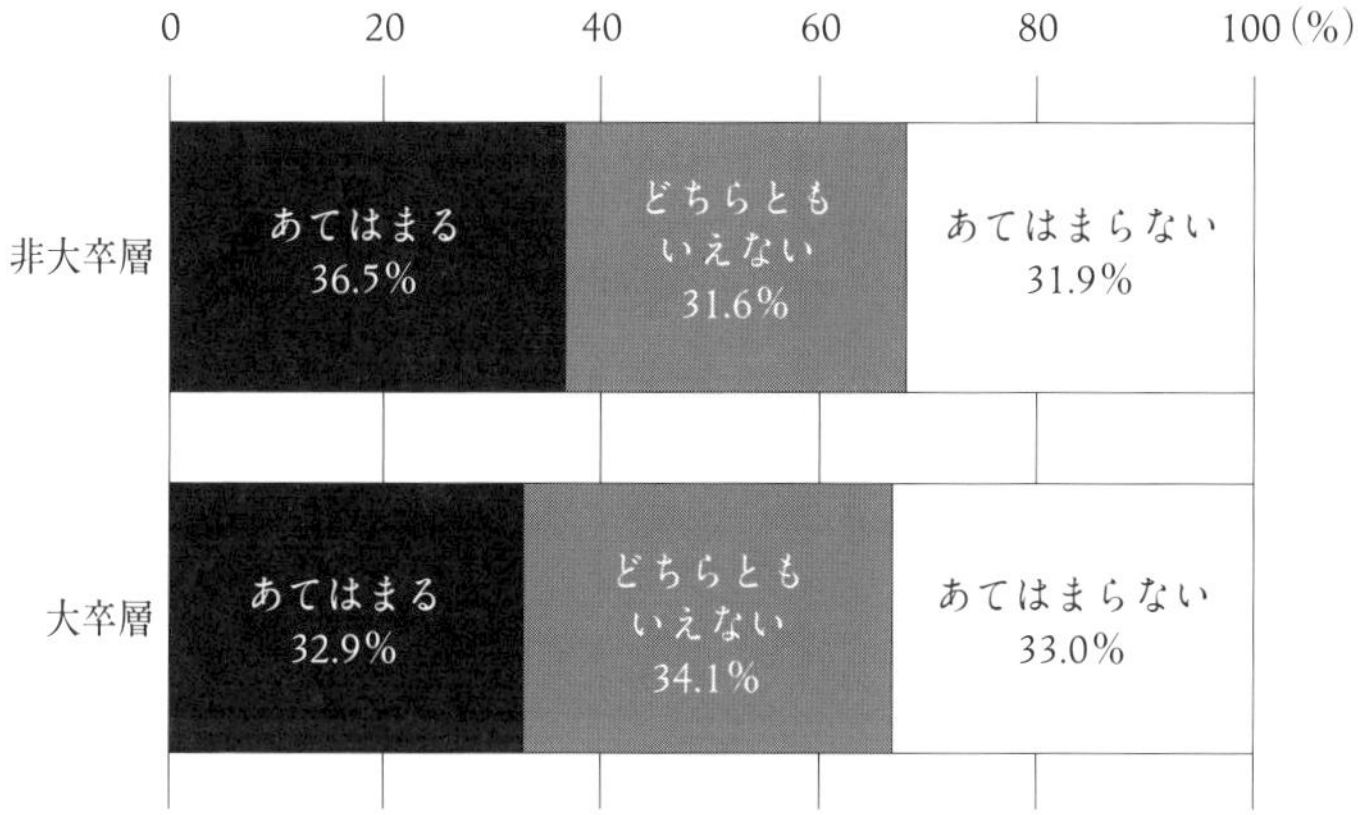

図１－７　学歴別の現在志向の分布（壮年層）

次に過去との比較を行う。

一節で明らかにしたように、一九九五年時点では学歴と現在志向の間に関連はない。本章で使用した一九九五年ＳＳＭ調査には、現在志向がＡ票、政治委任意識がＢ票に含まれ、格差肯定意識については項目そのものがない[17]。したがって、一九九五年における現在志向と政治委任意識、格差肯定意識の関連については検証することができない。

しかしながら、そもそも学歴が現在志向と結びついていないため（図１－２上を参照）、学歴が現在志向を通して政治委任意識と格差肯定意識に与える影響はないと考えられる。

これらの結果からは、学歴が現在志向を通して政治委任意識と格差肯定意識に与える影響は、少なくとも一九九五年以降では、今の若者のみにみられるものであるといえる。

学歴と現在志向との強い結びつき

前節の議論からは、学歴と現在志向の結びつきの強さが重要であることがわかる。現在志向が学歴の低い若者をおとなしくさせるというメカニズムが、今の若者に特徴的にみられるのは、ひとえに今の若者において学歴と現在志向の結びつきが強いからである。この結びつきが強いからこそ、現在志向を通して学歴の低い若者の政治委任意識と格差肯定意識が強くなっている。

一節では、今努力したとしてよりよい将来が得られるかどうか、という見通しの違いが学歴による現在志向の違いを生んでいると考えた。今の若者において、学歴と現在志向の結びつきが強いのは、それだけ学歴によって将来への見通しが異なっていることをあらわしている。

であるならば、今努力すればよりよい将来が得られるという見通しが学歴の低い若者でも持てるようになれば、学歴と現在志向の結びつきはなくなり、学歴の低い若者が現在志向を通しておとなしくなることもなくなる可能性がある。

しかしすでに指摘されているように、日本の社会保障制度は高齢者と比べて若者に対して手薄であり、困難な状況にある若者を救済するすべを持っていない（宮本 二〇一二）。したがって、学歴による現在志向の違いを解消するためには、社会保障制度を含めた様々な制度を見直し、若者、とりわけ学歴の低い若者が、今努力すればよりよい将来が得られるという見通しを持てる社会を作ることが重要だろう。

付記

本章は、筆者がすでに発表している二つの論文にもとづき議論を行ったものである。より詳細な分析結果、議論については狭間諒多朗（二〇一六）、および狭間（二〇一七）を参照・引用されたい。

注

（1）たとえば大澤真幸（二〇一一）。
（2）山田昌弘（二〇〇四）、乾（二〇一〇）、鈴木宗徳（二〇一五）など、多くの論者が一九九〇年代末を日本社会の転換点としている。

（3）一九九五年ＳＳＭ調査の使用にあたり、二〇一五年ＳＳＭデータ管理委員会の許可を得た。
（4）「よくあてはまる」と「ややあてはまる」、「あまりあてはまらない」と「まったくあてはまらない」の回答をそれぞれ足し合わせた。
（5）中学校、高等学校、専門学校卒の人々を非大卒層、短期大学、高等専門学校、大学卒、大学院卒の人々を大卒層と分類した。
（6）宮本みち子（二〇〇二、二〇一二）などを参照。
（7）中西新太郎（二〇〇九）、本田由紀（二〇一〇）、小谷敏（二〇一一）などを参照。
（8）大竹文雄（二〇〇五）、雨宮処凛（二〇一〇）、吉川徹（二〇一四）を参照。
（9）橘木俊詔（二〇一六）を参照。
（10）現在志向以外の独立変数の操作化については、狭間（二〇一七）を参照されたい。
（11）回答選択肢については、政治委任意識、格差肯定意識ともに「そう思う」から「そう思わない」の五段階になっている。分析に使用する際には、「そう思う」＝5〜「そう思わない」＝1と数値を与え、数値が高いほど肯定的な回答となるようにしている。
ただし、連続変量として使用するため、回答選択肢を三つにまとめることはせず、そのまま使用している。また、「よくあてはまる」＝5〜「まったくあてはまらない」＝1と数値を与え、数値が高いほど現在志向が強くなるようにしている。
（12）なお、現在志向を従属変数とした重回帰分析の結果をみると（付表1－1）、他の属性の効果をコントロールしても教育年数に有意な負の効果がみられる（B＝

-0.069**）。この結果から教育年数が短いほど、すなわち学歴が低いほど現在志向が強いということがわかる。

付表１－１　現在志向の規定要因

	B	SE	β
定数	4.506**	0.495	
性別（ref: 男性）	−0.287**	0.091	−0.139
年齢	0.009	0.012	0.038
教育年数	−0.069**	0.020	−0.151
正規職（ref）			
非正規職	−0.074	0.111	−0.031
無職	−0.183	0.140	−0.059
学生	0.243	0.171	0.068
世帯収入（対数変換）	−0.055	0.050	−0.047
有配偶者	−0.269**	0.097	−0.131
調整済み R^2		0.052**	
n		590	

注 1）B：偏回帰係数　SE：標準誤差　β：標準化偏回帰係数
注 2）* $p < 0.05$, ** $p < 0.01$

(13) 共分散構造分析の際にも、重回帰分析と同じように他の変数の効果をコントロールしているが、図の見やすさを考慮して図中には示していない。モデルの詳細、各パラメータの値など、詳細な分析結果は狭間（二〇一七）を参照されたい。

(14) 権威主義的態度についても学歴と政治委任意識をつなぐ働きをしているが、結果は省略する。権威主義的態度の結果については、狭間（二〇一七）を参照されたい。

(15) 政治委任意識と格差肯定意識の回答分布は否定に偏っているため、現在志向が強い人はその中で「比較的」両意識が強いということに留意する必要がある。

(16) 紙幅の都合により、図表は省略するが、基本的に若者と同様の手続きで分析を行った。ただし、壮年層では学生が含まれていなかったため、分析から学生を除いている。

(17) 一九九五年SSM調査ではA票、B票、威信票の三つの調査票が用いられている。これらは、共通する項目も多いものの、基本的にはそれぞれが別の調査となっている。

第2章

若者の従順さはどのようにして生み出されるのか

不透明な時代における権威主義的態度の構造

濱田国佑

濱田国佑

1 はじめに 現代の若者が置かれた状況

「不透明さ」を増す現代の日本社会

一九九〇年代以降の長期不況の中で、社会の不透明感が増しつつあるといわれている。たとえば、友枝敏雄編（二〇一五）は、現代の日本社会が「将来展望のまったくできない不透明なリスク社会」だと述べている。また、片桐新自（二〇一四）も、一九九〇年代以降の日本を「不安定社会」と捉えており、とりわけ近年は、リーマン・ショックや東日本大震災による原発事故などにより、「先が見えない不透明さ」が格段に増していると指摘する。

こうした指摘は決して珍しいものではなく、日本社会の不安定さや不透明さについて言及した事例は枚挙にいとまがない。この間の日本社会、とりわけ経済的な分野において経験してきた変化を考えれば、「不安定さ」や「不透明さ」を指摘するような声が上がるのもむしろ当然であろう。

一九九〇年代以降の日本社会を取り巻く環境の変化

日本の社会は、一九九〇年代以降、バブル経済の崩壊による影響を受け、長期間にわたる経済不況を経験することになった。一九九〇年代の後半には山一證券や北海道拓殖銀行といった金融機関が破綻し、二〇〇〇年代以降も、企業の再編が大きく進んでいる。その際、従来維持されてきた終身雇用、あるいは年功賃金を前提とした日本型雇用システムが少なからず見直され、さらには企業が新卒採用を控えることによって、雇用の調整が図られることになった。

また、企業における労働者の選別も進んでいる。日本経営者団体連盟（日経連、現在は日本経団連）が一九九五年に発表した「新時代の『日本的経営』」において、労働者を長期蓄積能力活用型、高度専門能力活用型、雇用柔軟型の三つに分類し、これらを組み合わせた雇用を進めていくことが提唱された。つまり、企業における中心的な労働者として、長期的に能力を蓄積しながら働くことを期待される人々と、周縁的な業務を担う労働者の選別が図られたのである。こうした企業の動きに呼応する形で、日本社会における非正規雇用者の割合は、一九九〇年代以降増え続けていくことになった。

その結果、大学や高校の新卒者に対する求人倍率は、一九九〇年代の後半から二〇〇〇年代の初頭にかけて低迷が続き、就職氷河期と呼ばれるような状況が生まれた。エコノミストたちは、一九九〇年代以降に生じた日本経済の長期不況を「失われた一〇年」あるいは「失われた二〇年」と表現し、玄田有史（二〇〇一）は、二〇〜三〇代の若者が仕事格差に直面していること、そして「曖昧な不安」を抱えながら日々の労働に従事していることを、二〇

○○年代の初頭に指摘している。

グローバル化による世界的な不安定性の増大

ただし、このような状況、すなわち一九九〇年代から広がり始めた「不安定化」や「不透明化」という状況は、決して日本だけにみられる現象ではない。一九八〇年代以降、グローバル化が急速に進展し、多くの先進資本主義国において、新自由主義的な経済政策が導入されることになったからである。

つまり、国境を越える形で経済活動が活発に行われることになった結果、一つの国だけで閉じたシステムを構築し、安定を保つことが困難な時代が到来したのである。さらに、新自由主義的な経済政策が導入され、従来の「福祉国家体制」からの転換が図られた結果、国民の生活はより不安定化することになったといえる。

Z・バウマンは、グローバル化や新自由主義的経済が浸透した後期近代の状況を、人々の流動化や孤立化が進んだ「リキッド・モダニティ」だと捉えており、こうした社会では、個人に大きな責任が帰せられることになると述べている（Bauman 2000＝二〇〇一）。また、U・ベックも、個人化が進むことによって、メゾレベルの社会統合が失われ、諸個人が労働市場や教育制度、社会福祉制度のようなマクロな次元に直接組み込まれ、統制されるようになると指摘する（Beck 2002＝二〇〇三）。

　このように、一九八〇年代以降、世界的に個人化や流動化の流れが強まる中、個人がマクロな社会システムの影響を直接的に被るようになり、その責任を背負わされるようになっている。つまり、現代社会では、個人は社会変動の影響をより直接的に受けやすくなっているといえるだろう。こうした時代において、若者はどのような価値観を持つようになっているのだろうか。

既存の政治と距離を置き、極右・極左政党を支持するヨーロッパの若者たち

　ヨーロッパなどでは、政治への関心の相対的な低下が、現代の社会における若者の特徴の一つだと指摘されている(1)。たとえばR・フォアとY・ムンクは、世界価値観調査のデータを用いて先進諸国における若者について分析し、民主的な価値観に対する支持や政治活動への参加が弱まる傾向が存在することを示している（Foa and Mounk 2016）。また、N・マジーニも、若者の政治離れが進んでおり、政治的な立場を「左派」と自認する人の割合が減少したと述べている（Maggini 2016）。個人化や流動化が進む中で、従来のような労働組合などをつうじた労働者の組織化や政治的動員の経路が狭まり、特に若年層における政治的な関与が薄まっているといえる。

このように、若者による政治的関心や政治的な関与の全般的な低下が指摘される一方、過激な主張に賛同し、惹きつけられる若者たちが存在することも明らかにされている。マジーニは、若者たちが緑の党のような「新しい」極左政党に魅力を感じる一方、一部の国においては、極右政党や民族主義的な政党もまた若者たちを惹きつけていると指摘する（Maggini 2016）。また、A・ファーロングとF・カートメルも「政治的社会化に寄与する伝統的資源を剥奪され、労働市場で不安定に直面させられている者が、主要政党へのシニカルな態度を貫いたとき、極右もしくは極左の政党に同調することもある」と述べ、若者の政治的な無力感や既存の政治への飽き足りなさが、極右もしくは極左に回収される危険性に言及している（Furlong and Cartmel 2007）。さらに、D・シュムックとJ・マテスも、ヨーロッパの若年層においてポピュリズムや極右政党への支持が広がっている状況を明らかにしている（Schmuck and Matthes 2015）。このように、極右政党が掲げるような過激な主張、たとえば反移民、反エリート主義、EUからの離脱といった主張が、既存の政治に不信感を抱く若者たちの間で一定の支持を集めていると考えられる。

過激な主張をせず、従順な日本の若者たち

日本の若者についても、海外において指摘されているような政治的関心の低下傾向がみられる。たとえば一九九六年以降、衆議院議員選挙における若年層（二〇代）の投票率は、小泉政権による郵政民営化を争点にした二〇〇五年の選挙、自民党から民主党への政権交代が実現した二〇〇九年の選挙を除いて、いずれも四割未満にとどまっている。

しかしながら、極右もしくは極左団体が掲げる過激な主張に賛同する、あるいは自らの要求を掲げて政治的なアクションを起こすという点については、日本の若者は、海外の若者とは異なる傾向を示しているように思われる。

たとえば右翼的な傾向を持つ人々の中には、街頭でヘイトスピーチを行う、あるいはインターネット上でレイシズムにもとづく発言を行い、情報を拡散させるといった形で、積極的に活動するような事例もみられるものの、こうした人々が、決して若者の多数を占めているわけではない。辻大介（二〇一七）によると、ネット利用者に占めるいわゆる「ネット右翼」層の割合はせいぜい一〜二％に過ぎず、若者の方が「ネット右翼」になりやすいという傾向も特にみられない。

日本の多くの若者は、不安定化した不透明な時代にあっても、それほど激しい主張をしたり、要求を掲げたりはせず、比較的従順であり続けてきたといえるのではないだろうか。

第一章でも触れられているように、古市憲寿（二〇一一）は、内閣府による「国民生活に関する世論調査」の結果をもとに、二〇代の若者の悩みや不安感は、バブル崩壊後に強まっているものの、生活満足度については相対的に高い水準で推移していると指摘する。その上で、こうした傾向について、現代の若者は将来に対して希望が持てないから、現状に「満足」と答えざるを得ないのではないかとの解釈を示している。つまり、若者は、不透明な時代において、少なからず悩みや不安感を持っているものの、そうした状況も含めて現状をある程度肯定し、「満足」しているということになる。

日本の若者のこうした傾向、すなわち、自らの持つ不満を何らかの手段で他者に訴えることに対して消極的な傾向は、国際比較調査の結果からも確認される。以下の図2－1および図2－2は、内閣府が実施した「平成二五年度 我が国と諸外国の若者の意識に関する調査」の結果を示したものである。(2) これをみると、日本の若者で「他人に迷惑をかけなければ、何をしようと個人の自由だ」と考える人は他の国と比べて非常に少ないことがわかる。その一方、自分が参加することで、社会の状況を変えられるという意識を持つ人も少ない。このように、日本の若者は、社会変革の可能性について否定的で、波風をたてないこと、他者と協調することを重視する傾向があるといえる。

本章では、日本の若者のこうした従順さが、どのようなメカニズムによって生み出されているのかという点を、主に二〇一五年SSP調査のデータを用いて、明らかにしていくことにしたい。具体的には、「従順さ」を示す指標として若者の権威主義的な態度に着目し、ど

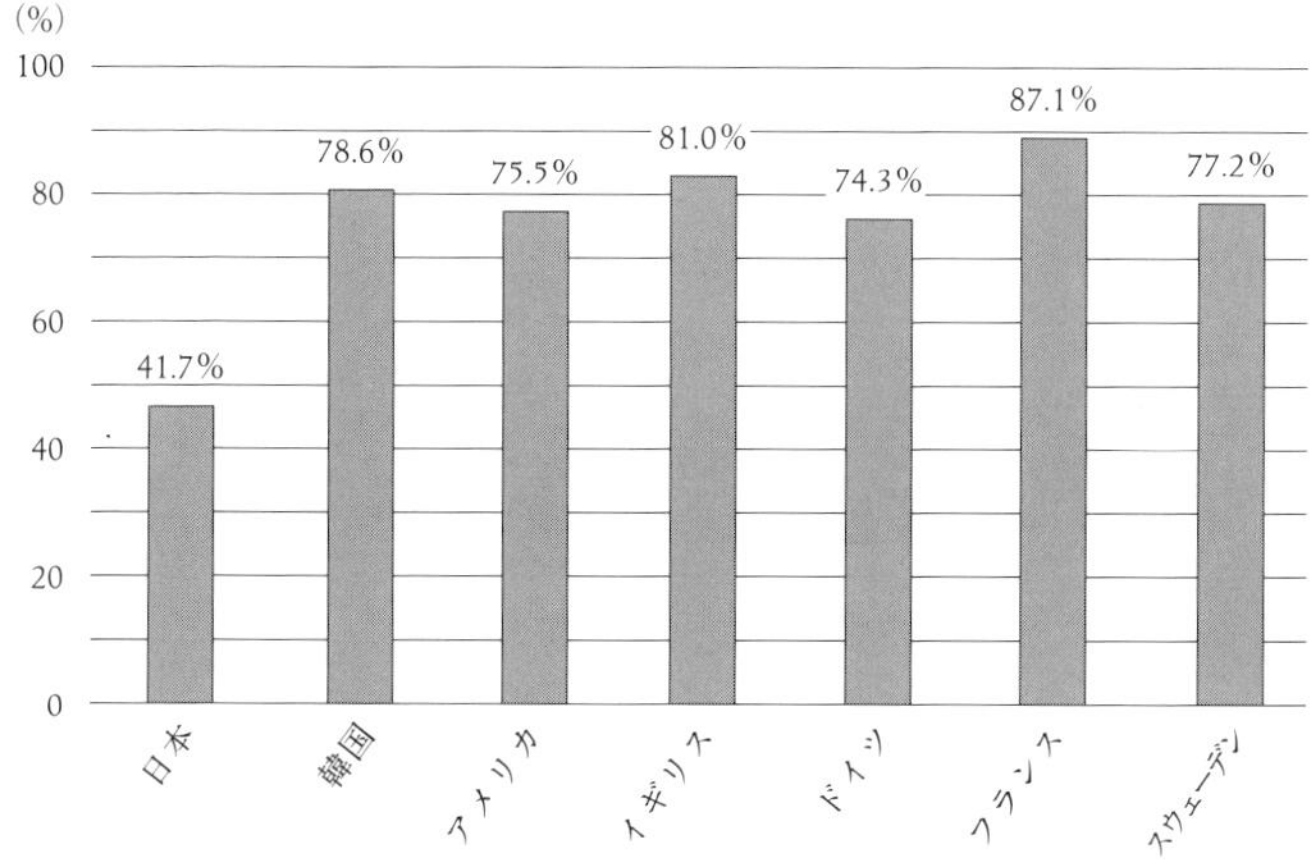

図２－１　他人に迷惑をかけなければ何をしようと個人の自由だ
「平成 25 年度 我が国と諸外国の若者の意識に関する調査」より作成

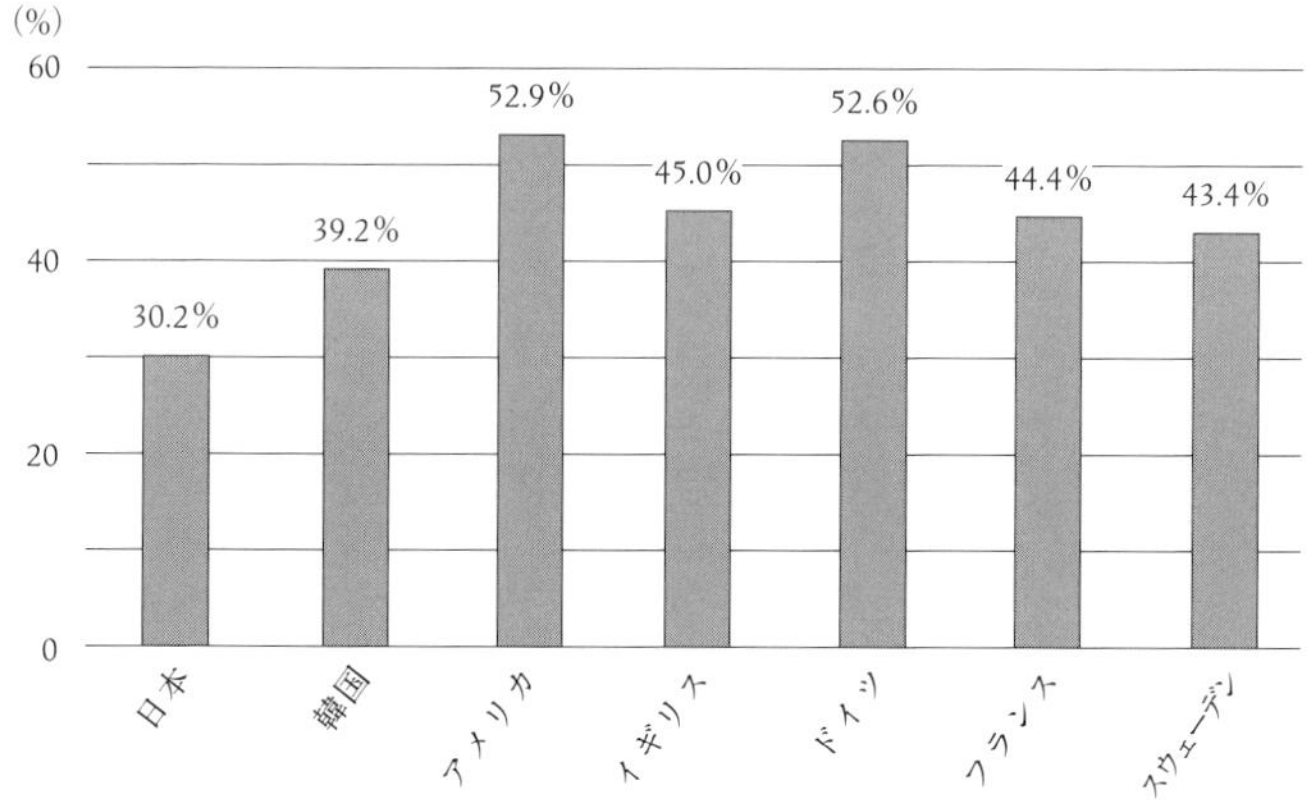

図２－２　私の参加により社会現象が少し変えられるかもしれない
「平成 25 年度 我が国と諸外国の若者の意識に関する調査」より作成

のような若者が権威主義的な態度を強めているのかについて確認する。

2　一九九〇年代以降の若者の変化に関する先行研究

これまでみてきたように、近年の日本の若者は、「不透明な時代」を生きる中で、様々な不安や悩みを抱えながらも、他者との協調を重視し、従順さを示してきたと考えられる。こうした若者は、それ以前の世代の人たちの考え方や意識に比べて、具体的にどのような点で変化がみられるのだろうか。そして、それはどのようなメカニズムによってもたらされたのだろうか。調査データによる具体的な検討を行う前に、以下ではまず、一九九〇年代以降の若者の意識や考え方の変化について言及した先行研究を概観しておくことにしたい。

社会の不透明さが増す中で進行する若者の権威主義化

一九九〇年代以降の若者の意識や政治的な態度、特に権威主義的な態度の変化について分析した研究としては、まず轟亮（二〇〇〇、二〇一一）による研究があげられる。轟は一九五五年から一〇年に一度実施されているSSM調査の結果を用いて分析を行った結果、一九九五年まで弱まっていた権威主義的な傾向が、二〇〇五年には一転して強まったことを明らかにしている。

友枝も、高校生に対する意識調査の結果をもとに、高校生の権威主義化について検討しており、二〇〇一年調査の時点と比べて、二〇一三年調査において高校生の権威主義的傾向は強まっていること、また、規範への同調性も一貫して高まっていることが指摘されている(友枝 二〇一五、杉村 二〇一五)。

こうした権威主義化が生じる背景として、轟(二〇一一)は、長期不況による社会の閉塞感が存在しており、これが主に若年層や高学歴層における権威主義的傾向を強めているのではないかと指摘する(3)。

従来、権威主義的な態度は、外国人やエスニック・マイノリティに対する偏見、さらにはファシズムの受容にかかわるパーソナリティだと考えられており(Adorno 1950)、政治的な保守主義とも強く結びつくと考えられてきた(Altemeyer 1996)。しかしながら、近年の権威主義化の動き、とりわけ若年層における権威主義化は、幾分異なった様相を示しているように思われる。本来、権威主義のあり方は、偏見やファシズム、政治的な保守化を伴うものとして考えられていたが、近年の若者における権威主義は、必ずしも偏見やファシズムを伴うわけではなく、むしろ閉塞感から来る大勢順応的な権威主義といえるのではないかと考えられるのである。

「自分らしさ」より「標準モデル」を希求する若者たち

鈴木謙介は、団塊の世代と呼ばれる人々が「消費による自己実現」を図ることができた世代なのに対して、一九九〇年代以降に社会に出た「ロストジェネレーション世代」は収入や雇用の安定を得にくい状況にあり、「消費者」たる資格を持たない状況に陥っているのではないかと指摘する。その結果、若者は「消費による自己実現」をあきらめることになり、「自分探し」や「自分らしさ志向」を重視する風潮が生まれることになる（鈴木 二〇一二）。

ベックやA・ギデンズらによって議論されてきたように、現代は再帰的な近代化の時代であり、自然や前近代的なものを対象とした近代化が終了し、近代社会自身が「近代化」の対象になる「第二の近代」だといえる（Beck et al. 1994 = 一九九七）。したがって、再帰的な近代では、近代社会において成立した「近代家族」や福祉国家、政治システムなども変革を余儀なくされる。また、R・イングルハートによれば、近代化によって伝統的価値観から合理的な価値観への移行が進み、さらにポスト近代化の過程においては、経済的な豊かさよりも「自分らしさ」の表出を重視するような脱物質主義的な価値観が浸透していくことになる（Inglehart 1997）。

このように、現代の社会が「第二の近代」に至っており、「第二の近代」における脱物質主義的な価値観や「自分らしさ」を重視する価値観の広がりについて議論される一方、鈴木は、「第一の近代」における価値観が、日本の若者たちにある程度残っていることについても言及している（鈴木 二〇一二）。具体的には、「第二の近代」において特徴的な「自分らしさ」を追求する若者ばかりではなく、「消費による自己実現」という従来の価値観を継承する若者も依然として存在しており、彼・彼女らは「保守化」傾向を強め、安定した「標準モデル」の働き方を受容しているのではないかと述べている（鈴木 二〇一二）[4]。

実際、こうした「標準モデル」を志向する若者の数は決して少なくないように思われる。多田隈翔一（二〇一五）によると、高校生に対する意識調査において、「高い地位につく」「高い収入を得る」ことに対する肯定的な回答は、いずれも二〇〇三年から二〇一一年にかけて増加しており、「高い地位」に対しては六割以上、「高い収入」は約九割が「重要」もしくは「やや重要」だと考えている。

このように、一九九〇年代以降の若者に関する言説を検討すると、周囲の空気を読みながらルールや規範を守り、権威を持つ人や目上の人には素直に従うという、従順な若者像が浮かび上がってくる。また、日本経済の低迷が長期化し、将来に対する不透明さが増す中で、「第二の近代」に特徴的な脱物質主義的な価値観、「自分らしさ」を重視するような価値観がそれほど広がらず、大勢順応的な権威主義や、安定した暮らしを求める物質主義的な価値観が、かえって若者の間で強まっているように思われる。

そこで、一九九五年SSM調査、および二〇一五年SSP調査の結果を用いて、これまでの研究において指摘されてきたような若者における権威主義化、あるいは物質主義的な価値観がどの程度みられるかについて、あらためて確認しておくことにしよう。(5)

3　一九九五年から二〇一五年にかけての若者の価値観の変化

若年層の方がより権威主義的という逆転現象の発生

以下の図2－3は、一九九五年と二〇一五年の二時点において、権威主義的な意識、具体的には「権威ある人々には常に敬意を払わなければならない」という質問に対する回答が、年齢によってどのように異なっているかを示したものである。(6)

結果をみると、一九九五年の時点では、四〇歳以上の壮年世代の方が「権威ある人々にはつねに敬意を払うべき」という質問に対して、より肯定的な態度を示す傾向がみられたのに対し、二〇一五年になると、逆に若年層において、壮年層よりも権威主義的な態度が強まるという「逆転現象」が起きている。全体としても権威主義的な態度はこの二〇年の間に強まっているが、とりわけ若年層において権威主義化の傾向が強いといえるだろう。(7)

次に、物質主義的な価値観についても、確認してみることにしよう。図2－4は、「社会

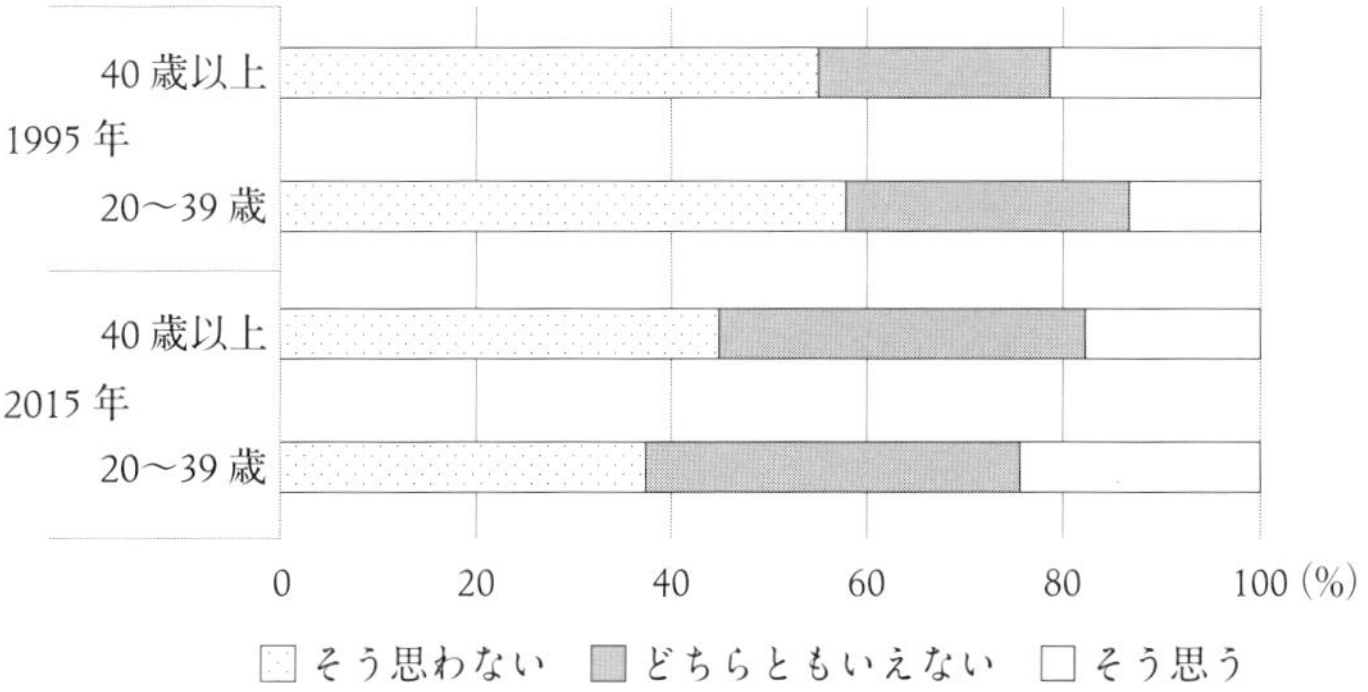

図２－３　「権威ある人々にはつねに敬意を払うべき」だと思う（年齢別）

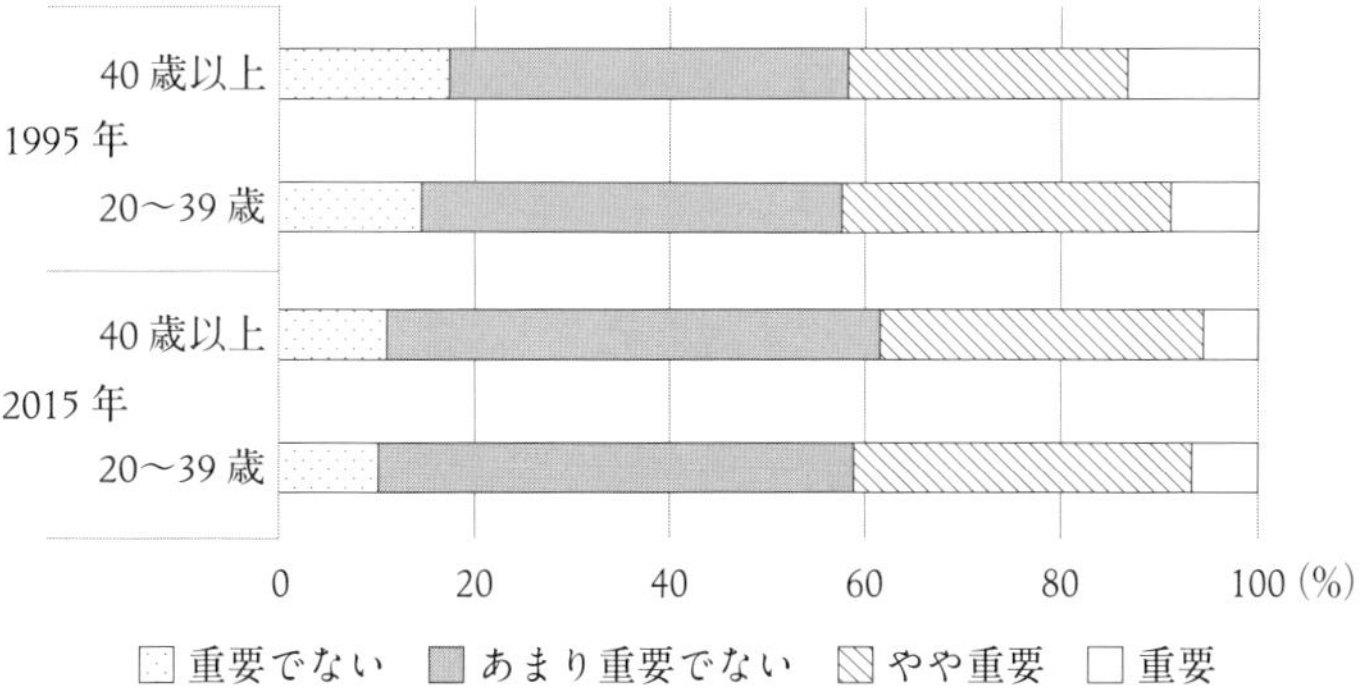

図２－４　「社会的評価の高い職業に就くこと」の重要性（年齢別）

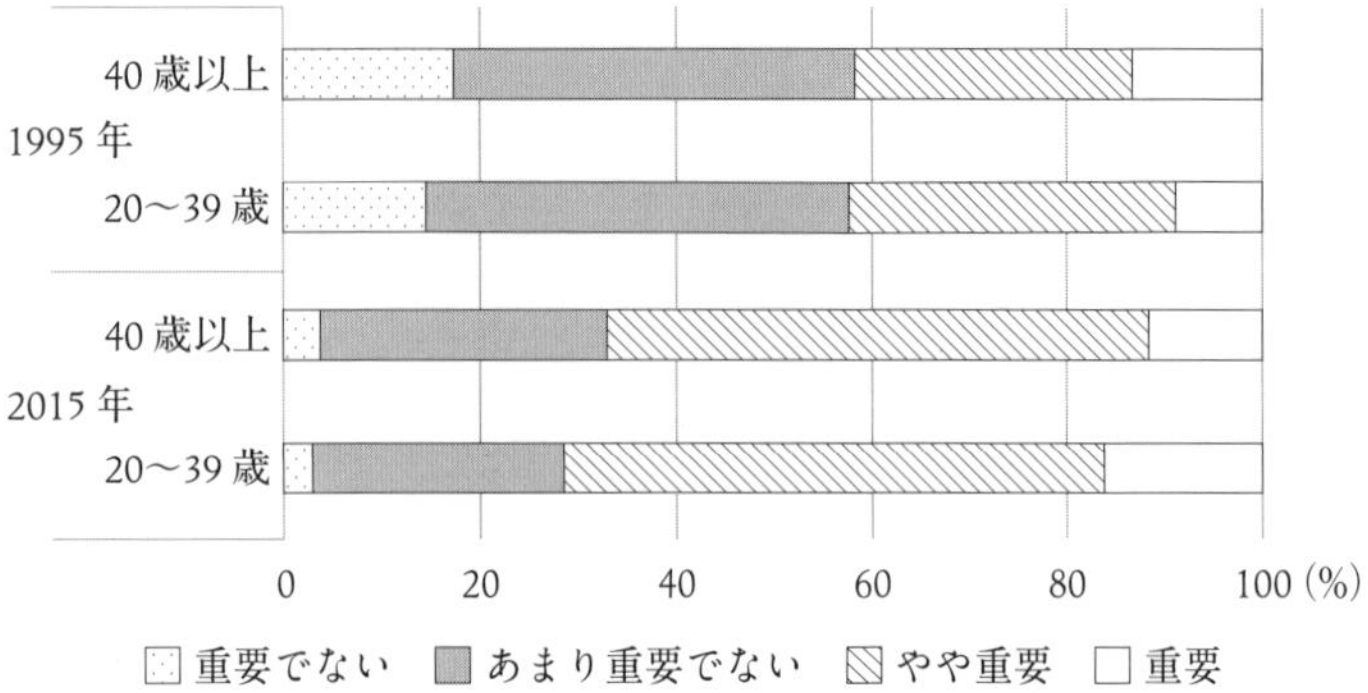

図2－5 「高い収入を得ること」の重要性（年齢別）

的な評価が高い職業に就くこと」の重要性についで尋ねた質問に対する回答の分布を示したものである。これをみると、「社会的評価の高い職業に就くこと」について、「重要」もしくは「やや重要」だと考えているのは一九九五年、二〇一五年のいずれの時点においても概ね四割程度であり、世代による差もほとんどみられないことがわかる。

一方で、「高い収入を得ること」の重要性に関する認識は、かなり変化している（図2－5）。「高い収入を得ること」が重要と考える人の割合が、一九九五年時点と比較して全般的に増えている上、若年層と壮年層との間で重要性の認識に差がみられるようになっている。具体的には、若年層の方が「高い収入を得ること」をより重要と考える傾向が生まれている。このように、一九九五年から二〇一五年にかけて、とりわけ若年層において「高い収入を得ること」を重要だと考える傾向が強まっているといえる。

　このように、一九九五年ＳＳＭ調査、二〇一五年ＳＳＰ調査の比較からも、先行研究で指摘されていたような若者の権威主義化、および物質主義的な価値観の広がりが確認された。将来が見通しにくい不透明な時代において、若者は大勢に順応し権威におもねる傾向を強め、収入を重視する物質主義的な傾向を強めているといえるだろう。ただし、一口に若者といっても、全てが同じ考え方を持っているわけではないし、若者の特徴としてあげられた従順さや素直さについても、相対的に強い人、弱い人が存在しているはずである。

　そこで、以下では、若者のどのような層において権威主義的傾向がより強いのか、またどのようなメカニズムによって権威主義的な傾向が生み出されているのかについて確認していくことにしたい。

4　若者の権威主義的傾向を生み出すメカニズム

どのような若者が権威主義的な傾向を強く持っているのか

権威主義に関する従来の研究においては、学歴が低い場合や社会階層が低い場合に、権威主義的な態度が強まると考えられてきた（轟 二〇〇一）。ただし、その一方で、近年における権威主義化の強まりに関して、日本社会の閉塞感が若者の権威主義化の一つの要因になっているという可能性が指摘されている（轟 二〇一一）。つまり、日本社会に閉塞感を感じているからこそ、「寄らば大樹の陰」として大勢に順応する形で権威主義的態度を強めているのではないかと考えられる。したがって、若者の権威主義化を生み出すメカニズムとして、まず以下のような仮説が設定できるだろう。

仮説1　非大卒層やマニュアル職において権威主義的態度が強い
仮説2　階層帰属意識が低い人ほど権威主義的態度が強い
仮説3　閉塞感や不安を強く持っている人ほど権威主義的態度が強い（大勢順応型権威主義）

また、鈴木（二〇一二）の議論からは、現代の日本において二種類の若者が存在していることが示唆される。一方は「第二の近代」に特徴的な脱物質主義的な価値観を持ち、「自分らしさ」を重視する若者たちであり、他方は前時代の価値観、すなわち「第一の近代」における物質主義的な価値観を継承して、安定した「標準モデル」の働き方を志向し、保守的な態度を示す若者たちである。

先にみたように、イングルハートは「ポスト近代」において、脱物質主義的な価値観や「自分らしさの重視」といった自己表出的な価値観の広がりを見出している（Inglehart 1997）。それゆえ、「ポスト近代」あるいは「ポスト産業社会」的な職業に就く若者においては、脱物質主義的な価値観がある程度受け入れられているのではないかと考えられる。一方、「産業社会」に親和的で、これを身近なものと捉える若者たちにおいては、物質主義的な価値観にもとづく態度形成がより顕著にみられるのではないだろうか。

つまり、「産業社会」に親和的な若者、具体的には非大卒層やマニュアル職に就く若者たちと、「ポスト産業社会」に親和的な若者との間で、意識の形成メカニズムに何らかの分断が生じていることが想定されるのである。

日本が長期不況に陥った一九九〇年代以降、従来の「産業社会」的セクターにおいて、「標準モデル」の安定した働き方を実現することは、極めて困難な状況になっている。したがって、非大卒層やマニュアル職に就く若者たちの場合、「閉塞感」や「不安」にもとづいた権威主義、すなわち大勢順応的な権威主義がより強くみられるのではないだろうか。

さらに、非大卒層やマニュアル職に就く若者たちの場合、物質主義的な価値観を経由した態度形成がより顕著にみられるのではないかと考えられる。より具体的にいうと、若者たちの中で、日本社会に「閉塞感」や「不安」を強く感じている層は、「社会的評価の高い職業」

に就くという物質主義的な価値観を経由して、権威に従うという態度を鮮明にしており、そして、こうしたメカニズムは、とりわけ非大卒層やマニュアル層において顕著なのではないかと考えられるのである。したがって、以下の仮説を設定することができるだろう。

仮説4　とりわけ非大卒男性やマニュアル職において閉塞感や不安が権威主義と強く関連する（「産業社会」セクターによる大勢順応型権威主義の強化）

仮説5　閉塞感や不安が物質主義的な価値観を経由して権威主義的態度を生み出しており、こうした傾向はとりわけ非大卒男性やマニュアル職において強い（物質主義的価値観による大勢順応型権威主義の媒介効果）

以上の仮説を検証するため、権威主義的な態度を従属変数にした重回帰分析を行い、結果を以下の表2－1および表2－2に示した。(8)

まず表2－1をみると、有意水準を一〇％とした場合、「大卒男性」と「大卒女性」が権威主義的な態度に負の影響を与えていることがわかる。これは、基準となる「非大卒男性」層に比べて、大卒男性層および大卒女性層において、権威主義的な態度が弱いということを示している。一方、「マニュアル職」であることは、統計的に有意な効果を与えておらず、

表２－１　権威主義的態度の規定要因

	モデル１		
	B	SE	β
定数	−0.600***	0.225	
年齢	−0.003	0.005	−0.020
性別・学歴（基準：非大卒男性）			
大卒男性	−0.157 †	0.085	−0.068
非大卒女性	0.084	0.074	0.042
大卒女性	−0.197 *	0.094	−0.077
職業（基準：無職・学生）			
専門・管理職	−0.193 *	0.087	−0.082
事務・販売職	−0.151 †	0.079	−0.075
マニュアル職	−0.132	0.089	−0.060
階層帰属意識	−0.060**	0.019	−0.097
高評価職業志向	0.305***	0.038	0.240
閉塞感	0.099***	0.028	0.103
競争不安	0.065*	0.025	0.077
調整済み R^2		0.117**	
n		1,129	

注１）B：偏回帰係数　SE：標準誤差　β：標準化偏回帰係数
注２）† $p < 0.1$, * $p < 0.05$, ** $p < 0.01$, *** $p < 0.001$

基準となる「無職・学生」層と比べて権威主義的な態度の強さが異なるとはいえない。また、階層帰属意識が有意な効果を与えており、自らの階層を高く評価している人ほど、権威主義的な態度が弱いという傾向がみられる。

次に、「競争不安」や「閉塞感」が権威主義的な態度を強めており[9]、若者の権威主義的態度の要因として、「不安」や「閉塞感」が少なからず影響を与えていること、大勢順応的な権威主義という特徴（仮説３）が確認されたといえる。

この他に「社会的評価の高い職業につくことが重要」とする考え方が、権威主義的な傾向を強めていることも明らかになった。すでにみたように、鈴木（二〇一二）は、若者の中で「消費による自己実現を図る」という前時代の価値観を持つ人々が、「標準モデル」の働き方を受容する中で、保守化・権威主義化しているという可能性について指摘している。分析の結果から「第一の近代」に特徴的な物質主義的な価値観、すなわち「社会的評価の高い職業に就くことを重視する」という価値観が、権威主義的な態度を生み出していることが示唆される。

それでは、こうした権威主義的な態度形成のメカニズムに関して、学歴や職業による分断、つまり「産業社会」セクターと「ポスト産業社会」セクターの分断はみられるのだろうか。「非大卒男性」を基準にした場合の「大卒男性」「非大卒女性」「大卒女性」の効果、および「無職・学生」層を基準にした場合の「専門管理」「事務販売」「マニュアル職」の効果と「競争不安」および「閉塞感」の効果との交互作用について検討したモデルの分析結果を表2－2に示した。[10]

まず、「競争不安」との交互作用の結果をみると、大卒男性の場合、「競争不安」が権威主義的態度を生み出すという傾向が、非大卒男性と比べて弱いということがわかる。つまり、競争に対する不安を持っているから、権威主義的な態度を強めていくというメカニズムは、

表２－２　権威主義的態度の規定要因（交互作用項を含んだモデル）

	モデル２			モデル３			モデル４			モデル５		
	B	SE	β	B	SE	β	B	SE	β	B	SE	β
定数	−0.430*	0.203		−0.307	0.215		−0.524*	0.210		−0.382†	0.222	
年齢	−0.004	0.005	−0.022	−0.004	0.005	−0.022	−0.004	0.005	−0.023	−0.003	0.005	−0.020
性別・学歴（基準：非大卒男性）												
大卒男性	−0.119	0.085	−0.051	−0.157†	0.085	−0.068	−0.154†	0.085	−0.066	−0.163†	0.085	−0.070
非大卒女性	0.088	0.074	0.044	0.083	0.074	0.042	0.083	0.074	0.042	0.074	0.074	0.037
大卒女性	−0.188*	0.093	−0.073	−0.180†	0.094	−0.070	−0.207*	0.094	−0.081	−0.201*	0.094	−0.078
職業（基準：無職・学生）												
専門・管理職	−0.211*	0.087	−0.089	−0.194*	0.087	−0.082	−0.193*	0.087	−0.082	−0.207*	0.087	−0.087
事務・販売職	−0.164*	0.079	−0.081	−0.154†	0.079	−0.077	−0.152†	0.079	−0.075	−0.163*	0.079	−0.081
マニュアル職	−0.138	0.088	−0.062	−0.132	0.089	−0.060	−0.135	0.089	−0.061	−0.139	0.089	−0.063
階層帰属意識	−0.061**	0.018	−0.098	−0.058**	0.019	−0.094	−0.062**	0.019	−0.100	−0.059**	0.018	−0.095
高評価職業志向	0.301***	0.038	0.236	0.303***	0.038	0.238	0.308***	0.038	0.242	0.298***	0.038	0.234
閉塞感	0.101***	0.028	0.104	0.092**	0.028	0.095	0.099***	0.028	0.103	0.098***	0.028	0.102
競争不安	0.066**	0.025	0.078	0.066*	0.025	0.078	0.066**	0.025	0.078	0.065*	0.025	0.076
大卒男性×競争不安	−0.253***	0.068	−0.126									
非大卒女性×競争不安	−0.164**	0.062	−0.092									
大卒女性×競争不安	−0.057	0.077	−0.024									
大卒男性×閉塞感				0.002	0.077	0.001						
非大卒女性×閉塞感				−0.001	0.067	0.000						
大卒女性×閉塞感				−0.181*	0.091	−0.064						
専門管理職×競争不安							0.086	0.073	0.041			
事務販売職×競争不安							0.084	0.066	0.046			
マニュアル職×競争不安							0.016	0.069	0.008			
専門管理職×閉塞感										0.158 †	0.087	0.065
事務販売職×閉塞感										0.115	0.076	0.057
マニュアル職×閉塞感										0.234 **	0.081	0.107
調整済み R^2		0.117**			0.119**			0.117**			0.122**	
n		1,129			1,129			1,129			1,129	

注１）B：偏回帰係数　SE：標準誤差　β：標準化偏回帰係数　　注２）† $p < 0.1$, * $p < 0.05$, ** $p < 0.01$, *** $p < 0.001$

とりわけ非大卒男性において顕著にみられる傾向と考えられるのである。

次に、「閉塞感」との交互作用については、大卒女性の場合、基準となる非大卒男性に比べて「閉塞感」の効果が弱いという傾向がみられた。つまり、大卒女性では、「閉塞感」が権威主義的な態度とそれほど強く結びついていないということになる。また、「マニュアル職」と「閉塞感」の交互作用が有意となっており、基準となる「無職・学生」層と比べてマニュアル職の場合、「閉塞感」の効果がより強くなっている。マニュアル職に就く若者では、「閉塞感」と権威主義的な態度がより強く結びついており、社会に閉塞感を持っているがゆえに、権威主義的な態度をとるという傾向がより顕著であるといえる。

こうした結果から、大勢順応的な権威主義は「産業社会」に親和的な若者において、すなわち非大卒層やマニュアル職において、より顕著にみられること（仮説４）がある程度確認されたといえるだろう。

社会の変革を求めるのではなく、前世代の価値観を受け入れる若者たち

これまでの分析で示されたように、社会に対する「閉塞感」、あるいは「競争不安」が若者の権威主義的な態度を強めており、自らを相対的に低い階層だと認識しているほど、権威主義的な態度が強いという傾向が確認された。さらに、物質主義的な価値観を持ち、「標準

モデル」の働き方を志向する若者たちが、より権威主義的な態度を持つという傾向も存在した。

また、こうした権威主義を生み出す規定要因が、大卒か非大卒か、あるいはマニュアル職か否かによって異なるかを確認してみたところ、「競争不安」の効果は非大卒層において、「閉塞感」の効果はとりわけマニュアル職において強いということが明らかになった。非大卒層の若者たち、あるいはマニュアル職で働く若者たちは、一九九〇年頃まで、すなわち「第一の近代」においては、ノンエリートとして、比較的安定した働き方や生活が可能であった層であるといえる。しかしながら、一九九〇年代初頭のバブル経済の崩壊以後、日本経済の不況が長期化する中で、大卒か高卒かを問わず、安定した働き方や生活の見通しを持つことが非常に困難になっているという現実が存在する。

このような状況において、仮説５で示したように、社会に閉塞感や不安を持つ層が「社会的評価の高い職業に就く」という物質主義的価値観を経由して、間接的に権威主義的態度を強めているのではないかと考えられる。また、こうしたメカニズムは、非大卒層やマニュアル職など「産業社会」に親和的な層において、より顕著な傾向を示すことが想定される。以上で想定したようなメカニズムを、第一章と同様に共分散構造分析を用いて確認してみることにしよう。

図2－6および図2－7に示したように「閉塞感」と「競争不安」が、「社会的評価の高い職業志向」を媒介して「権威主義」に与える影響の強さについて、大卒男性と非大卒男性に分けて確認した。[11] 非大卒男性の分析結果を示した図2－6をみると、「閉塞感」と「競争不安」は、権威主義に対して直接的な影響を与えているが、同時に「社会的評価の高い職業志向」を媒介して、権威主義に影響を与えるという間接効果も統計的に有意であることが確認された。つまり、競争不安や閉塞感を感じているからこそ、社会的な評価の高い安定した職業を目指すという物質主義的な価値観を重視し、それが権威主義を強めるというメカニズムが存在しているといえる。一方、大卒男性の分析結果を確認すると、「閉塞感」は権威主義的な態度に対して、直接的にも間接的にも、有意な影響を与えていなかった。[12]「競争不安」は「高評価職業志向」を経由して「権威主義」に間接的な影響を与えていたが、非大卒男性層と比べると、その影響の強さは二分の一程度でしかない。

日本社会では「第一の近代」、すなわち高度経済成長期やその後の安定成長期における成功体験が強烈であったがゆえに、若者がこれまでの価値観を否定できず、安定した前時代の「標準モデル」を志向する意識が残存していると考えられる。こうした傾向は、とりわけ非大卒などノンエリート層で顕著であり、閉塞感や競争への不安を感じている層が、従来型の「標準モデル」のレールに乗ろうとする中で、大勢順応的な権威主義を強めているといえる

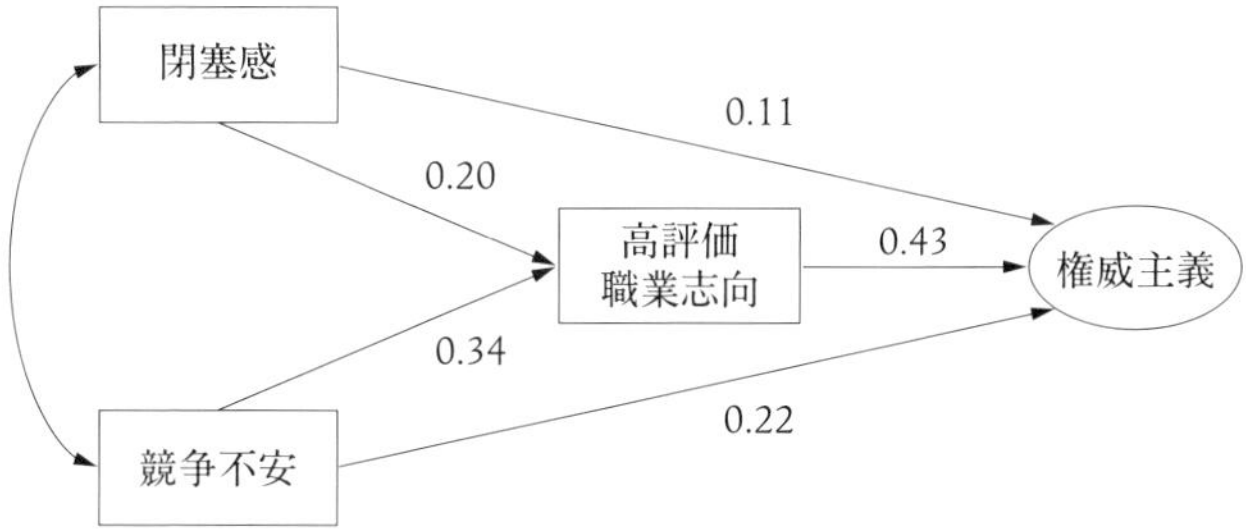

図２－６　高評価職業志向を媒介した権威主義的態度への影響
（非大卒男性層・標準化係数）

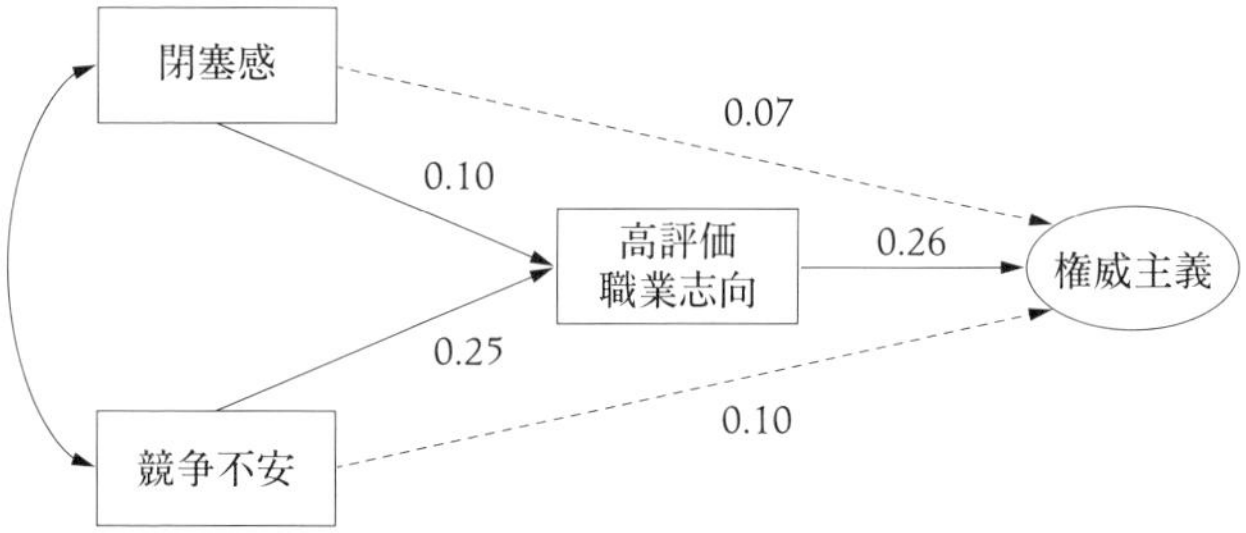

図２－７　高評価職業志向を媒介した権威主義的態度への影響
（大卒男性層・標準化係数）

のではないだろうか。(13)

5　おわりに　権威による承認ではない、若者の新しい自己実現のあり方

本章では、一九九〇年代以降の不透明な時代における、若者の権威主義的な傾向について検討を行ってきた。

その結果、まず、この二〇年の間に若年層の権威主義化がかなり進んでおり、壮年層との間で「逆転現象」が生じていることが明らかになった。従来は、壮年層の方が権威主義的で、逆に若年層は反権威主義的という傾向が存在していたが、二〇一五年の段階になると、壮年層よりも若年層の方が権威主義的という傾向を示すようになっているのである。また、「高収入を得ること」を重要だと考える意識が強まっており、社会の不透明さが増す中で、一九九五年から二〇一五年にかけて、かえって物質主義的な傾向が強まっていることも明らかになった。

次に、若年層における権威主義化がどのような要因によってもたらされているのかについて、五つの仮説の正否を検討したところ、以下のような結果が得られた。

第一に、非大卒男性層における権威主義的な態度の強さは確認されたものの、「マニュア

ル職」であることは権威主義的を態度を強める要因とはなっていなかったため、仮説1については部分的な支持にとどまる。

第二に、自らの社会階層を低く評価している人や、「閉塞感」や「競争不安」を感じている人の間で、権威主義的な態度がより強いという傾向がみられた。これは仮説2および仮説3を支持する結果だといえる。

第三に、「競争不安」が権威主義的態度を強めるという効果は非大卒男性において強く、「閉塞感」の効果は「マニュアル職」に就く若者の場合により強いということが明らかになった。したがって、仮説4は概ね支持されたといえるだろう。

最後に、共分散構造分析の結果から、「競争不安」や「閉塞感」が「高評価職業志向」を経由して、権威主義的態度を間接的に強めるという影響は、大卒男性よりも非大卒男性において顕著に存在するということがわかった。同様の結果は、男性マニュアル職とそれ以外の男性を比較した分析からも確認されており、ノンエリート層のうち、不安や閉塞感を感じる人々が、高評価職業志向を経由して、権威主義的態度を強めていると考えられる。したがって、仮説5についても概ね支持されたといえる。

日本社会の不透明さが増す中、かつてのように安定した職業に就き、生活を営むことは困難になっている。これは大卒、非大卒を問わずにいえることではあるが、非大卒の若者の方が、その困難は相対的に大きい。このような困難を抱えた若年非大卒男性が、安定した「標準モデル」を志向する中で、大勢順応的な権威主義を強めているというのが、若年層の権威主義化を説明する上での、一つの回答となり得るだろう。こうした結果は、前世代の価値観を受容する若者が、権威主義化・保守化しているという鈴木（二〇一二）の指摘を裏づけるものともなっている。

このようなメカニズムによって、若者は「不透明な時代」において権威主義的な傾向を強めていると考えられるが、政治や社会システムだけではなく、宗教や伝統的価値観なども含めて、現在の日本社会において準拠するに足るような「権威」はすでに希薄化し、そのほとんどが失われてしまっているようにも思われる。また、従来の価値観を踏襲して「標準モデル」を目指すという生き方は、多くの若者にとって困難な道であり、簡単に実現できるような状況にはない。高度経済成長やその後の安定成長時代の成功の記憶も、今後は徐々に薄まっていくと考えられる。

こうした中、若者が大きな変革を望まず、従順かつ素直な若者として生きていくという状況は、近い将来、限界を迎えるのではないだろうか。そうした場合、別の形での自己実現が模索されることになるだろう。たとえば、鈴木（二〇一二）が指摘するように、仲間集団内におけるコミュニケーション、および「承認による自己実現」が若者の中で重要性を増していくということも一つの可能性となり得るだろう[14]。あるいは、グローバル化や新自由主義が浸透した社会において物質主義的な価値観がさらに広がり、お金が若者の自己実現のための手段としてさらにその存在を強めるということも考えられる。社会の流動性や不透明性が増し、労働をつうじた若者の社会参加・政治参加が困難となる中で、従来とは別の経路によって民主主義的な価値観や態度を形成していくことが大きな課題になっているといえる。

注

（1）欧米における若者の政治的態度の動向については、第三章の議論も参照されたい。

（2）図２－１および図２－２の質問は「そう思う」「どちらかといえばそう思う」「どちらかといえばそう思わない」「そう思わない」「わからない」の六択で尋ねており、「そう思う」と「どちらかといえばそう思う」を合計した数値を示している。

（3）閉塞感を、権威主義的な態度だけにとどまらず、より広範な若者の保守化傾向と結びつけて捉える見方も多い。たとえば山田昌弘（二〇〇九）は、小泉政権に対する支持の広がりについて「人々が抱く閉そく感、特に若者の閉そく感を打破するものとして歓迎された」と述べ、二〇〇〇年代における若者の保守化について分析している。

（4）渡辺健太郎（二〇一七）は、高学歴化が進み、文系学部卒の大卒者が増加したこと、そして、こうした層が権威主義的態度の主な担い手になり、権威主義化の趨勢が生まれたことを明らかにしている。

（5）〔二次分析〕に当たり、東京大学社会科学研究所附属社会調査・データアーカイブ研究センターSSJデータアーカイブから〔「一九九五年SSM調査、一九九五」（二〇〇五SSM研究会データ管理委員会）〕の個票データの提供を受けた。

（6）SSM調査およびSSP調査では「そう思う」「どちらかといえばそう思う」「どちらともいえない」「どちらかといえばそう思わない」「そう思わない」の五択で尋ねているが、ここでは「そう思う」と「どちらかといえばそう思う」、「どちらかといえばそう思わない」と「そう思わない」を統合した結果を示している。

（7）第七章でも、近年の若者における脱物質主義的な価値観、あるいは物質主義的な価値観の揺り戻しについて議論され、仕事における自己決定性が若者の主観的自由に与える影響について分析が行われているので、あわせて参照されたい。

（8）権威主義的態度については、「権威ある人々には敬意を払うべき」「以前のやり方を守ることが最上の結果を生む」「伝統や慣習に疑問を持つ人は問題を引き起こす」「なにをなすべきかを知る一番良い方法は指導者や専門家に頼ること」という四つの質問項目によって尋ねている。これら四項目による主成分得点を算出し、これを従属変数として用いた。

（9）「競争不安」については「まごまごしていると、他人に追い越されそうな不安を感じる」という質問、「閉塞感」については「本人の社会的地位は、家庭の豊かさや親の社会的地位で決まっている」という質問をその指標として用いた。

(10) 多重共線性の問題を避ける為、交互作用項を作成する際に用いた変数に関しては、変数を中心化している。

(11) モデルの適合度は RMSEA = 0.055、CFI = 0.900 であり、許容される水準だといえる。図中の実線で示した部分は統計的に有意、破線で示した部分は非有意であることを意味している。図中に示した変数以外にも、「年齢」「階層帰属意識」を統制のために用いているが、結果については省略している。

(12) 「閉塞感」から「高評価職業志向」を経由して「権威主義」へと至る間接効果について、ソベル検定を行ったところ、統計的に有意とは確認されなかった。

(13) 男性マニュアル層とそれ以外の男性の比較も試みたところ、同様の結果が得られた。男性マニュアル層では、「閉塞感」が直接的、間接的に権威主義的態度を強めていたのに対して、それ以外の男性の場合、「閉塞感」の直接効果、間接効果はいずれも統計的に有意ではなかった。「競争不安」については、男性マニュアル層とそれ以外の男性のいずれのグループにおいても、権威主義に対する直接的な影響はなく、間接効果のみ確認された。

(14) 若者が承認を求める傾向については、鈴木だけではなく、他にも多くの論者が言及している。たとえば斎藤環（二〇一三）は、若者が身近な仲間内において、「キャラ」として承認されることを非常に重視する傾向があると指摘している。また、土井隆義（二〇〇八）は「空気」を読み、他人を傷つけない「優しい関係」が若年層の人間関係において重要性を持つと述べている。近年、Instagram や Twitter、Facebook などに代表される各種のＳＮＳにおいて、「いいね」と承認し合うような状況が生じていることを考えれば、こうした承認欲求の増大という議論も、ある程度説得力を持っているといえるだろう。

第3章

若者はなぜ自民党を支持するのか

変わりゆく自民党支持の心情と論理

松谷満

1　若者の自民党支持は不可解

二〇一〇年代後半、若者が自民党を支持するようになったとたびたび話題になっている。マスコミの世論調査などがその根拠として示されており、若者の「保守化」の文脈で論じる傾向もみられる。(1) この章では、「若者の自民党支持」がどの程度、明確に捉えられるのかを確認し、その背景について分析、考察する。

若者が自民党を支持するようになった（かもしれない）ということがなぜ話題になるのか。それは、先進資本主義諸国を基準にした場合、とても不思議な現象だからである。第一に、昔からある政党、特に保守政党の支持層は高齢者が多いというのが今なお一般的である（Knutsen 2018）。自民党もその典型であった（Aldrich and Kage 2011、松本 二〇〇一、三宅 一九八九、谷口 二〇一一）。

第二に、これは政治に限ったことではないが、若者は新しさ、極端さを好む傾向にあり、新しい政党、ややラディカルな政治的立場をとる政党を相対的によく支持する。たとえば、ヨーロッパの緑の党などがそうである（Maggini 2016）。

第三に、保守政党が若者の支持を獲得するケースはあるが、それは従来の立場を超えた改革姿勢を示すような場合においてである。たとえば、ドイツのA・メルケルを擁するキリスト教民主同盟・社会同盟（CSU／CDU）などがこれに該当する（野田二〇一六）。その点、自民党（とりわけ安倍晋三政権）は六〇年以上前の主張にこだわり、敗戦以前の日本を懐かしみ、改革というよりむしろ先祖返りという側面が強い。二〇〇〇年代の小泉純一郎政権は、それまでの権力構造に対し新自由主義的な改革を試みた。加えて、小泉のポピュリスト的な政治戦略はその当時斬新であった。そのことに対して若者の支持が増えたというのであれば、まだしも理解しやすい。しかし、二〇一〇年代の安倍政権は新自由主義、ポピュリズムよりむしろ、ナショナリズムの強化や自由を抑制する権威主義といった特徴が色濃い。若者をひきつける要素が自明とはいえない。

このように、先進資本主義諸国を基準にした場合、日本の若者が以前よりも自民党を支持するようになったという現象は不可解である。しかし他方で、近年、若者の保守化が諸外国に共通する現象として指摘されてもいる（Foa and Mounk 2016＝二〇一七）。この場合の保守化は、政治への消極姿勢や新たな権威的リーダーの希求を意味するが、そうした意識の変化が影響したと考えられなくもない。本書でも、日本の若者の従順さが指摘されており（第二章）、それが政党支持意識にも影響している可能性は否定できない。

では、実際のところはどうなのか。以前よりも若者は自民党を支持するようになったのか。だとすれば、その背景とはどのようなものなのか。こうした関心にもとづき、調査データを分析する。

2　若者の自民党支持はほんとうか

若者が実際に自民党を支持するようになったのか、確定した事実とはいえない部分もある。政治学者の菅原琢は、（一）世論調査における若者の自民党支持率はけっして高いといえるものではない、（二）世論調査における若者の回答率は低く、誤差の範囲が大きい上、偏った層を捉えている可能性があると指摘している(2)。もともと、政党支持は時期によってかなり変動するものであり、質問の仕方によっても回答が変化しやすい。したがって、ここでは複数の世論調査を確認する。

「若者が自民党を支持するようになった」とはどのような状態を指すのか。本章では、以下のように捉える(3)。

仮説Ⅰ　最近の若者は、以前の若者と比べて、自民党を支持する割合が高い。一方、壮年層ではそのような傾向はさほど明確でない。

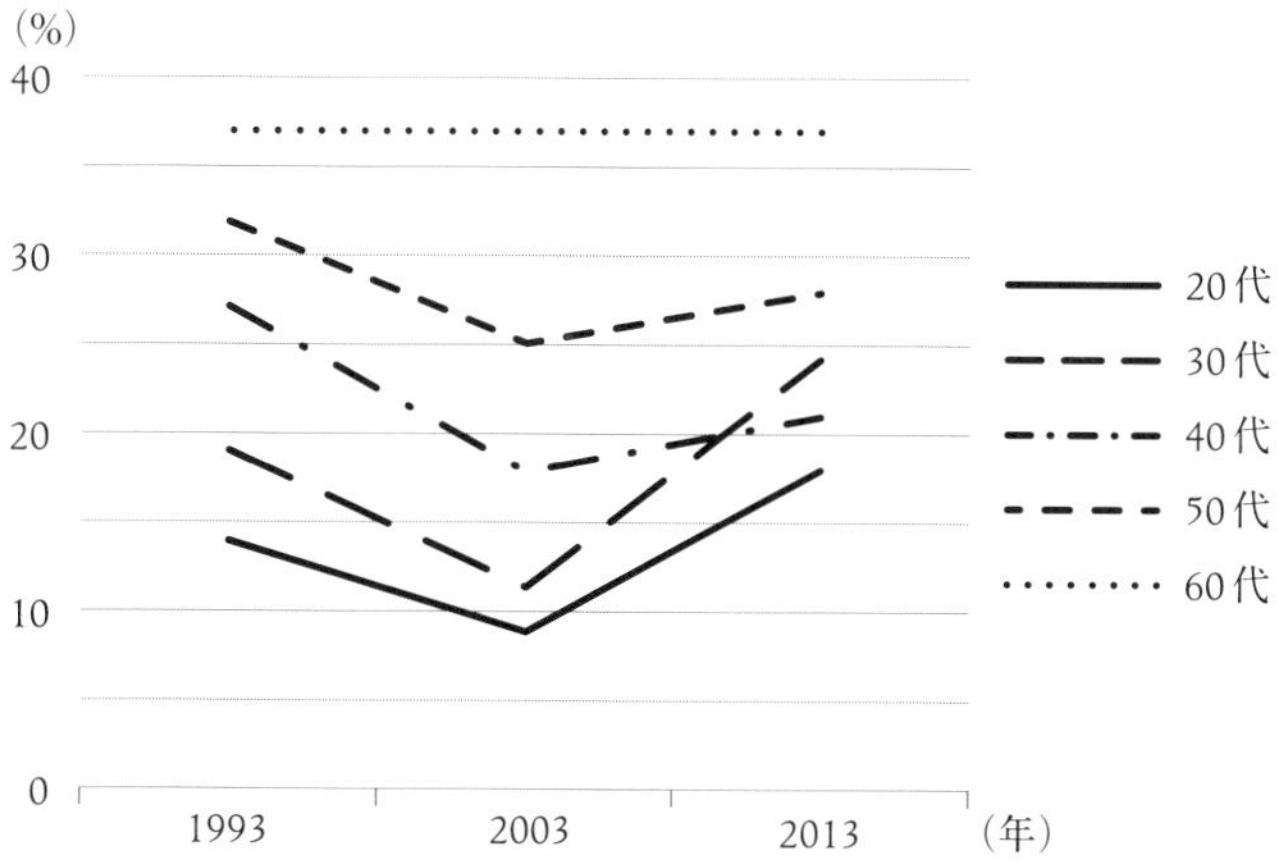

図３－１　自民党支持の割合（「日本人の国民性」調査）[5]

以前と比べて自民党を支持する割合がたいして変わらないのであれば、もちろんそれは変化とはいえない。また、壮年層も同じように変化しているならば、それは若者の変化というより、社会全体の変化と捉えたほうがよい。

長期的な変化を捉えられる世論調査として、ＮＨＫ放送文化研究所「日本人の意識」調査、統計数理研究所「日本人の国民性」調査がある[4]。両調査からは、自民党に対する支持は高齢層で高く、若者で低いという傾向が最新の調査（二〇一三年）まで続いていることがわかる（ＮＨＫ放送文化研究所 二〇一五）。ただ、年齢による差は徐々に縮まってきているようだ。

図３－１は「日本人の国民性」調査の結果

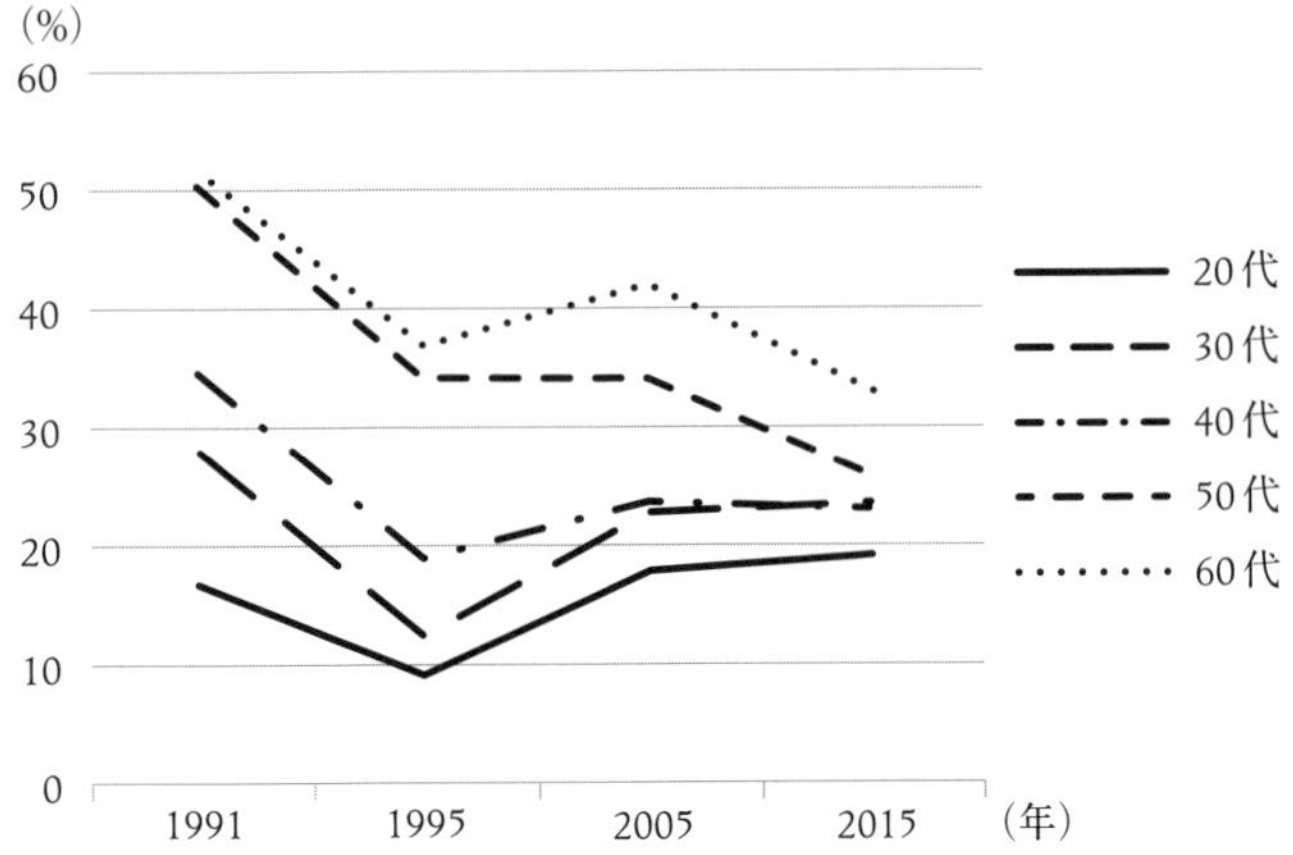

図3－2　自民党支持の割合（SSM調査）

を年代別に示したものである。二〇年前と比べると、四〇～五〇代では自民党支持の割合は低くなっている一方、二〇～三〇代ではむしろ高くなっていることがわかる。一時点の調査でみると、まだまだ高齢層のほうが自民党を支持する者が多いようにみえるが、時点間の変化をみると若者に特徴的な変化がうかがえる。なお、「日本人の意識」調査も、前回と比較すると、高齢層はさほど変化なく、若・壮年層で自民党支持が増加している（NHK放送文化研究所 二〇一五、一〇四頁）。

「社会階層と社会移動」調査（SSM調査）も同様に確認した（図3－2）[6]。「日本人の国民性」調査とはだいぶ傾向が異なる。しかし、自民党に対する支持が高齢層で高く、若者で低いことはこの調査でも確認できる。そして、自民党に対する支持は五〇代、六〇代で低下した一方、三〇代、四〇代は下げ止まっており、二〇代はやや上がっている。やはり若者に特徴的な変化であることがうかがえる。

このように、自民党支持における年齢差は縮小傾向にある。(7) 上の年代で支持する人が少なくなる一方、若者ではそのような傾向はみられない。したがって、相対的には若者は以前よりも自民党を支持するようになったとみて間違いないだろう。(8)

3　どんな若者が自民党を支持するようになったのか　社会階層と政党支持

年長者と比べて、若者の自民党支持が低下せず、むしろ増えているようにもみえるのはなぜか。その背景をさぐるために、まず社会階層との関連に注目したい。社会階層と政党支持、投票行動については国内外で多くの研究がある。

ヨーロッパの研究では、労働者階級が左派政党を支持し、中産階級が保守政党や自由主義政党を支持するという階級投票（class voting）が重要視されてきた。しかし、社会の変化にともない階級投票は衰退してきたとの見方が一般的である（Knutsen 2009）。ただ、社会階層全般が意味を持たなくなったわけではない。緑の党や極右政党のような新しい政党の台頭によって、社会階層と政治の関連は新たな局面を迎えた。専門職層が緑の党などの左派リベラル政党を支持するようになる一方、ブルーカラー層は極右政党の支持に傾いたのである(Kitschelt 1995、Knutsen 2018)。

日本の場合、これとは様相を異にする。戦後の高度成長期においては、管理職、自営業、農業(「自前」層)と被雇用者全般(非「自前」層)とのあいだで政党支持に違いがみられ、「自前」層で自民党を支持する人が特に多かった(三宅 一九八九)。ただ、一九七〇年代後半以降は非「自前」層でも自民党支持は野党よりも高いのが一般的となった。経済成長によって生活水準が向上し、現状への満足やその維持を期待する意識が、自民党への支持につながったとされている(原・盛山 一九九九、三宅 一九八九、村上 一九八四)。

しかし、この説明からすると若者の自民党支持が相対的に安定していることは不可解である。一九九〇年代以降、非正規雇用者の増大、雇用の流動化が生じ、またそれが「格差社会」ということばとともに広く認知されるようになった。これらの変化は特に若者に大きな影響があり、生活の不安定性を高めていると考えられる。さらに、自営業、農業といった「自前」的職業層は時代とともに大きく減少してきている。ならばむしろ、自民党支持は減少してしかるべきではないか。

この疑問に対して、若者の「分断」という側面に注目したい。本書および本調査にもとづく分析が明らかにしてきているように、世代内の分断は社会のありようを左右し得る。たとえば「若者の政治離れ」は若者全体にいえることではなく、むしろ「非大卒」（中学・高校卒）の若者にのみ該当する（吉川 二〇一八a、一八六～一八九頁）。今の若者のほうがより、政治的に疎外されている人／疎外されていない人の境界が明確になっているのである。そこからすると、若者において、疎外感を強めて脱政治化する「持たざる者」、現状への満足やその維持への期待から自民党を支持する「持てる者」という政治的亀裂が生じ始めているのではないか。この仮説をデータによって確かめる。

仮説Ⅱ　以前と比べて、階層的地位の高い若者は自民党を支持する割合が高い。一方、壮年層ではそのような傾向はさほど明確でない。

この仮説を検証するにも、やはり過去のデータとの比較が必要である。ここでは、一九九五年SSM調査と二〇一五年SSP調査のデータを比較する。社会階層については、他章と同様に男女を分けつつ、学歴（大卒／非大卒）、雇用形態（正規／非正規）、職業（専門職、ブルーカラーなど）を取り上げる。

若者と壮年層の分け方については、三九歳以下／四〇歳以上（六〇歳未満）としている。社会意識に関しては、同時代的経験が世代意識を形成するといわれている（Mannheim 1928

＝一九七六)。二〇一五年SSP調査の若者世代は、有権者となったころにはすでに保守―革新の五五年体制は消滅しており、金権政治を常々批判されていた自民党、明確な左派政党であった社会党などについての記憶は相対的には乏しいだろう。一九九〇年代の政党の流動化、二〇〇〇年代の小泉政権、民主党政権、二〇一〇年代の安倍政権といったところが世代で共有されている主要な記憶と考えられる。

政党支持に関する質問が両調査で異なる点には注意を要する。一九九五年SSM調査では現在の支持政党を尋ねているが、先の注に示したとおり、流動性の強い時期のものであるため、一九九一年ころの支持政党についての回答を用いることにする。また、二〇一五年SSP調査では、前年(二〇一四年)の衆議院選挙のときの支持政党を尋ねている。一般に、選挙の前後には政党支持率は高い水準となることが多く、本調査の政党支持率も同年のSSM調査よりも全体的に高い値となっている。このような事情により、両調査の数値をそのまま比較するのではなく、その傾向における特徴を比較することになる。

まず、学歴別の自民党支持の割合を示した(図3－3)。先に壮年層をみると、一九九一年では非大卒男性が自民党を支持する傾向がやや強いようにみえる。二〇一五年は大卒女性が目立って支持の割合が低いようにみえる。ただ、二〇年間でそこまで大きな傾向の違いはない。一方、若者では、明確な変化が生じている。一九九一年は学歴や男女の差はみられな

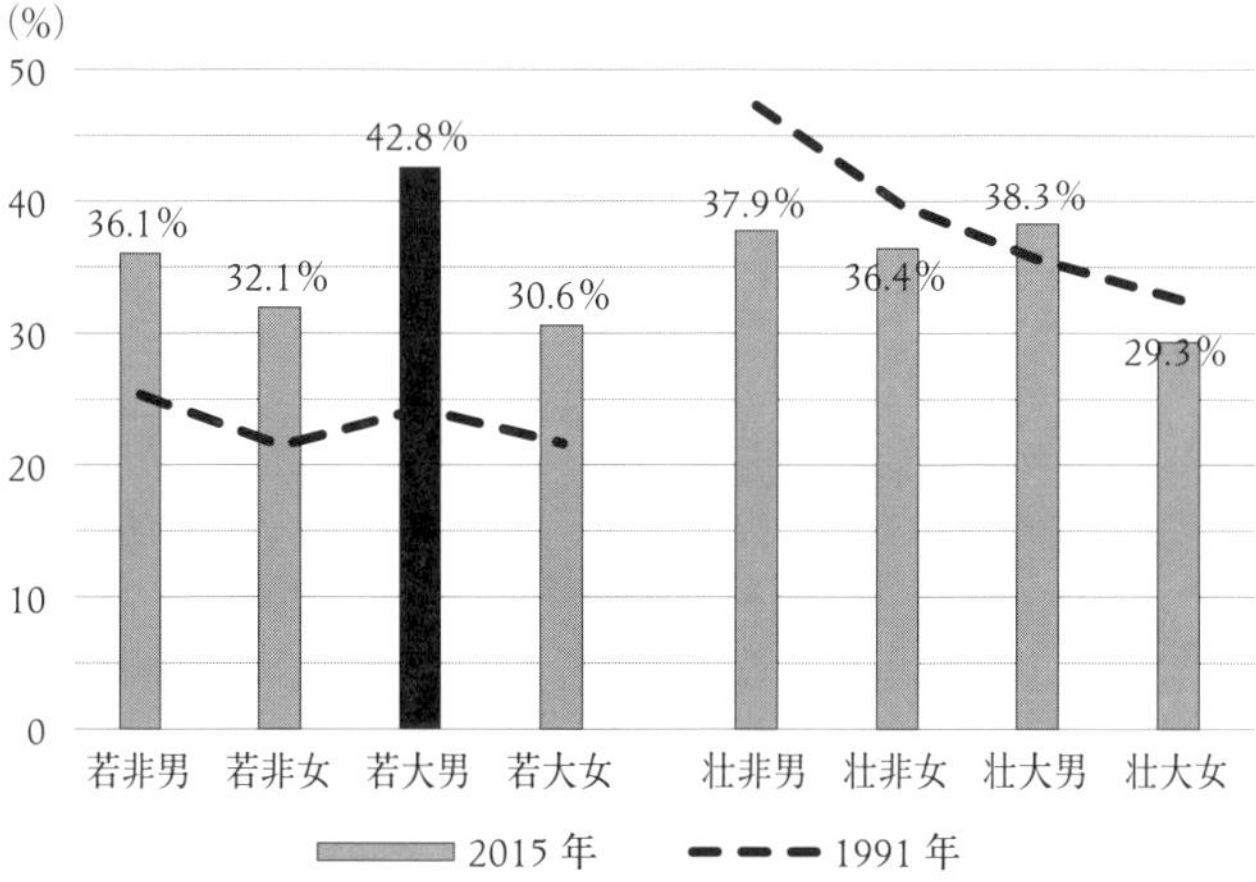

図３－３　自民党支持の割合（各層別）[9]

い。二〇一五年になると、男性で自民党支持の割合が高く、かつ大卒層で目立って高くなっている。このように、以前はみられなかった若年大卒男性の自民党支持という変化が生じているのである。

次に、雇用形態による違いである。年代、性別に加えて、正規／非正規の区別により、それぞれの自民党支持の割合を確認した[10]。結果、正規と非正規とのあいだには目立った違いはなかった。二〇一五年についていえば、男性の場合、正規雇用者の自民党支持が三九・〇%、非正規雇用者では四五・七%である。ただ、男性非正規雇用者の回答者が少ないため、結果の信頼性には注意が必要である。女性の場合、逆に、正規雇用者が三一・一%、非正規雇用者が二七・〇%となっている。このように、雇用形態によって明確かつ一貫した傾向はみられないといえる。

最後に、職業別にみた結果である。年代、性別に加えて、職業の区別により自民党支持の割合を確認した。職業の分類については、これまでの日本の政党支持研究を踏まえ、かつ簡便な形で表現すべく、専門職、大企業ホワイトカラー、中小企業ホワイトカラー、自前（管理、自営、農業）、ブルーカラーという五分類にしている（図3-4）[11]。

職業に関してみると、この二〇年間の変化は大きいといえる。壮年層について確認すると、一九九一年では自前―非自前の区分が明確である。二〇一五年ではやや差が縮まっているようにみえるが、それでも自前―非自前の区分が特徴的である。

一方、若者の場合、一九九一年は壮年層と同様に自前―非自前の区分が明確であった。二〇一五年でも自前層の自民党支持は相対的に高い。大きな変化として指摘すべきは、大企業ホワイトカラー層で自民党支持の割合が高いという傾向が確認できることである。男性で四五・三%、女性で三八・六%と自前層と変わらない水準となっている。また、男女の違いが生じているという点も指摘できる。女性の専門職、中小企業ホワイトカラー層は目立って自民党支持の割合が低く、二〇%台にとどまっている。男性ではそのような傾向はみられない。

以上の結果を整理すると次のようになる。以前と比べると、階層の高い若者、特に男性

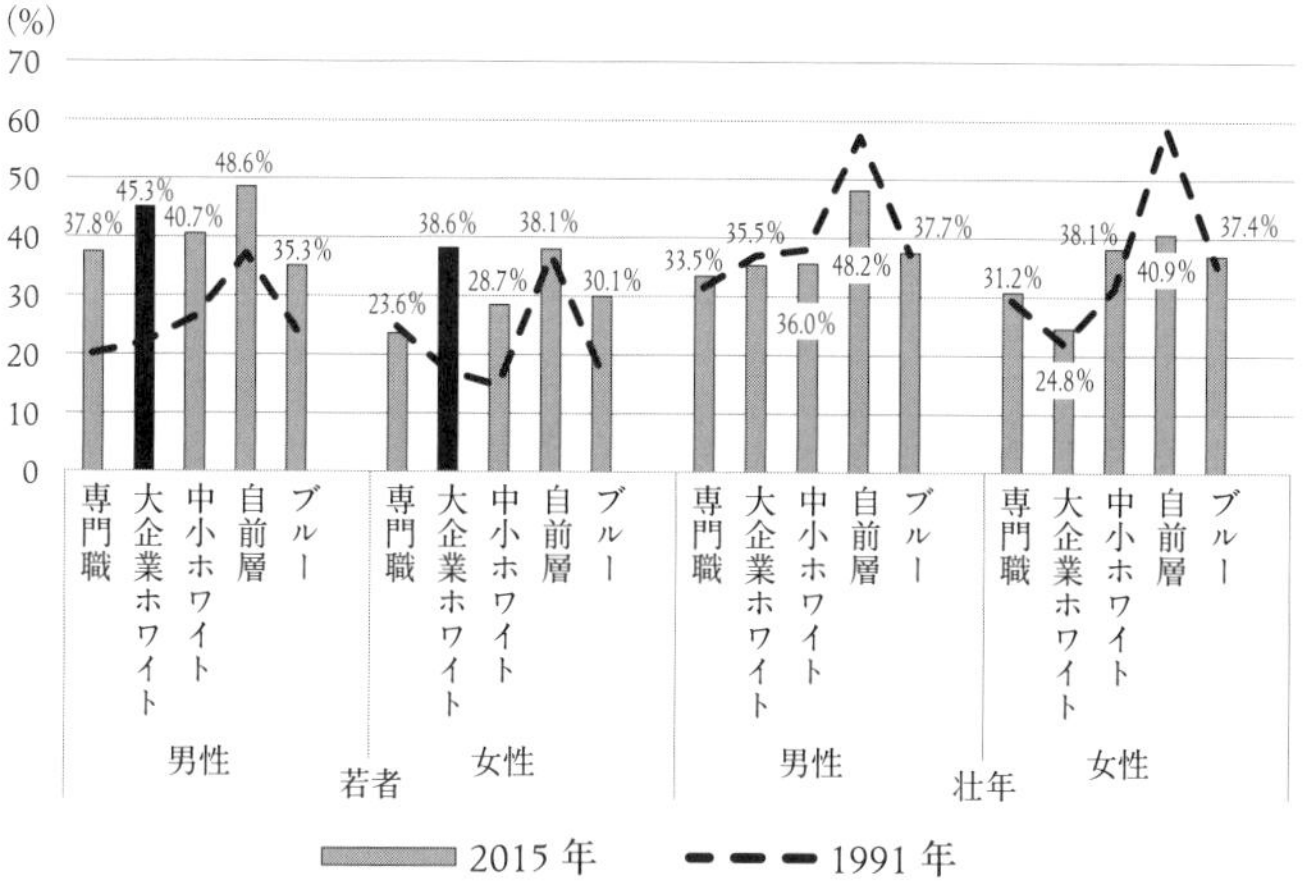

図３－４　自民党支持の割合（職業別）[12]

（大卒、大企業ホワイトカラー）で自民党を支持する傾向が強まった。一方、壮年層ではそのような傾向はみられない。自前層の減少にもかかわらず、若者の自民党支持が低下しないのは、社会階層という側面からみた場合、この変化が背景にあると考えられる[13]。

先の仮説は部分的には支持されたといえるが、その前提であった生活への満足との関連について確認する。高階層の若者がなぜ自民党を支持するのか、についてのあり得る一つの説明は、彼らが生活に満足しており、現状を肯定する意識から自民党を支持するのだというものである。二〇一五年調査の若者についてみると、職業と生活満足度[14]については関連があり、専門職、大企業ホワイトカラー層はブルーカラー層よりもやや満足度が高い[15]。

しかし、生活満足度そのものは自民党支持と関連していなかった。つまり、若者における社会階層と自民党支持との関連は、若者が満足しているから自民党を支持しているという関連ではない。もっと他の理由を探す必要があるだろう。

4 なぜ若者は自民党を支持するようになったのか 社会意識と政党支持

前節では、近年、自民党を支持する若者の階層的特徴が変化していることを確認した。では、自民党を支持する若者は、「なぜ」支持しているのだろうか。社会意識の側面に注目し、若者の自民党支持が底堅い理由を検討する。

社会意識と政党支持についても多くの研究がある。政党とは特定の政治的理念によって形作られる集団であるから、その理念への共感が支持につながる。つまり、人びとの価値観が政党支持、投票行動を規定するのである。日本の場合、保守—革新という政治的対立が長くあったが、背景には「伝統的（戦前的）—近代的（戦後的）」という価値観の対立があった（綿貫 一九七六）。それは顕在的には憲法や外交・安全保障に関する対立として表れていた（大嶽 一九九九）。

ただ、価値の対立軸は時代とともに変わるものであり、環境を重視するかどうか（脱物質主義）、市場原理、競争原理を重視するかどうか（新自由主義）といった対立軸がこの時代にあっては重要とされている（後述）。

社会意識と政党支持の関連はそれだけにとどまらない。理念への共感ではなく、自身の価値観や心情からの合理的な判断として、特定の政党を支持するということがあり得る。たとえば、既成政党への不信感が非常に強い場合、理念とは関係なく新しい政党を支持する、ということがあるだろう。

ここでは、どのような意識が政党支持に関連するかを分析するが、それだけでは、若者の自民党支持の底堅さを説明したことにはならない。政党支持と関連を持つ意識が、以前よりも強まっているということがあわせて確認されなければならないからだ。したがって、前節と同じく、一九九五年と二〇一五年の調査データを用いる。両調査の質問項目を踏まえつつ、五つの仮説を立てた。

仮説Ⅲ－１　「伝統主義」仮説

以前の政党対立では、自民党（およびその支持層）が伝統的な価値観を重視し、野党はさほど重視しないという特徴がみられた。近年の自民党はあらためてそれを強調する傾向がみられる。「保守化」したといわれる若者が伝統主義を強め、自民党支持に向かっているのかもしれない。

仮説Ⅲ－2　「物質主義」仮説

社会が豊かになったことで、経済だけでなく文化や環境を重視するような価値変化が一九六〇年代以降に生じたという（Inglehart 1977）。しかし、一九九〇年代以降の経済の停滞により、若者は以前のような経済成長重視の考え方に回帰しているのではないか。原発をめぐる問題等からも明らかなように、自民党は経済をより重視する立場を取っているる。その方向性への共感があるのかもしれない。

仮説Ⅲ－3　「新自由主義」仮説

一九八〇年代以降、世界的に新自由主義という考え方が広く浸透していった。日本では二〇〇〇年代の小泉政権以降、広く認知されるようになったと考えられる（堀江 二〇一七）。イギリスの研究では、M・サッチャー新保守政権以降に政治的に社会化された世代は、先行世代よりも保守的であるという（Grasso et al. 2017）。つまり、政治的社会化期の記憶が価値観を形成するのである。これを日本にあてはめた場合、小泉政権以降の記憶が強い若者世代では、新自由主義的な価値観がより受け入れられており、それが自民党の支持につながっているのかもしれない。

ここまでが、自民党と価値観が近いゆえに支持する、という仮説である。残り二つは、それとはやや異なる。

仮説Ⅲ－４　「権威主義」仮説⒃

一九九〇年代までは、特に高学歴の若者は反権威主義的であり、権威主義は自民党への支持と結びついていた（轟 二〇〇〇）。しかし、二〇〇〇年代以降、若者の反権威主義的傾向は弱まっている（松谷 二〇一五）。この仮説は、先の「伝統主義」とは別に、価値観に共感するというのではなく、「権威に従うべき」だから（政権政党である）自民党を支持する、という関連の有無に焦点をあてるものである。

仮説Ⅲ－５　「宿命主義」仮説

格差社会化という認識が強まる中、いくら努力しても報われず、あらかじめ家庭環境等によって人生は決められているという「宿命主義」的社会観が若者に広がっているという（土井 二〇一一）。この社会観からすれば、政治や社会を変えるという発想そのものが無意味であり、現状をそのまま受容するほうが上手く生きられる。このようなシニカルな社会観が「自民党しかない」という発想につながっているのかもしれない。

若者の自民党支持に関連して検証する仮説は以上の五つである。これに対応する変数（表3－1）について、自民党支持との関連を分析する。

表3-1　分析に用いる意識変数[17]

仮説	変数（質問項目）
「伝統主義」仮説	「伝統や習慣にしたがったやり方に疑問を持つ人は、結局は問題をひきおこすことになる」 「男性は外で働き、女性は家庭を守るべきである」
「物質主義」仮説	「これからは、経済成長よりも環境保護を重視した政治を行うべきだ」（逆転）
「新自由主義」仮説	「競争の自由をまもるよりも、格差をなくしていくことの方が大切だ」（逆転）
「権威主義」仮説	「権威のある人々には常に敬意を払わなければならない」
「宿命主義」仮説	「本人の社会的地位は、家庭の豊かさや親の社会的地位で決まっている」

一九九五年、二〇一五年の調査データについて、若年／壮年という区分により分析を行った（表3－2）。従属変数は自民党支持[18]、独立変数は社会意識変数の他、性別、学歴、職業を用いている[19]。

分析結果から特徴的な違いを多く見出すことができる。まず、階層変数に関しては、一九九五年調査では自前層が自民党を支持するという効果が確認できる。また、壮年層では、大卒層が自民党を支持し**ない**という効果も確認できる。一方、二〇一五年調査では壮年層のみに自前層の効果がみられ、若者には階層の直接効果はみられない。

社会意識変数について、仮説の順に確認する。伝統主義は壮年層では効果があるが、若者ではその影響はない。物質主義は、一九

表3-2　自民党支持の規定要因（ロジスティック回帰分析）

		1995（1991）年		2015年	
		B	SE	B	SE
若者	性別＝女性	−0.128	0.177	−0.253	0.130
	学歴＝大卒	−0.068	0.179	0.068	0.130
	職業＝専門	0.335	0.256	−0.226	0.173
	職業＝大ホワイト	0.181	0.254	0.253	0.175
	職業＝自前	0.972 **	0.277	0.453	0.290
	伝統主義（因習志向）	0.064	0.081	0.061	0.068
	伝統主義（性別役割意識）	0.104	0.088	0.069	0.078
	物質主義	0.099	0.090	0.183 *	0.074
	権威主義	0.214 **	0.076	0.107	0.063
	宿命主義	0.011	0.077	0.181 **	0.066
	新自由主義			0.143 *	0.066
	疑似決定係数	0.052		0.050	
	n	765		1,130	
壮年	性別＝女性	0.000	0.132	−0.050	0.107
	学歴＝大卒	−0.422 *	0.169	−0.079	0.112
	職業＝専門	0.164	0.245	−0.132	0.142
	職業＝大ホワイト	0.075	0.244	−0.212	0.165
	職業＝自前	1.194 **	0.147	0.367 *	0.152
	伝統主義（因習志向）	0.100	0.054	0.136 *	0.056
	伝統主義（性別役割意識）	0.175 **	0.060	0.199 **	0.065
	物質主義	0.098	0.058	0.259 **	0.057
	権威主義	0.115 *	0.053	0.258 **	0.052
	宿命主義	−0.094	0.053	−0.115 *	0.052
	新自由主義			0.145 *	0.056
	疑似決定係数	0.127		0.082	
	n	1,143		1,711	

注1）B：偏回帰係数　SE：標準誤差

注2）* $p < 0.05$, ** $p < 0.01$

九五年には効果がなかったが、二〇一五年になると物質主義的であるほど自民党を支持するという効果がみられる。新自由主義は二〇一五年のみの結果となるが、新自由主義的であるほど自民党を支持するという効果がみられる。

権威主義は、二〇一五年の若者のみ効果がみられない。他は権威主義的であるほど自民党を支持するという効果がみられる。そして、宿命主義は、逆に二〇一五年の若者のみ正の効果がみられる。壮年層でも有意な効果がみられるが、これは宿命主義的でないほど、自民党を支持するという負の効果であった。

以上の結果からすると、伝統主義、権威主義に関する仮説はこの時点で棄却されたといえる。若者は伝統や権威といった従来型の「保守」的な要素とは関係なく、自民党を支持するようになっているのである。

物質主義、新自由主義、宿命主義については、さらに検討を加える。これらが若者の自民党支持を左右する要因であることはわかったが、それが若者の自民党支持の底堅さの原因であるかどうかはまた別である。その確証を得るためには、①これらの意識が若者で以前よりも強まっており、②壮年層ではそれほどでもない、ということを示す必要がある。

一九九五年と二〇一五年のデータをもとに、これらの意識の変化について確認した（図3－5）。物質主義的傾向はこの二〇年で強まっており、かつ若者においてその増加率は高い[20]。

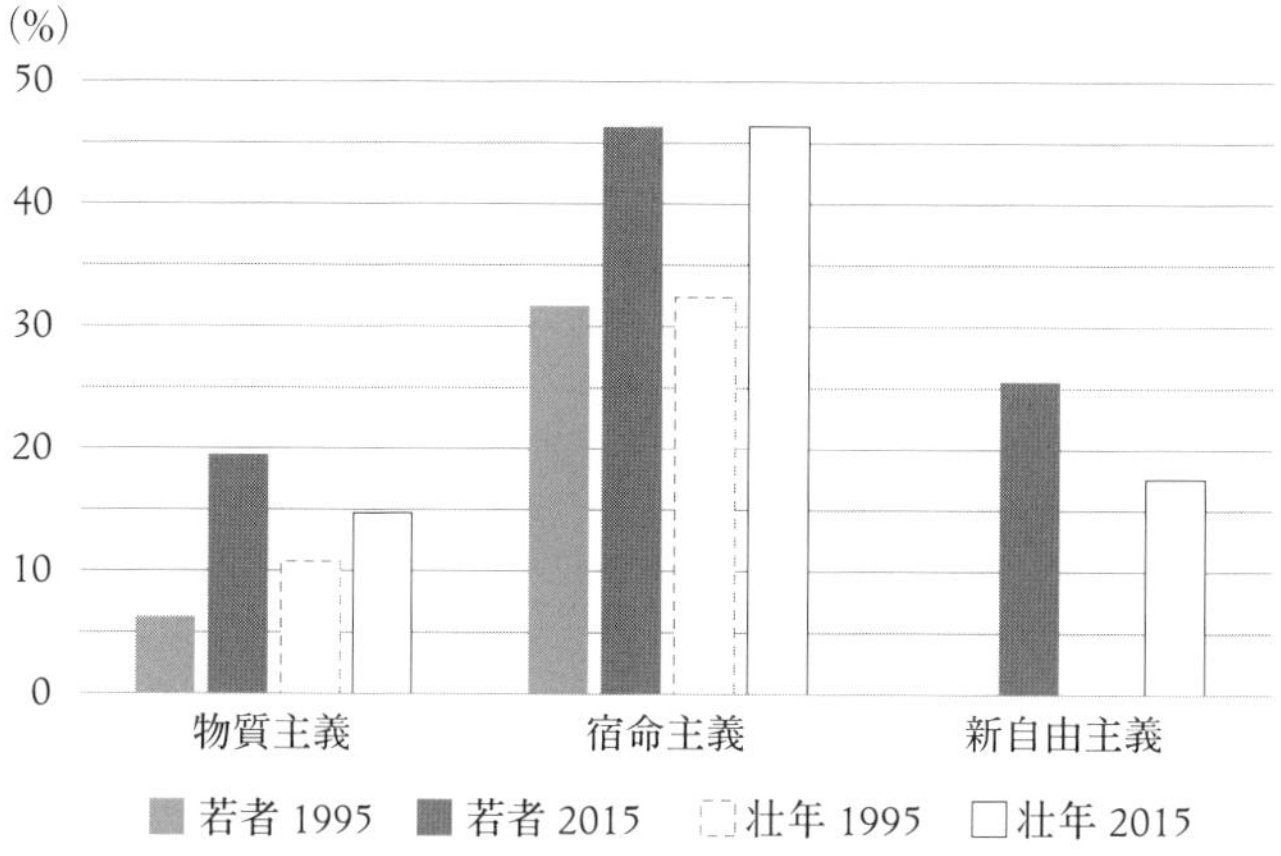

図３－５　社会意識の変化（肯定回答の割合）

宿命主義は、特に若者に特徴的なのではなく、時代の変化として全体的に強まってきているようだ。ただ、この意識は若者においてのみ自民党支持に正の効果を及ぼすがゆえに、とりわけ若者の自民党支持の下支えとなっているのである。新自由主義については、一九九五年のデータはないが、二〇一五年のデータだけでみても、若者でより強い傾向がある。ゆえに、若者の自民党支持をより高めているとみることができる。以上の結果により、若者の中で強まっている社会意識が自民党への支持につながっているがゆえに、その自民党支持率は低下せず一定の割合を維持していることを確認できた。

さらに、三節との整合性についてもみておきたい。三節では、若者のうち、大卒男性、

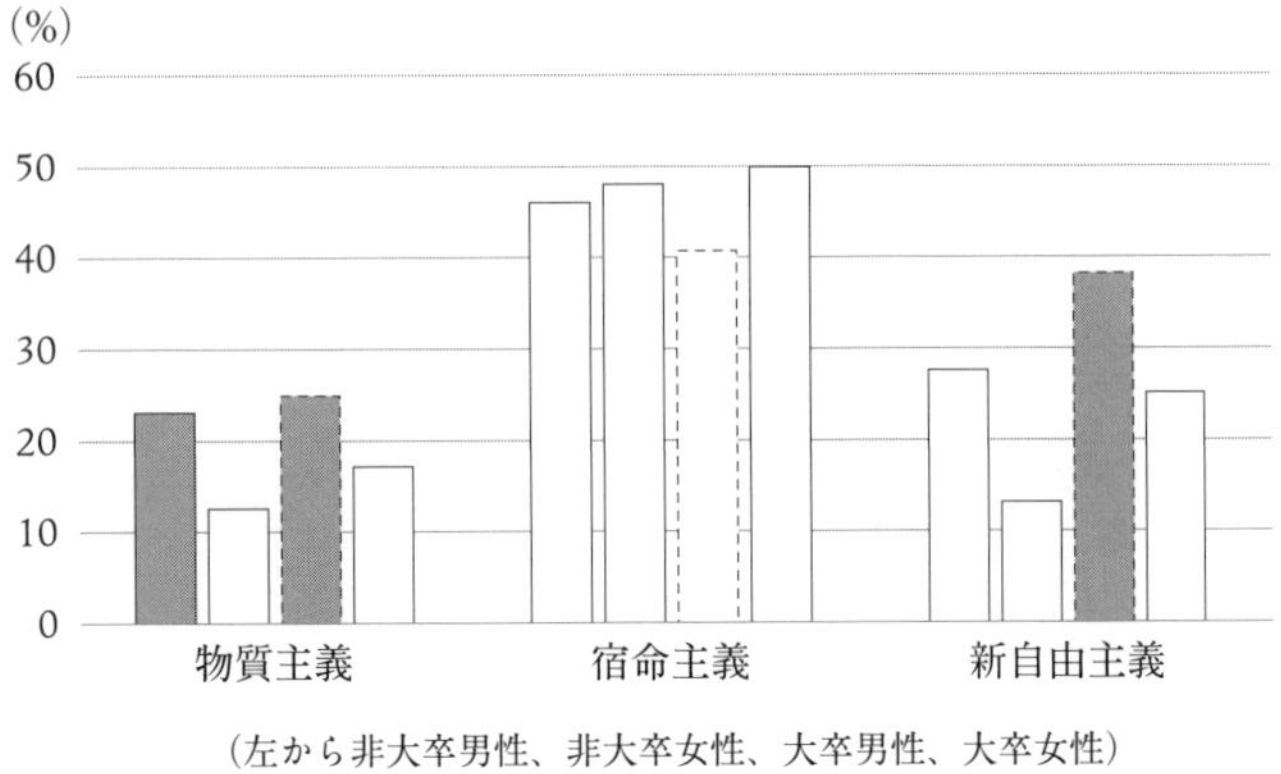

(左から非大卒男性、非大卒女性、大卒男性、大卒女性)

図3－6　若年層の社会意識×性別学歴類型（肯定回答の割合）

大企業ホワイトカラーと自前層（男女問わず）の自民党支持率が相対的に高く、自前層以外は以前にはなかった特徴であることを確認した。しかし、四節では、それらの直接効果は社会意識変数の効果によってなくなることも確認した。つまり、階層の効果は、意識の特徴によって部分的にでも説明できるということである。では、上記の階層に属する人々はどのような意識が強いのだろうか。

社会意識と性別、学歴、職業との関連について分析したところ、男性がより物質主義的であること、男性、大卒および大企業ホワイトカラー・専門職層がより新自由主義的であることが明らかになった[21]（図3－6）。あくまでも部分的な説明にとどまるが、若い男性は物質主義的であるがゆえに、また、階層の高い者は新自由主義的であるがゆえに、自民党を支持する傾向が相対的に強くなっているものと考えることができる。

5　変わりゆく自民党支持の心情と論理

本章の分析結果を整理し、現代若者の政党支持とそこからうかがえる日本政治の展望について若干の考察を行う。本章では、近年、若者の自民党支持が高まっているという点に注目した。もし、これが事実であるなら、政治意識研究が蓄積してきた知見も再検討が必要となる。

分析の結果、壮年層の自民党支持率は低下傾向にある一方、若者の自民党支持は下げ止まっていることが明らかとなった。このような変化には何らかの背景があるはずである。社会階層について検討した結果、以前とは異なり、階層の高い若者、具体的には大卒男性、大企業ホワイトカラー層が自民党支持を強めていることがわかった。これが若者の自民党支持が低下傾向を示さない背景にあると考えられる。

ただ、階層と政党支持との関連はさほど強いものではないし、その関連が何によって生じているのかが不明である。そこで、社会意識に関していくつかの仮説をたて、検証した。まず、権威主義、伝統主義といった「保守性」の側面に関しては、若者の自民党支持との関連は見出せなかった。これは、反権威主義、反伝統主義ゆえに自民党を支持しないという経路がなくなったことを意味する。この結果は若者が自民党を必ずしも「保守」とはみなしていないという近年の研究とも符合する（遠藤他 二〇一七）。

では、若者が自民党を支持する要因とは何か。本章の分析からは、物質主義、新自由主義、宿命主義という三つの要因を特定することができた。経済の成長、生活水準の向上にともなって、物質的な豊かさ以外のものが求められるようになったといわれたが、一九九〇年代以降の経済の停滞は人びとの意識を経済重視の方向へと回帰させている。それは原発事故を経ても変わるものではなく、特に若者のあいだで広く浸透している。そうした人びとの意識に適合的とみなされたのが自民党だったのである。

さらに、世界的な新自由主義の潮流も影響していることが示唆された。日本で新自由主義を浸透させた小泉政権は格差を拡大させたとして多くの批判を受けた。しかし、若者世代、特に階層的地位が高く、競争において有利な条件にある者たちにとっては新自由主義的な発想は魅力的なのであろう。以前の自民党支持層にとってはあまり歓迎されないかもしれない新自由主義は、階層の高い若者という支持者を得て命脈を保っているのである。

ここで付け加えておくならば、大企業ホワイトカラーという職業階層は、ごく最近まで、相対的には最も野党を支持していた人びとである。彼らが多く加入する労働組合が社会党、民主党の支持基盤であったためである。この「豊かな労働者」たちは民主党政権の「失敗」を経て、ついに自民党に対抗する政党を見限った、とも考えられる。

　この社会は容易に変えられるものではない、という諦念ともいえる宿命主義は「さとり世代」の若者だけでなく、社会全体に浸透してきているようである。元来、保守政党は「自助」を強調し、社会主義的な発想とは距離を取ってきた。「うまくいかないのは努力が足りないからだ」「がんばれば必ず成し遂げられる」という発想である。しかし、若者における自民党支持はそれとは正反対の発想による。「どうせ努力しても報われないのだから、長いものに巻かれるしかない」という、権威主義ですらない「宿命」主義が、自民党支持につながっている。とはいうものの、宿命主義ゆえの支持は、「自民党」支持ではなく、既存の政治秩序の消極的な承認に相違ない。

　今回の分析では、男女の分断も明確になった。特に専門職や中小企業ホワイトカラーの女性で自民党に対する支持が弱い。この点は今後あらためて検討される必要があろうが、仮説的には現政治体制において、女性の権利が十分に認められていないことへの不満が、支持の抑制につながっているのではないか。

　ここで明らかになったことが、今後も継続する安定的なものであるかは定かでないが、政党支持構造の再編された姿なのかもしれない。再編された支持構造とは、簡単にいってしまえば、「持てる者」と「持たざる者」との分断である。「持てる者」は変わらず日本政治を取り仕切る自民党を支持し、「持たざる者」は政治への期待を失い、脱政治化する。これは考えようによっては、近代的な資本主義社会の基本に立ち戻ったということなのかもしれない。自民党は以前の日本社会を象徴するような前近代的な保守政党ではなくなり、めでたく近代的な「ブルジョア」政党になったのである。

新自由主義的な発想で「勝ち逃げ」を図る「持てる者」の支持を得はじめた自民党に対し、「持たざる者」の対抗政党は台頭するのだろうか。個人化した社会において、その展望はまったくみえない。近年の政治学、社会学が注目するように、むしろポピュリスト政党が彼らの代弁者として立ち現れることになるだろう。(22)

付記

本章は、二〇一八年度中京大学内外研究員制度（国内研究員）の助成を受けたものである。

注

（1）松本正生（二〇一八）。『現代思想』二〇一八年二月号「特集　保守とリベラル――ねじれる対立軸」の複数の論稿でも言及されている。

（2）菅原琢「国会議員白書ブログ」（http://blog.sugawaratakku.net/　二〇一八年一二月八日）。

（3）他章と同様に、二〇～三〇代を若者と位置づける。

（4）支持政党に関する質問文は、「あなたは何党を支持していらっしゃいますか」（「日本人の国民性」調査）、「あなたはふだん、どの政党を支持していますか」（「日本人の意識」調査）である。

（5）統計数理研究所ホームページの集計結果を参照（http://www.ism.ac.jp/kokuminsei/table/index.htm）。

（6）支持政党に関する質問文は「あなたは現在何党を支持していますか」。二〇〇五年、二〇一五年の数値は米田幸弘（二〇一八）を参照した。一九九五年調査については実際のデータから集計している。東京大学社会科学研究所附属社会調査・データアーカイブ研究センターSSJデータアーカイブから「一九九五年SSM調査、一九九五（二〇一五SSM調査管理委員会）の個票データの提供を受けた。一九九〇年代前半は政党がきわめて流動的であった。そのため、一九九五年SSM調査では、政党が流動化する以前の四年ほど前の支持政党についても尋ねている。図3

－2にはその結果も示した。一九八五年調査の結果も含めて確認した橋本健二は「三〇歳代以下の若者で、自民党支持率が顕著に上昇したというわけではないのだが、支持率が低下しなくなったのは確か」（橋本二〇一八、二二一頁）としている。

（7）他に、公益財団法人明るい選挙推進協会が国政選挙後に毎回実施している意識調査（http://www.akaruisenkyo.or.jp/060project/066search/）も確認したが同様の結果であった。

（8）ただ、先の菅原の指摘を踏まえるならば、ここ二〇年のあいだに、調査協力者の偏りが大きくなり、それが調査結果に影響を及ぼしている可能性も否定できない。

（9）若者と壮年層のそれぞれについて、カイ二乗検定を行ったところ、一九九一年の若者のみ、有意差がみられなかった。

（10）この分析では、自営層は「正規」に含めている。

（11）具体的には新総合分類（原・盛山 一九九九）にもとづきつつ、管理的職業のみは分離して自前層に含めている。

（12）若者と壮年層のそれぞれについて、カイ二乗検定を行ったところ、二〇一五年の若者のみ、明確な有意差がみられなかった（一〇％水準では有意）。したがって、特定の職業階層で自民党支持が増えたことを強調するのではなく、職業階層による影響の弱まりとみることも可能である。

（13）ただ、近年の研究で指摘されているように、統計的には階層と自民党支持との関連は非常に小さい（平野 二〇〇七、田辺 二〇一一）。したがって、次節のような社会意

（14）識への注目があわせて必要になる。
（15）「生活全般」についてどの程度満足しているかとの質問に対する回答。「満足」「どちらかといえば満足」の合計でみると、専門職八一・一％、大企業ホワイトカラー七八・〇％に対し、ブルーカラーは六五・一％であった。
（16）ここでの「権威主義」は第二章の「権威主義的態度」とはやや異なるため、注意が必要である。これまでの研究および第二章では、本章でいうところの「伝統主義」と「権威主義」を一括りにして「権威主義的伝統主義」もしくは「権威主義的態度」と位置づけている。本章ではそれらを別のものとして位置づけた分析を試みている。
（17）各項目の選択肢は「そう思う」「どちらかといえばそう思う」「どちらともいえない」「どちらかといえばそう思わない」「そう思わない」であり、「男性は外で働き、女性は家庭を守るべきである」のみ、「どちらともいえない」という選択肢が含まれていない。なお、一九九五年の調査では「新自由主義」仮説にあたる質問項目は含まれていない。
（18）一九九五年の調査データに関しては、一九九一年の自民党支持を従属変数にしており、因果関係を分析するものとしては問題がある。本章の構成上、やむを得ないものとして分析を行っている。
（19）職業については、前節で特徴的な傾向が確認された、専門、大企業ホワイトカラー、自前のみをダミー変数として投入している。
（20）図3－5では省略しているが、逆に「環境保護」を重視する意見は激減し、「どちらともいえない」が急増している。

(21) 図3‐6の他に職業も含めた重回帰分析を行っている。

(22) ここでいうポピュリスト政党とは、橋下徹元大阪市長が組織した地方政党など、これまで日本で登場してきた新自由主義型のものとは異なる。むしろ、より「持たざる者」の立場にたってエリートを糾弾する左派ポピュリスト政党、「外敵」を糾弾する右派ポピュリスト政党といった、ヨーロッパですでに一定の基盤を得ているような政党を想定している（水島 二〇一六、Mudde and Kaltwasser 2017＝二〇一八）。

第4章

若者の保守的態度は消費を抑制するのか

プレミアム商品の購入と海外旅行に注目して

狭間諒多朗

狭間諒多朗

1　若者の消費離れ

今の若者はモノを買わないといわれている。

具体的には、車離れや海外旅行離れなどが指摘されている。序章でも触れたとおり、この「○○離れ」といういい方には、かつての若者は盛んに消費していたのに、なぜか今の若者は消費しないというニュアンスが含まれている。すなわち、若者は消費をするものだ、という意識がこの社会には存在していることを示している。だからこそ、若者の消費離れは、本来、積極的に消費をするはずの若者が消費をしなくなったという、大きな時代の変化を捉える現象として話題になったのだろう。

しかしながら、今の若者は本当に消費をしなくなったのだろうか。

たしかに、車離れは進んでいる。

図4－1は全国消費実態調査から一〇〇〇世帯あたりの自動車保有数の推移をみたものである。まず単身世帯に注目すると、三〇歳未満では緩やかな減少傾向、三〇～三九歳では一九九九年から二〇〇四年にかけてやや上昇しているものの、その後はやはり減少傾向にあることがわかる。次に二人以上の世帯に注目すると、三〇歳未満、三〇～三九歳ともに一九九九年から二〇〇四年にかけて上昇し、その後減少傾向にあることがわかる。若者の車離れ

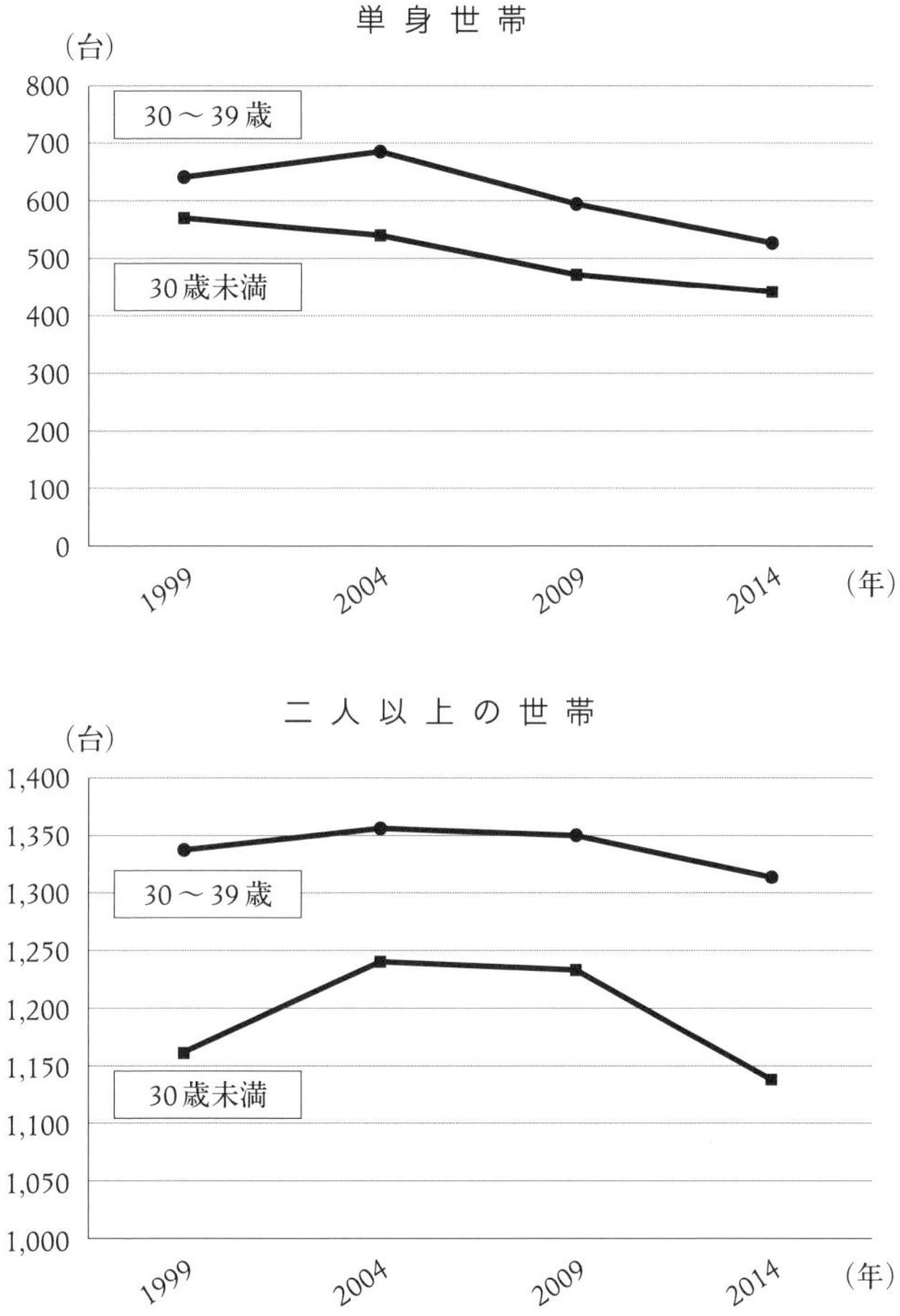

図４－１　自動車保有数の推移（1,000世帯あたり）

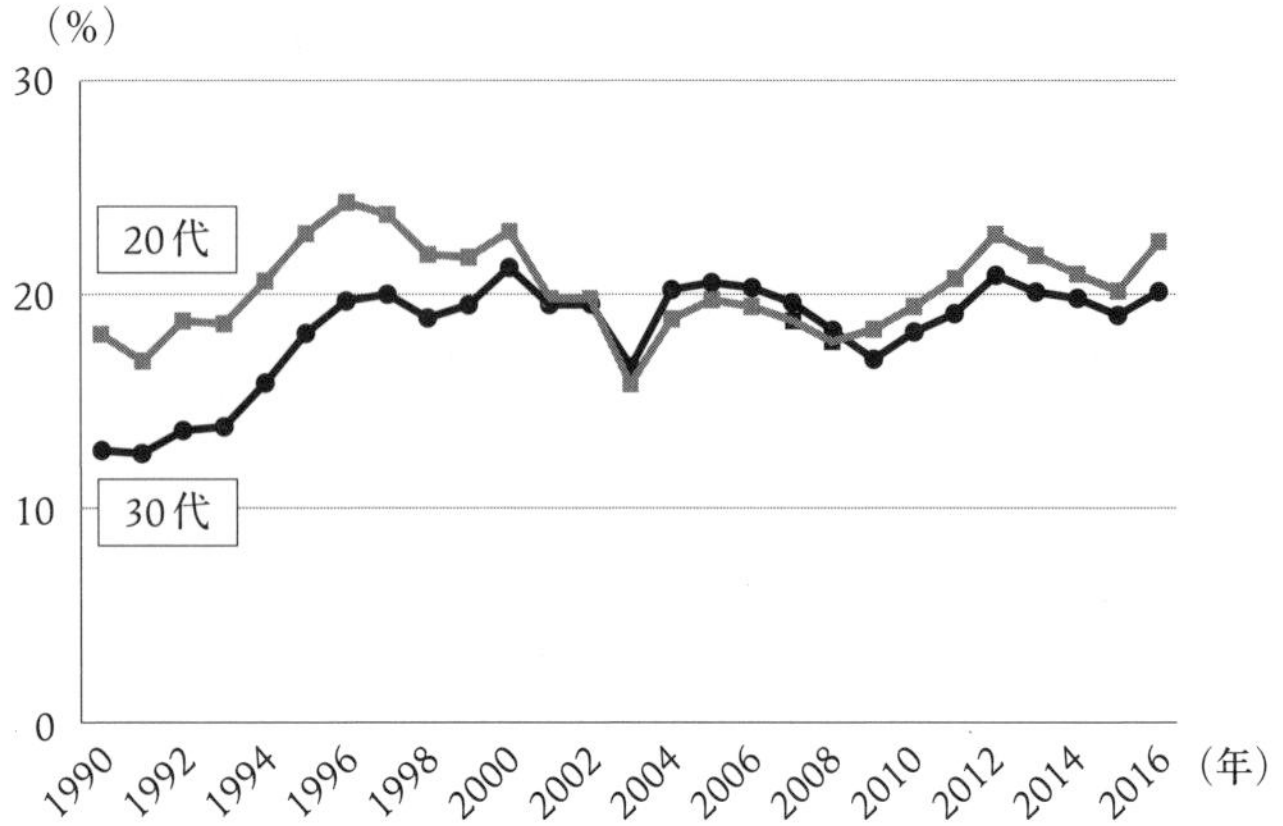

図4-2　出国率の推移

については、他にも様々な指標から確認されている[1]。

他方、海外旅行離れについては進んでいるとはいえない。

図4-2は二〇代と三〇代の出国率の推移を示したものである[2]。大まかに推移を確認すると、一九九〇年代半ばにピークを迎え、その後二〇〇〇年代を通して減少、二〇一〇年代に再び上昇していることがわかる。たしかに二〇〇〇年代を通して若者の出国率は低迷しており、この時期には「若者の海外旅行離れ」が起こっていたといわれている(中村他二〇一四)。しかし、現在では出国率は回復傾向にあり、若者が海外旅行に行かなくなったとはいえない。

さらに、今の若者は決してモノを買わなく

なったのではなく、買うモノが変わっただけだという主張もある。たとえば、ゲーム機やパソコンなどは若者のほうがお金を使っており、趣味や娯楽については積極的にお金をかけているという。また、良好な人間関係を維持するためにコストをかけているともいわれている。ＳＮＳを使うために必要な通信費、友人と語り合うために行くカフェや飲み屋代、親しい相手に送るプレゼント代といったものがあげられるだろう。[3]たしかに、車は買わないかもしれないが、それ以外のモノにはお金を使っているといえる。

以上をまとめると、一概に若者が消費離れしているとはいえないことがわかる。

２　消費しない若者とはだれか

一括りにできない若者の消費

若者が消費離れしていないとすれば、若者の消費について注目するべき点は何なのだろうか。

若者の消費について議論される時、今の若者の消費に対する消極性が指摘されることが多い。たとえば、今の若者はデフレ期に成長し、消費文化を体験していない。また、すでにモノが十分に行き渡っていたために、モノへの渇望感もない。さらに、安くてもそこそこよいモノを買うことになれているために、より多くのコストを払ってもっとよいモノを手に入れようとしない、といったことがいわれている。(4) このような議論の中には、やや批判的な論調のものもあり、コストをかければよりよい生活が送れるにもかかわらず、今の若者は現状に満足してそうしない。今の若者はガツガツしておらず保守的である、といったことがいわれることもある。

しかしながら、前節で述べたように今の若者は決して消費離れしているわけではない。むしろ、今の若者は、自分が本当に欲しいと思ったモノについては積極的にお金を使っているという指摘もある(原田 二〇一三)。これらの指摘は、一見矛盾しているように思えるが、本書で注目している若者の中の差異を考慮すれば、すんなりと次のように諒解することができる。

今の若者の中には、消費に対して消極的な層と積極的な層が存在しており、消極的な層をイメージして行われる議論と積極的な層をイメージして行われる議論とで導かれる結論が異なっている。このように考えれば、若者の消費離れを主張する議論では、消極的な層がイメージされており、かれらの特徴を若者全体の特徴のように語っている可能性もあるだろう。

以上の議論から、今の若者の消費について注目するべき点は、消費にかんする若者の中の差異であることがわかる。しかしながら、今の若者の消費について、若者の中の差異に注目して分析した研究は少ない。そこで本章では、消費にかんする若者の中の差異を明らかにする。特に、若者の消費離れで語られる若者のイメージを明らかにするために、消費をしない若者はだれなのかを分析する。

プレミアム商品と海外旅行

ただし、一口に消費といっても、人々は日々様々なモノを消費している。その中で何の消費に注目するのかを決める必要がある。本章では、二〇一五年ＳＳＰ調査に含まれている、プレミアム商品の購入頻度と海外旅行の頻度に注目しよう。

プレミアム商品とは通常商品よりも高価格に設定されているが、その分高品質な商品のことである。「プレミアム」という言葉だけでなく、「リッチ」「ラグジュアリー」「金の」「ヴィンテージ」「エグゼクティブ」など様々な形容詞によって上質さや豪華さ、こだわり、希少性（〇〇製）をうったえている商品を意味している。そして、海外旅行は文字どおり国外を目的地とした旅行のことである。両項目はともに日常生活を送る上で絶対に必要なモノではなく、なおかつより多くのコストを必要とする。しかし、その分暮らしをより豊かにしたり、より豊かな時間を過ごすことができたりするモノである。つまり、より多くのコストを払ってより豊かな生活を送ろうとしない消極的な若者が、まさに消費しないモノであるということができるだろう。そこで本章では、このプレミアム商品と海外旅行の二つの消費項目に注目し、どのような若者がこれらの消費をしていないのかを明らかにする。

消費に対する階層差

それでは、どのような若者が消費をしていないのだろうか。

まず考えられるのが、階層の低い若者ほどプレミアム商品を購入せず、海外旅行に行っていないのではないか、ということである。

人々の消費行動と階級・階層の関連については、古くから社会学の研究対象として存在し、これまでに多くの研究蓄積がある[(5)]。近年の日本における先行研究をみてみると、人々の経済状態はもちろん消費活動と関連があり、さらに経済状態をコントロールした上で人々の学歴が様々な消費活動と結びついていることが指摘されている。具体的には、世帯収入が多いほど、学歴が高いほどインターネットなどの新しい手段を使った消費をしている、豊かな趣味・余暇活動に時間を費やしている、健康や環境のことを考えた消費をしているといったことが明らかになっている（中井 二〇一一）。消費活動を行うためには大なり小なりお金を払う必要があるため、収入の多い人ほど様々な消費活動を行えるのは当然であるといえる。

他方、学歴の高い人ほど様々な消費活動を行っているのは、そもそも消費というものがある種の文化実践であるためという説明がなされている（廣瀬 二〇一五）。知識や教養が多いほど様々な物事に対する興味や関心が強まり、結果的に様々な消費活動につながっているのだろう。

消費をしない若者についても、そもそもかれらの収入が少ない、あるいは学歴が低いことによって消費が抑制されている可能性がある。そこで、まずは収入が少ない若者ほど、学歴の低い若者ほどプレミアム商品の購入をせず、海外旅行に行っていないのかを二〇一五年SSP調査を用いて検証する。

消極的な消費の背景にある意識

次に考えられるのが、若者の意識による差である。

すでに述べたように、今の若者はデフレ期に成長し、消費文化を体験していない。そのような中で、皆が同じモノを欲しがるのではなく、自分が本当に欲しいと思ったモノだけを購入しているのではないかといわれている[6]。つまり、かつての若者は加熱する消費文化の中で、皆が同じモノを欲しがっていた。だとすれば、皆が欲しいと思っているモノを買えるか／買えないかという実態の差が重要となるだろう。一方、今の若者は、消費文化が冷め、モノを買わなければならないという雰囲気が弱まる中で、自分が欲しいモノだけにお金を使っている。だとすれば、欲しいのか／欲しくないのかという意識の差が重要となるだろう。本章で注目するプレミアム商品、海外旅行それぞれの消費についても、それぞれの消費を促進／抑制するとされる意識の存在が指摘されている。

プレミアム商品の購入とコンベンショナリティ

まず、プレミアム商品については、「自分らしさ」や「こだわり」がキーワードとなっている。若者に限定した議論ではないが、プレミアム商品を購入する背景には、自分らしさを表現したい、自分がこだわっているモノについては高い金額を支払ってでも購入したいという意識があるといわれている(7)。たしかに、たんに日常生活を送るだけなら、通常価格の商品を購入していれば十分であり、わざわざ通常よりも高価格な商品を買う必要はない。また、ビールやアイスクリーム、シャンプーにAV機器…、と様々な商品についてプレミアム商品が存在している。したがって、プレミアム商品の購入には、自らの生活の中でどの部分にコストをかけて豊かにするのかという、生活のカスタマイズという意味が含まれている。たとえば、プレミアムなビールを購入して晩酌を豊かにするのか、プレミアムなAV機器を購入して映画や音楽といった文化的な生活を豊かにするのかは各人のこだわりや趣味嗜好によるだろう。本章では、プレミアム商品の購入を下支えするこのような「こだわり」や「自分らしさ」を「セルフディレクション」と読み替えて分析を行う。セルフディレクションとは「自らの生活条件について自分自身の判断で能動的に方向づける能力」（吉川 二〇一四、一四八頁）を意味し、まさに自分の生活を自分でカスタマイズする能力だといえる。セルフディレクションの強い人は、収入の有無にかかわらず大量生産された商品よりもプレミアム商品のほうを好むと考えられる。一方、セルフディレクションの対極にはコンベンショナリティがあるとされる（狭間他 二〇一三）。コンベンショナリティとは、従来なされてきたやり方に従おうとする因習性をあらわす。若者の消費にかんする議論では、今の若者が新たな文化や風俗を生み出すことに魅力や喜びを感じておらず、無難な消費をしているという指摘がある（山岡 二〇〇九）。これはまさに若者のコンベンショナリティを指摘しているといえるだろう。プレミアム商品の購入は、「いつもの〇〇ではなく、ちょっといい〇〇を買う」という生活のちょっとした変化を意味する。だとするならば、従来のやり方に従おうとするコンベンショナリティが強い若者ほどプレミアム商品を購入していないと考えられる。

さらに、日本においては学歴が高いほどセルフディレクションが強く、学歴が低いほどコンベンショナリティが強いということが繰り返し明らかにされている(8)。であるならば、学歴の低い若者のコンベンショナリティが強く、そのことによってプレミアム商品を購入していないという可能性も考えられる。そこで本章では、コンベンショナリティがプレミアム商品の購入に与える影響、および学歴がコンベンショナリティを通してプレミアム商品の購入に与える影響を検証する。

海外旅行と現状維持志向

次に海外旅行については、若者の安定を重視する意識とリスクを避ける意識が海外旅行を阻害しているといわれている(9)。

たしかに海外旅行とは、日本ではできない体験をすることができたり、新たな視点を得て視野を広げたりすることができるモノではある。しかしその分、お金もかかり、準備に時間もかかる。また、慣れない環境でトラブルにあうというリスクもある。であるならば、安定を重視し、リスクを避けようとする若者が海外旅行に行かないというのは納得のできる説明ではある。

しかしながら、そもそものような意識が海外旅行を阻害しているのは本当なのだろうか。安定を重視する価値観を持つ若者ほど留学を希望しないという研究結果はあるものの(藤田 二〇一五)、安定を重視し、リスクを避ける意識が海外旅行に与える影響についてデータ分析をもとに検証した研究はほとんどない。そこで本章では、それらの意識が海外旅行を抑制しているのかを検証する。その際、安定を重視し、リスクを避ける意識として若者の「現状維持志向」に注目する。現状維持志向とは「もっと多くを手にするよりも、これまでに獲得したものを維持することの方が重要だ」という意識である。若者の海外旅行離れの背後にある安定を重視し、リスクを避ける意識とは、コストを払い、リスクをとってでも新しい何かを手に入れたいとは思わない意識だといえ、何よりも現状を維持しようとする意識だといえる。本章ではこの現状維持志向が若者の海外旅行を阻害しているのかを分析する。

分析の焦点

これまでの議論から、本章で行う分析の焦点をまとめておこう。

まずは、プレミアム商品の購入と海外旅行について若者の中に階層差があるのかを検証する。これまでの消費にかんする研究から、とりわけ学歴と世帯収入によって消費の頻度に差があると思われる。

次に、コンベンショナリティ、現状維持志向といった意識がプレミアム商品の購入、海外旅行に影響を与えているのかを検証する。これらの意識は昔からのやり方を守るべき、これまでに獲得したものを維持することが大事といった保守的な態度を示す意識であるといえる。そこで本章では、コンベンショナリティと現状維持志向の二つをまとめて保守的態度と呼ぶ。したがって、本章の分析は、保守的態度が若者の消費に与える影響を検証するものであるといえる。

なお、プレミアム商品の購入については、プレミアム（ワンランク上の）商品の購入をどの程度しているのか尋ねた項目を使用する。回答選択肢は「いつもしている／よくしている／ときどきしている／めったにしない／したことがない」の五つである。海外旅行については、海外旅行をどの程度しているのかを尋ねた項目を使用する。回答選択肢は「月一回以上／年に一回から数回／数年に一回くらい／最近五、六年はしたことがない／今まで一度もしたことがない」の五つである。

また、コンベンショナリティについては、狭間諒多朗他（二〇一三）に従い「権威のある人々にはつねに敬意を払わなければならない」「以前からなされていたやり方を守ることが、最上の結果を生む」「伝統や習慣にしたがったやり方に疑問を持つ人は、結局は問題をひきおこすことになる」「この複雑な世の中で何をなすべきかを知る一番よい方法は、指導者や専門家に頼ることである」という四つの項目を使用する。回答選択肢はすべて「そう思う／どちらかといえばそう思う／どちらともいえない／どちらかといえばそう思わない／そう思わない」の五つである。この四項目のうち、第二章では従順さをあらわす意識として権威主義を分析しており、第三章では権威主義と伝統主義をあえて区別して分析しているが、本章では四つの項目をまとめてコンベンショナリティの指標とする。最後に現状維持志向については「もっと多くを手にするよりも、これまでに獲得したものを維持することの方が重要である」と思うかどうかを尋ねた項目を使用する。回答選択肢は「よくあてはまる／ややあてはまる／どちらともいえない／あまりあてはまらない／まったくあてはまらない」の五つである(10)。

次節では、まずプレミアム商品の購入、海外旅行のそれぞれについて回答分布を確認する。その際、若年層だけでなく壮年層の回答分布も確認する。その後、プレミアム商品の購入、海外旅行を従属変数、学歴、世帯収入、コンベンショナリティ、現状維持志向を独立変数とした重回帰分析を行う。その際、独立変数に学歴、世帯収入を含む属性変数のみを投入したモデル１とコンベンショナリティ、現状維持志向という意識変数を加えたモデル２の両方の推定結果を提示する。

なお、本章では二〇～三四歳の人々を若者（若年層）、三五～六四歳の人々を壮年層として扱う。

3　階層が低い若者、保守的態度を持つ若者が消費をしない

若者は消費していないわけではない

まずは、若者と壮年層の回答分布の違いをみてみよう。

はじめにプレミアム商品の購入についてみてみると、ほとんど同じ形の分布をしていることがわかる（図4－3）。つまり、若者と壮年層でプレミアム商品の購入頻度に差はないといえる。若者、壮年層ともに「めったにしない」という回答が最も多く（若年層　三六・九％、壮年層　三八・一％）、「ときどきしている」（若年層　三一・九％、壮年層　三四・七％）、「したことがない」（若年層　二三・五％、壮年層　二〇・四％）と続いている。年齢層によらず「いつもしている」「よくしている」という回答は足し合わせても一〇％に満たず、プレミアム商品の購入はそこまで盛んに行われているわけではないことがわかる。

次に海外旅行についてみてみると、若者と壮年層で分布の形が大きく異なることがわかる（図4－4）。若者では「今まで一度もしたことがない」と回答した人の割合が四三・五％と多いが、一方で、「年に一回から数回以上」が七・一％、「数年に一回くらい」が二二・六％と、あわせて三〇％ほどおり、海外旅行未経験層と活発に海外旅行に行く層に二極化していることがわかる。一方の壮年層では、「最近五、六年間はしたことがない」と回答した人が

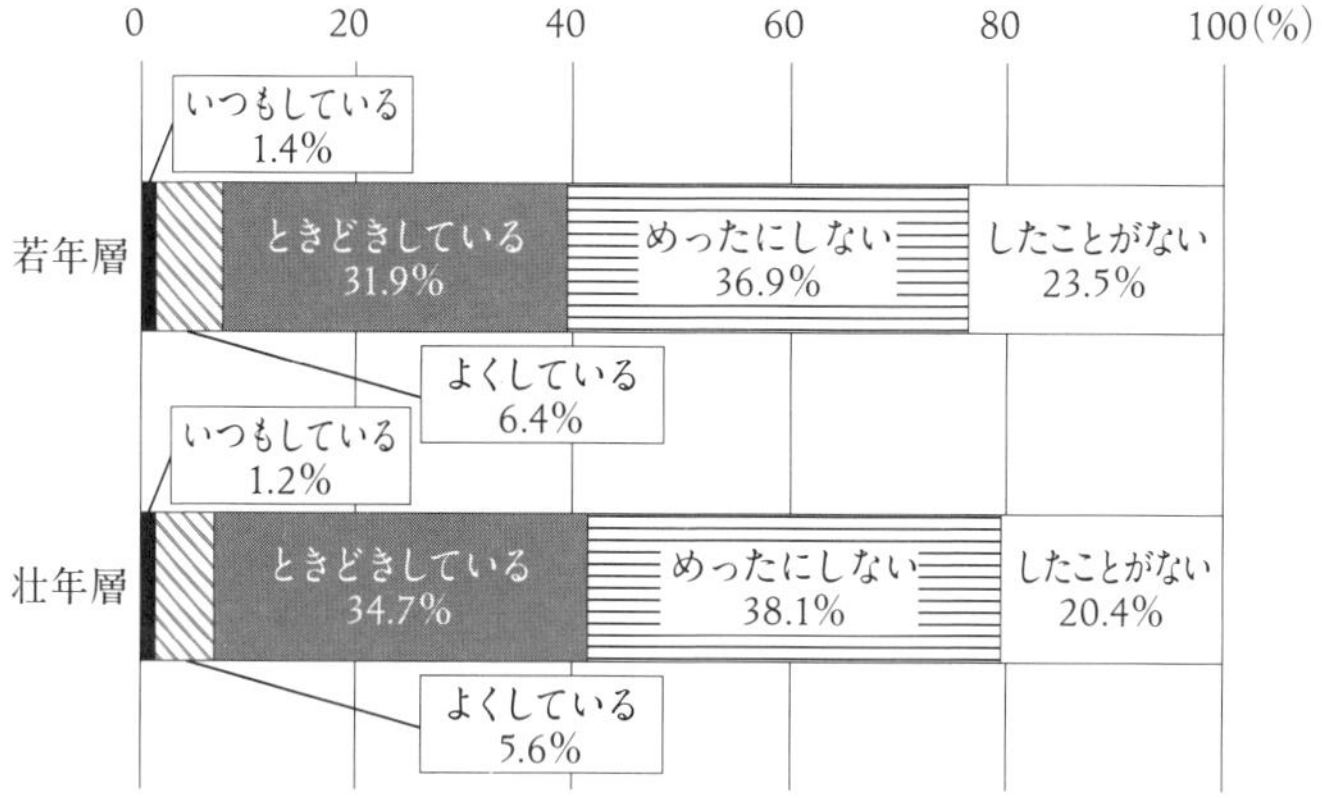

図４－３　プレミアム商品の購入頻度

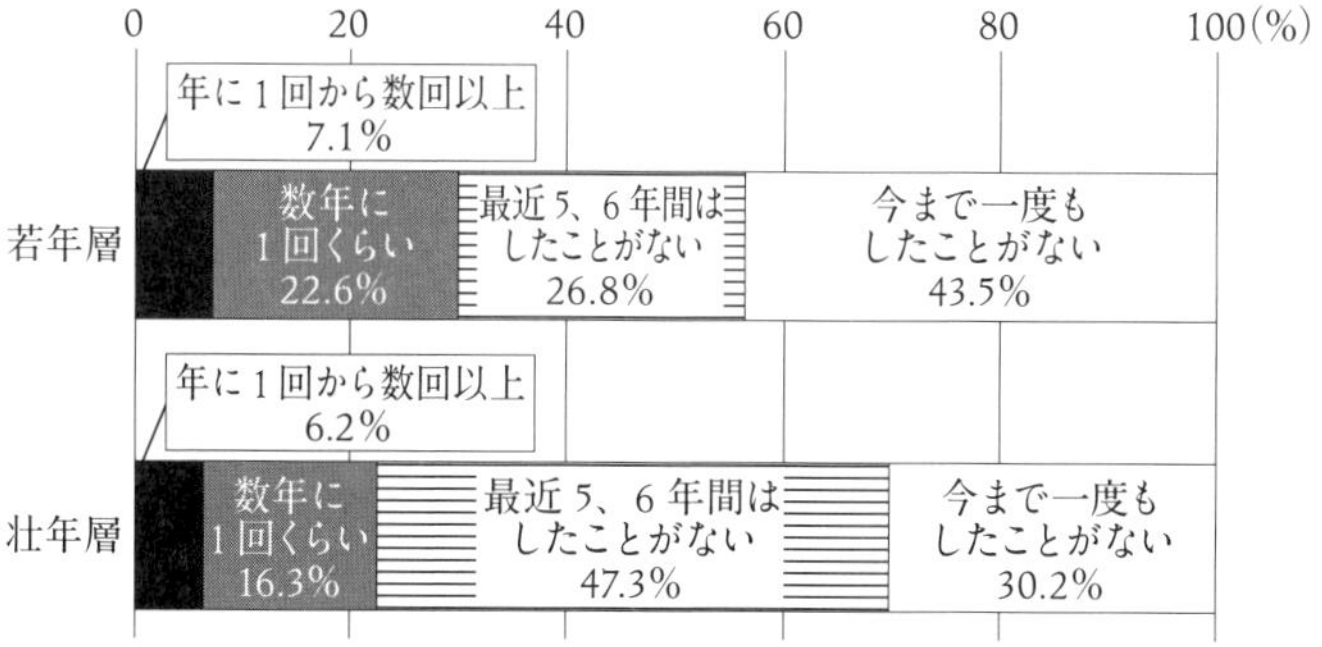

図４－４　海外旅行の頻度

四七・三％と最も多くなっている。つまり、海外旅行に行ったことはあるが、活発に行くわけではない人が多いことがわかる。

以上の結果からは、プレミアム商品、海外旅行ともに一概に若者が消費していないということはできないということがわかる。

プレミアム商品の購入と海外旅行の規定構造

それでは、重回帰分析の結果をみてみよう。

はじめにプレミアム商品の購入について確認する（表4－1）。

モデル1では、年齢（B＝0.024*）、教育年数（B＝0.037*）、世帯収入（B＝0.096*）に有意な結果がでている。年齢が高いほど、学歴が高いほど、世帯収入が多いほどプレミアム商品を購入していることがわかる。次にコンベンショナリティと現状維持志向を含めたモデル2をみると、コンベンショナリティに有意で負の効果がみられ、コンベンショナリティが強いほどプレミアム商品を購入していないことがわかる。また、モデル1では有意であった学歴の効果が有意ではなくなっている。このことから、モデル1でみられた学歴の効果は、本当はコンベンショナリティの効果であったといえる。

この結果をわかりやすくするために、教育年数、コンベンショナリティ、プレミアム商品

表 4－1　プレミアム商品購入頻度の規定要因

	モデル 1			モデル 2		
	B	SE	β	B	SE	β
定数	0.622	0.452		0.723	0.468	
性別（ref: 男性）	−0.149	0.083	−0.080	−0.161	0.082	−0.087
年齢	0.024*	0.011	0.111	0.022*	0.011	0.103
教育年数	0.037*	0.018	0.090	0.029	0.018	0.069
正規職（ref）						
非正規職	0.039	0.101	0.018	0.061	0.100	0.028
無職	−0.223	0.127	−0.080	−0.182	0.126	−0.065
学生	0.036	0.156	0.011	0.059	0.155	0.018
世帯収入（対数変換）	0.096*	0.045	0.091	0.103*	0.045	0.097
有配偶者	−0.023	0.088	−0.012	−0.036	0.088	−0.020
コンベンショナリティ				−0.174**	0.048	−0.150
現状維持志向				0.011	0.039	0.012
調整済み R^2		0.036**			0.054**	
決定係数の増分					0.021**	
n				593		

注 1）B：偏回帰係数　SE：標準誤差　β：標準化偏回帰係数
注 2）* $p < 0.05$, ** $p < 0.01$

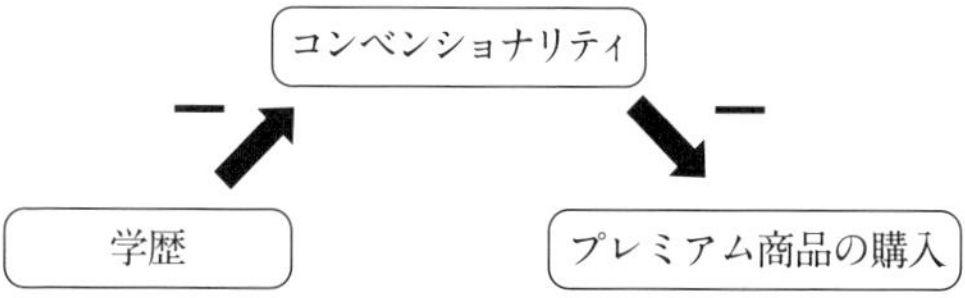

図 4－5　プレミアム商品購入頻度の規定構造

表4－2　海外旅行頻度の規定要因

	モデル1			モデル2		
	B	SE	β	B	SE	β
定数	−1.239**	0.445		−0.761	0.462	
性別（ref: 男性）	0.168*	0.081	0.087	0.178*	0.081	0.093
年齢	0.029**	0.011	0.131	0.029**	0.011	0.132
教育年数	0.106**	0.018	0.248	0.099**	0.018	0.231
正規職（ref）						
非正規職	−0.246*	0.099	−0.109	−0.239*	0.098	−0.106
無職	−0.028	0.125	−0.010	0.000	0.124	0.000
学生	0.300	0.154	0.090	0.354*	0.153	0.107
世帯収入（対数変換）	0.130**	0.045	0.118	0.130**	0.044	0.118
有配偶者	0.092	0.087	0.048	0.090	0.086	0.047
コンベンショナリティ				−0.034	0.048	−0.029
現状維持志向				−0.123**	0.038	−0.128
調整済み R^2		0.118**			0.134**	
決定係数の増分					0.018**	
n				593		

注1）B：偏回帰係数　SE：標準誤差　β：標準化偏回帰係数
注2）* $p < 0.05$, ** $p < 0.01$

の購入の関連を図示したのが図4－5である。[11] まず、教育年数がコンベンショナリティに対して負の効果を持っていることがわかる。つまり、学歴が低いほどコンベンショナリティが強くなっている。そして、コンベンショナリティが強いほどプレミアム商品を購入していないという結果と組み合わせると、学歴の低い若者ほどコンベンショナリティが強いためプレミアム商品を購入しないという因果経路があることがわかる。モデル1でみられた学歴の効果は、このコンベンショナリティを通した効果があらわれたものだといえる。

続いて、海外旅行について重回帰分析の結果を確認する（表4－2）。

モデル1では、性別（B＝0.168*）、年齢（B＝0.029**）、教育年数（B＝0.106**）、非正規職（B＝-0.246*）、世帯収入（B＝0.130**）に有意な結果がでている。女性であるほど、年齢が高いほど、教育年数が長いほど、世帯収入が多いほど海外旅行に行っていること、正規職と比べて非正規職であるほど海外旅行に行っていないことがわかる。次にコンベンショナリティと現状維持志向を含めたモデル2をみると、現状維持志向に有意で負の効果がみられ、現状維持志向が強いほど海外旅行に行っていないことがわかる。コンベンショナリティと現状維持志向をモデルに含めても学歴と世帯収入の結果に大きな変化はなく、現状維持志向が海外旅行に与える効果は、学歴や世帯収入とは独立したものであることがわかる。

以上の結果からは、プレミアム商品については世帯収入、海外旅行については学歴と世帯収入が影響を与えており、若者の中に階層差があることがわかる。その上で、コンベンショナリティが強い若者ほどプレミアム商品を購入していない、学歴の低い若者がコンベンショナリティを通してプレミアム商品を購入していない、現状維持志向が強い若者ほど海外旅行に行っていない、といった若者の保守的態度が消費に与える影響についても明らかにすることができた。

4 意識が若者の消費を左右している

保守的態度が消費を抑制するメカニズム

プレミアム商品の購入については、やはり世帯収入が少ない若者ほど購入していないという結果が得られたが、世帯収入の影響を除去した上でコンベンショナリティの強い若者ほどプレミアム商品を購入していないということがわかった。これまでのやり方に従おうとする態度がプレミアム商品の購入を抑制しているといえる。プレミアム商品の中には、すでにある商品の「ちょっとよいバージョン」として「○○プレミアム」と名づけられ、新商品として売り出されるものも多い。そのようなプレミアム商品の目新しさが従来のやり方に従おうとする若者にとっては敬遠材料になるのかもしれない。裏を返せば、セルフディレクションが強いと、自分の生活をカスタマイズするために新商品であっても、多少価格が高くても積極的にプレミアム商品を購入しているということも考えられる。

さらに重要なのは、コンベンショナリティ／セルフディレクションの強さが学歴とプレミアム商品の購入との関連を媒介しているということである。学歴の低い若者がプレミアム商品を購入しないのは、かれらのコンベンショナリティが強いことに起因している。この結果からは、学歴の低い若者が新しく発売されたちょっとよい商品よりも馴染みのある商品のほうを好んで購入していることが示唆される。逆にいえば、学歴の高い若者が自らの生活を自らカスタマイズするべく、積極的によりよい商品を購入しているともいえる。いずれにせよ、若者におけるプレミアム商品の購入にはそのようなコンベンショナリティを通した学歴差があることが明らかとなった。

海外旅行については、学歴や世帯収入が影響を与えており、それに加えて正規職と非正規職の間にも差があった。やはり低階層の人ほど海外旅行に行かないという関連がある。その上で現状維持志向の強い若者ほど海外旅行に行っていないということがわかった。コストをかけ、リスクをとってでも、もっと多くのものを手にしたい若者にとって海外旅行は魅力的だが、これまでに獲得したものを維持することの方が重要な若者にとっては魅力的ではないことがわかる。今の若者にとって、海外旅行は現状を維持する上で不必要なものとなっているといえるだろう。また、現状維持志向自体は階層によって差がないため、階層とは関係なく現状維持志向が若者の海外旅行に影響を与えている。

壮年層との比較

それでは、本章で得られた結果は若者だけにみられるものなのだろうか。壮年層でも同じ分析を行った[12]。

まず、プレミアム商品の購入については、世帯収入だけでなく教育年数と非正規職にも有意な値がでている。学歴が高いほど、非正規職と比べて正規職であるほどプレミアム商品を購入していることがわかる。若者と比べるとより階層差が大きいといえる。一方、コンベンショナリティと現状維持志向については、若者とは逆に、コンベンショナリティは影響を与えておらず、現状維持志向がプレミアム商品の購入に負の影響を与えている。ただしその影響力は大きいとはいえない。

次に、海外旅行については、若者と同じく教育年数、非正規職、世帯収入に有意な値がでており、階層が高いほど海外旅行に行っている。一方、コンベンショナリティと現状維持志向については、こちらも若者とは逆に、現状維持志向は影響を与えておらず、コンベンショナリティが海外旅行に負の影響を与えている。ただし、やはりその影響力は大きいとはいえない。

以上の結果からは、プレミアム商品の購入と海外旅行にみられる階層差は若者だけではなく、壮年層にもあることがわかる。一方、保守的態度が与える影響については、現状維持志向がプレミアム商品の購入に、コンベンショナリティが海外旅行に影響を与えており、若者とは逆になっている。このことからはプレミアム商品を購入すること、海外旅行に行くことの意味が若者と壮年層で異なっている可能性が考えられる。しかしながら、壮年層においての保守的態度が消費に与える影響力は小さく、サンプル数が多いことによって有意になっているのだと思われる。したがって、より重要なのは壮年層では保守的態度よりも階層によって消費の頻度が決まっているのに対して、若者では階層だけでなく保守的態度が消費に対して一定の影響力を持っていることだろう。プレミアム商品も海外旅行もお金があるほど消費しやすい。しかしそれだけではなく、自らの生活をカスタマイズしたいと「思う」からプレミアム商品を購入し、もっと多くのものを獲得したいと「思う」から海外旅行に行くというように、意識が若者の消費を左右している。やはり今の若者においては、モノを買える状態かどうかだけではなく、そのモノを欲しいと思うかどうかが重要なのだと考えられる。

5　消費行動からみえる若者の差異

本章では、プレミアム商品の購入と海外旅行に注目しながら、若者の消費について分析した。分析の結果、若者が特別に消費をしていないということはないが、世帯収入や学歴によって消費の頻度に差があり、消費の階層差があることがわかった。また、それらの階層要因の効果を統制した上で、保守的態度が若者の消費を抑制していることが明らかとなった。

この結果からは、今の若者の中に保守的態度を持つことで積極的に消費をしない層が存在することがわかる。「今の若者は保守的で全然消費しない」という言説は、この層の若者の特徴を若者全体の特徴として語ったものだといえる。しかしながら、若者の中には、自らの生活をカスタマイズしたいと思ってプレミアム商品を購入し、もっと多くを獲得したいと思って海外旅行に行く層も存在している。したがって、消費をしていない層だけを取り上げて若者全体の特徴を語るのは不適切であるといえる。以上のような消費行動からみえる若者の差異を明らかにしたことに本章の意義がある。

ただし、本章で注目した消費行動はプレミアム商品の購入と海外旅行のみであり、今後は他の消費行動についても分析していく必要があるだろう。

注

(1) たとえば松田久一（二〇〇九）、山岡拓（二〇〇九）、古市憲寿（二〇一一）。

(2) 出国率は、各年の出国者数を人口で割ることで求めた。出国者数については法務省の「出入国管理統計年報」を用いた。人口については国勢調査実施年のみ「国勢調査」を使用し、それ以外の年は総務省統計局の「人口推計」を用いている。なお、出国者数にかんしては、同じ人が一年に二回出国した場合、二人と集計されているため、厳密にその年に出国した人数ではないことに留意が必要である。

（3）古市（二〇一一）、堀好伸（二〇一六）、原田曜平（二〇一三）など。

（4）山岡（二〇〇九）、原田（二〇一三）、太田恵理子（二〇一五）など。

（5）本章では詳細に触れることはしないが、Warde（2015）において詳細なレビューが行われている。

（6）原田（二〇一三）、太田（二〇一五）など。

（7）遠藤功（二〇〇七）、大﨑孝徳（二〇一〇）など。

（8）たとえば轟亮（二〇一一）、吉川徹（二〇一四）。

（9）山田昌弘（二〇一三）、中村哲他（二〇一四）。

（10）重回帰分析を行う際には、プレミアム商品の購入については「いつもしている」＝五～「したことがない」＝一、海外旅行については「月に一回以上」＝五～「今まで一度もしたことがない」＝一と数値を与え、数値が高いほどより消費していることを示すようにしている。また、コンベンショナリティの各項目については「そう思う」＝五～「そう思わない」＝一、現状維持志向については「よくあてはまる」＝五～「まったくあてはまらない」＝一と数値を与え、数値が高いほどコンベンショナリティ、現状維持志向が強いことを示すようにしている。なお、コンベンショナリティの因子分析についての詳細は省略するが、四つの項目から一つの因子が抽出されている。

（11）共分散構造分析を行った。分析に際しては、重回帰分析と同じように他の変数の効果をコントロールしているが、図の見やすさを考慮して図中には示していない。

付表４－１　プレミアム商品購入頻度と海外旅行頻度の規定要因（壮年層）

	プレミアム商品			海外旅行		
	B	SE	β	B	SE	β
定数	0.608**	0.222		−0.552**	0.205	
性別（ref: 男性）	0.246**	0.043	0.136	0.179**	0.039	0.105
年齢	−0.006**	0.002	−0.057	0.003	0.002	0.030
教育年数	0.062**	0.009	0.144	0.107**	0.009	0.264
正規職（ref）						
非正規職	−0.103*	0.049	−0.050	−0.123**	0.045	−0.064
無職	0.010	0.059	0.004	−0.098	0.054	−0.042
世帯収入（対数変換）	0.219**	0.024	0.210	0.156**	0.022	0.158
有配偶者	−0.102*	0.048	−0.046	0.080	0.044	0.038
コンベンショナリティ	−0.029	0.023	−0.026	−0.064**	0.021	−0.062
現状維持志向	−0.061**	0.020	−0.065	−0.033	0.018	−0.037
調整済み R^2		0.099**			0.141**	
n				2,217		

注１）B：偏回帰係数　SE：標準誤差　β：標準化偏回帰係数

注２）* $p < 0.05$, ** $p < 0.01$

（12）分析の結果は付表４－１に示している。なお、壮年層では学生が含まれていなかったため、分析から学生を除いている。

第5章

若者の人生評価

「幸福」と呼ばれる理想の適応

ホメリヒ・カローラ
清水香基

1　はじめに

二一世紀はじめの日本の若者を特徴づけるものといえば、それは一体何だろうか。この問いをめぐっては、これまで数多くの議論が提出されてきた。そうした中で研究者たちから同意を得られるであろう一点をあげるとすれば、彼ら若者世代は人口学的かつ経済的な危機の中に育ち、他の世代よりも色濃くその影響を受けているということである（Hommerich 2017、七二～七三頁）。若者たちは多くの不確実性に直面しており、上の世代よりも強い不安を抱え、傷つきやすく、高いストレスのレベルを有していることが多くの調査研究からも示されている（厚生労働省 二〇一四）。彼らの心の健康の脆さは、若年世代におけるひきこもり、鬱、自殺の増加といったところに一端として現れているようにもみえる。今あげたような事柄は、単に一般的なライフコースの特定の段階にありがちな現象ではない。それは日本の若者を他国のそれと比較した場合においても明らかといえよう。アメリカ、イギリス、フランス、ドイツ、スウェーデン、韓国のどれと比べても、日本の若者たちの自己評価は水をあけて低い（内閣府 二〇一四）。それと同時に、仕事をみつけることに関しても、現在あるいは将来の仕事の内容に関しても、一般的にいって彼らはより大きな不安に苛まれている。

このように、日本の若者たちの現状はどちらかといえば悲観的な文脈で語られがちである。他方で近年、社会学者の古市憲寿（二〇一一）が著した『絶望の国の幸福な若者たち』が物議を醸した。古市は、ここまであげてきたような様々な観点を退け、内閣府の時系列データを用いながら、[1]日本の若者たちはかつてないほどに幸せであるという、半ば挑戦的ともいえる主張を展開している。[2]たしかに二〇一〇年代のはじめをみると、若者たちの生活満足度は他のどの年齢層と比較しても高いことがわかる（図5－1）。しかも、彼らの生活に対する満足度は、一九七〇年代の経済成長期における若者たちのそれと比べても、さらに高いのである。それこそが古市の指摘する点である。この意外ともいえる結果は、若者が危機に瀕しているという既存の言説と容易に折り合うものでなく、結果として大きな議論へと発展してきた。この結果は果たして妥当なのだろうか、もしそうならばどのようにして若者たちの生活満足度の高さを説明できるだろうかと、研究者間で熱を帯びた論争が交わされてきた（浅野二〇一六a、一九～二二頁）。

ともあれ、日本の「幸福な若者たち」をめぐる研究者たちの論争に足を踏み入れるにあたっては、まず次にあげる三点を確認しておく必要があるだろう。

（1）古市が彼の主要な議論において用いているデータ（現代日本の二〇代が、一九七〇

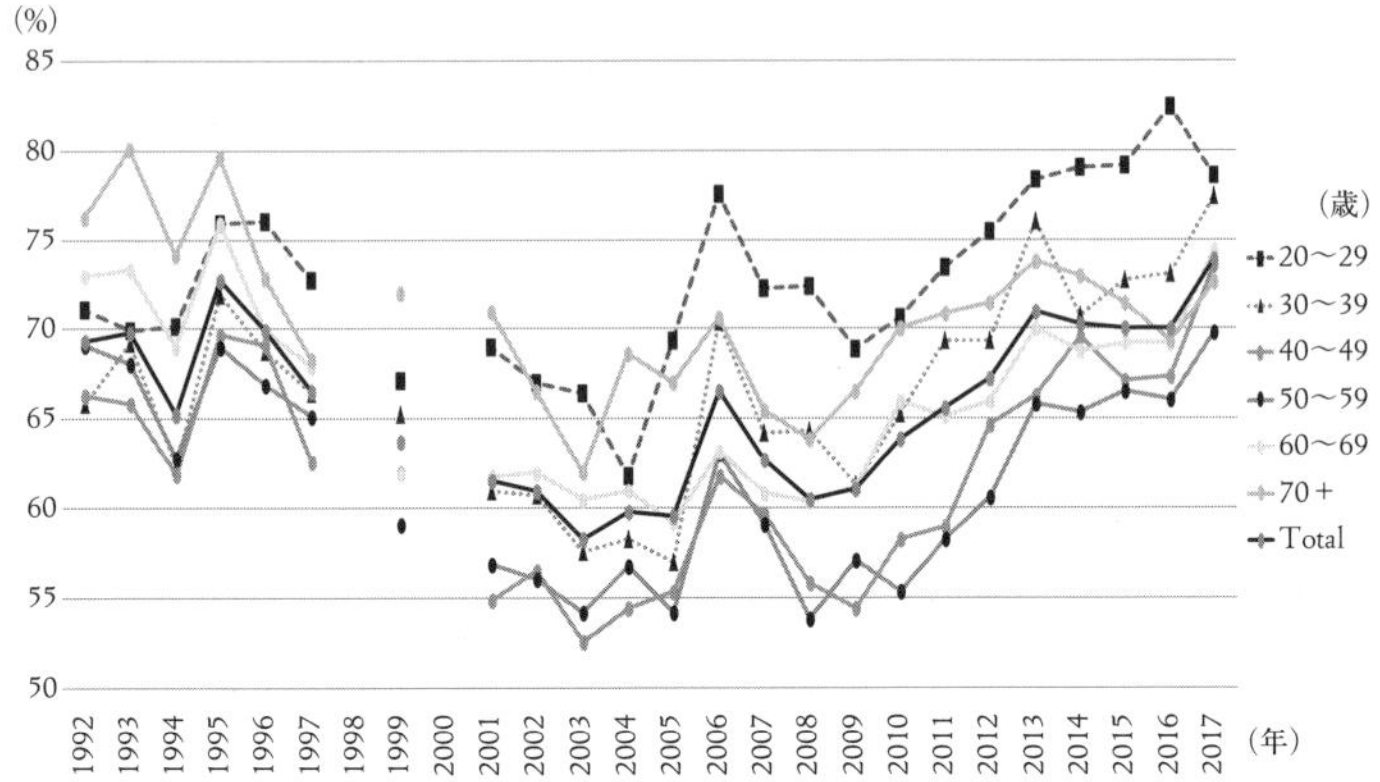

※内閣府（2017）が毎年実施している「国民生活に関する世論調査」のデータを筆者がまとめたもの。図中の値は「満足している」「まあ満足している」と回答した人の割合を示している。

図５－１　各年齢グループの生活満足度（1992～2017年）

年代や一九八〇年代のそれよりも幸福であるとするもの）は、元来単純に比較することのできないデータにもとづいている。「国民生活に関する世論調査」における生活満足度（古市は「幸福感」と呼んでいるが）の質問項目のワーディングは、一九九二年に変更が加えられており、以来変更後のものがそのまま使用されている。それ以前は、特に若い調査対象者に向けて、回答を不満方向へと誘導するようなバイアス触発的な質問の仕方が用いられていたのである（轟 二〇一八、一七五頁）。

（２）序章で言及されているように、そもそも日本の若者たちを一つの同質的な集団と捉えることは可能だろうか。たとえば、吉川徹（二〇一八a、一七二頁）は、若者世代の人生評価が特に学歴やジェンダーといった点によって異なることを指摘している。単に若者を単一の同質的集団とみなすのではなく、彼らの有する社会的特性によって区別しながら捉えるという視点が必要といえるのではないか。

（３）もし若者世代が「幸福だ」というならば、そこから我々は何を学びとることができるだろうか。若者たちの主観的な評価が伝えようとしているのは、もう我々が、社会として、彼らのライフチャンスについて何も心配する必要はないのだと、そういうことだろうか？　それは単純に、彼らが直面し得る障害を克服しようと試みることなく、現状を受け入れ、未来への展望を下方修正しながら適応してきたというだけのことではないのだろうか。

この章では、量的データにもとづきながら、上記の三点についてより詳しく論じていきたい。そうすることで、一見ポジティブにもみえる「日本の若者世代における人生評価」というパズルに、新たな一ピースを嵌めることができればというのが筆者のねらいである。

2　日本の若者は幸せか　平成の若者における生活満足度

日本の「若者」を一つのグループとしてみるならば、古市が用いたデータはたしかに次のような傾向を示している。それは、二〇一〇年代の終わりへと向かうにつれて、二〇～三九歳の人々において、他の年齢グループよりも生活に満足している人の割合が高くなってきているということだ（図5－1）。また、バブル崩壊直前の一九九〇年代の二〇～三九歳グループと比較しても、彼らはより高い満足を有しているように見受けられる。しかしながら、こうした傾向は必ずしも以前から継続してきたものではない。全体としていえば、人々の生活満足度はこれまでに何度も大きな変動を経験してきた。まず、一九九〇年代の経済危機の余波を受けて一旦落ち込み、それがいくらか回復したところで、二〇〇八年のリーマンショック後に再び転落し、その後は概ね上昇傾向を示している。最も若い年齢グループ（二〇～二九歳）の生活満足度がトップを走るようになったのは二〇〇〇年代の中頃以降であり、近年の調査では次に若い三〇～三九歳グループが二番手に続くようになった。二〇一一年に古市の本が出版されて以来、すでに数年の月日が経過したにもかかわらず、二つの若年グループにおける生活満足度の上昇傾向は未だに継続していることがわかる。それゆえ、（古市が行っているように）一九七〇年代のそれと比較したとしても、単純に日本の若者たちが以前よりも生活に満足しているとはいえないのである。

社会学や心理学では、生活全般に関する満足度や幸福感のような、自らの生活に対する人々の主観的な評価を「主観的ウェルビーイング（主観的によい状態）」という言葉で呼び表してきた。古市の指摘する日本の若者の主観的ウェルビーイングについては、他の時系列調査も類似の結果を指摘している。たとえば、ＮＨＫが実施している「中学生・高校生の生活と意識調査」でも、一九八二年から二〇一二年にかけて「とても幸せだ」と回答する中高生の割合が明らかな上昇傾向をたどっている（村田・政木 二〇一三）。このことは、古市や他の論者が指摘している日本の若者の主観的なウェルビーイングの高さが、統計的な職人芸的産物ではなく、なにかしらの頑健性を有する知見だということを示している。しかしながら、この「若者の主観的ウェルビーイングが高い」という現象をどう解釈したものかという問題は未だ残されたままである。

古市（二〇一一、一四頁）によれば、彼と同世代の若者たちのウェルビーイングの高さは、彼の呼ぶところの「奇妙な安定」にもとづいた結果だという。若者たちは、両親によるサポートと庇護の下、比較的のんびりかつ満ち足りた生活を謳歌することのできる今という時間において、自分たちの人生を肯定的に評価するというのである。しかしながら彼らはその間、まるでダモクレスの剣のように、自らの頭上に先行きの暗い将来が吊るされているのを知っている。そう遠くない未来に、増え続ける高齢者のケアや、国の負債といったものを、背負っていかなければならないことを予見しているのである。古市によれば、日本の若者たちはそういったことを自覚しており、自分たちの生きる社会に対して不安や不満を覚えているという。しかしながら彼らは、そうした展望に苛まされるでもなく、「今、ここ」に生きることに甘んじているという。豊泉周治（二〇一〇）は日本の若者たちの態度を記述するにあたって、T・パーソンズの「コンサマトリー」という用語を用いている。古市もその議論にもとづいて若者たちの態度を同様の用語で呼び表し、「身近な幸せを大切にする感性」とか「自己充足的」といった言葉で説明している（古市 二〇一一、一〇四～一〇五頁）。

ここで重要となってくるもう一つの点は、若者たちが自分たちのウェルビーイングにとって大切だと思っているものが、上の世代とは異なっているかもしれないということである。C・ホメリヒとT・ティーフェンバッハ（Hommerich and Tiefenbach 2018）はそれぞれの年齢グループごとに、何が生活満足度に影響を与え得るかということだけでなく、何が重要視されているかという構造も異なっているということを報告している。彼らの研究によると――昭和以前に生まれた世代とは対照的に――平成生まれの世代においては、幸福感に対して経済状況への満足度が有意な影響を示さない。また、自分たちの幸福感を評価する際にも、あまりお金を重要だとは考えていないのだという（同書 一四二頁）。また、他にも幾人かの研究者たちが、日本の若者たちの肯定的な人生評価の背後にあるメカニズムを説明しようとしてきた（e.g. TBSメディア総合研究所編 二〇一二、藤村他 二〇一六、村田・政木 二〇一三、中西 二〇一二、斎藤 二〇一二）。ほとんどの研究は日本の若者を一つの同質的集団として捉えており、特定のサブグループに注目する研究（i.e. 石井他編 二〇一七）はきわめて稀であるといえる。ただ、そうした研究は他と比較が難しく、全体としての解釈が難しいという問題もある。上記のサブグループに注目した研究の一例としては、鈴木富美子（二〇一七）があげられる。鈴木は二〇代中頃の女性は同年代の男性よりも満足度が高いという興味深い傾向を指摘している。そうした傾向は、これまでの「国民生活に関する世論調査」の全時系列データと照らしても一貫性のある結果であることが知られている[3]。

これらの計量研究の結果を踏まえるならば、主観的ウェルビーイングの決定要因が世代によって異なるということは十分可能であるといえよう。他方で、若者たちの内部においても、それぞれのサブグループに応じて、幸福感の程度や構造が異なるということも考えられる。そうしたサブグループには様々なものを想定し得るが、ここでは序章で概説されている四つの「セグメント（分断）」に注目したい。すなわち、まず二〇～三九歳の人びとを男女で切り分け、さらに大卒・非大卒とで切り分けた上で、主観的ウェルビーイングの決定要因がどう異なるのかをみるという方法である。というのも、それが平成に生まれ育った世代に

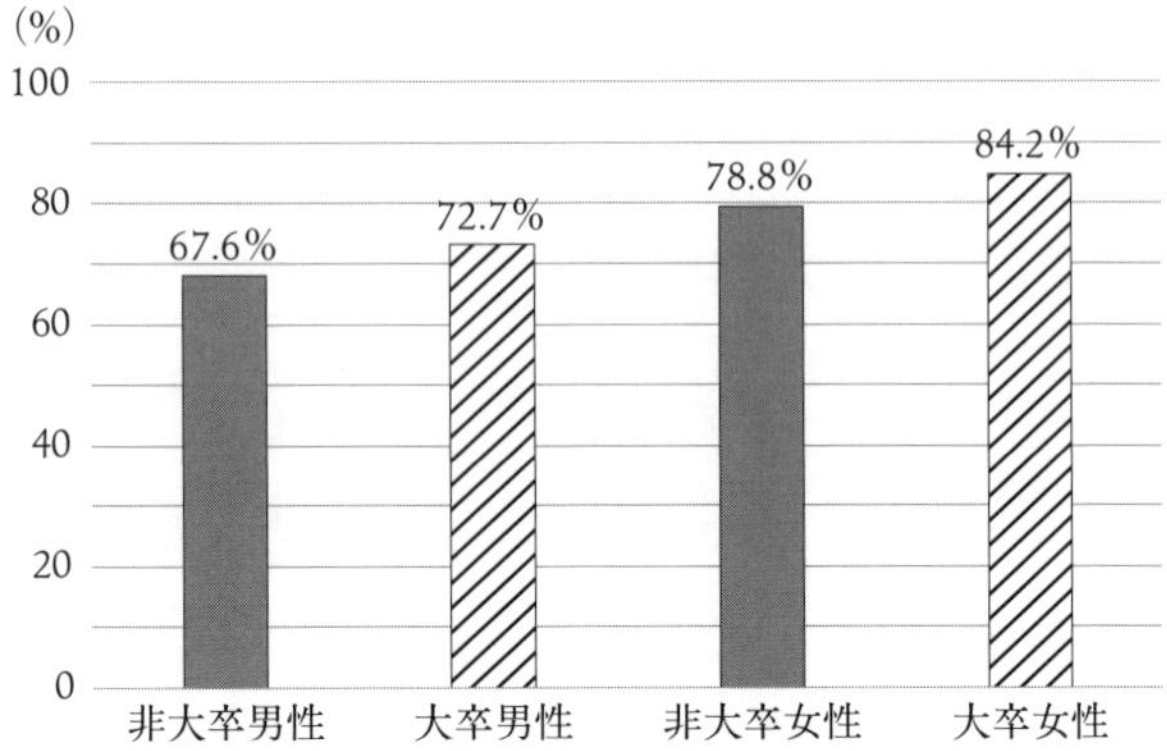

※四つのグループ間の差はすべて統計的に有意なものであることが確認された
（$p < 0.001$）

図５－２　各性別・学歴において「幸せ（6〜10)」と回答した人の割合（20 〜 39 歳）

おける個人のライフチャンスを規定する決定的なリソースであると考えられるからだ（吉川 二〇一八ａ）。

まず我々は二〇一五年ＳＳＰ調査のデータを用いて、四つのグループそれぞれがどのように自分たちの生活を評価しているかをみていく。「あなたはどの程度幸せですか」という質問について、「0（とても不幸）」から「10（とても幸せ）」の十一段階に分けて尋ねると、二〇～三九歳の人々のうち七六・一％が中間点の「5」より上を選んでいる。それはつまり、どちらかといえば不幸よりも幸福寄りの回答を選んでいるといえよう。四〇～五九歳についてみても、幸福寄りの回答をする人が多数派（六九・三％）であり、その割合自体は非常に似通っている。

しかしながら、幸福な若者たちが最も多いのは大卒女性であり、八四・二％が自身を幸せだと評価している。二番目は非大卒女性（七八・八％）であり、そのあとに大卒男性（七二・七％）が続いている。非大卒男性については、自身を幸せと評価しているのは六七・六％のみで、大卒女性のそれを二〇ポイント近く下回っており、最も幸福感の低いグループとなっている。二〇～三九歳の年齢グループ全体における幸福感の規定要因を分析すると、性別については統計的に有意な結果が示される一方、大卒か否かということについては統計的有意差が認められなかった。このことは、これら四つのグループにおける違いが、それぞれの自己評価が形成される複雑なメカニズムにもとづいたものであり、単なるジェンダーや学歴による違いとは別の要因があることを含意しているといえる(4)。

3　幸福感の規定要因　計量的アプローチ

若者の幸福感の成り立ちについて、より理解を深めていくにあたって、ここでは次のような二ステップからなる分析でアプローチしていく。第一のステップではまず、それぞれのサブグループにおいて客観的な生活状況が幸福感に与える影響について分析を行う。第二のステップでは、上記のモデルに主観的な諸変数を加えて分析を行う。客観的な側面と主観的な側面の両方の分析結果を対置させることで、若者たちが自分たちのライフチャンスをどう評価しているかということが、彼らの感じる幸福感にどう影響しているかを検討するのがねらいだ。客観的な生活状況のモデルを組み立てるにあたっては、主観的ウェルビーイングの規定要因として、主にR・レヤード（Layard 2006）の研究にもとづきながら、以下のような諸変数を取り上げることとした。具体的には、回答者の家庭状況（婚姻状況、子どもの有無）、収入（対数変換した世帯収入）、雇用形態（正規、非正規、無職（求職中、非求職中で区別）、学生）、コミュニティ（居住地の都市規模）、友人関係（頼れる人の数）といったものにかかわるものを含む諸変数である。第二のモデルでは、そこにさらに主観的な要素を投入する。それらは、四つのグループについて、それぞれで異なった仕方で幸福感に影響を与えると予測されるものだ。

まず取り上げるのは「学歴に対する満足度（1＝不満である、5＝満足している）」である。個人の幸福感にとって、客観的に学歴が低いか高いかということよりも、彼あるいは彼女がどの程度それに満足しているかの方が重要なのではないか、というのがここでの予測である。

続いて取り上げるのは五段階で測定される「階層帰属意識（１＝下の下、５＝上）」であり、これは主観的な社会的地位がどの程度幸福感に影響するのかをテストするためのものである。さらに我々は、人生で成功をおさめる上でチャンスは平等である（本人の努力次第）という認識が、個人の幸福感に寄与することも予測している。そうした認識を測定するにあたっては「大きな資産を持てるようになるかどうかは、本人の努力次第だ」という質問項目を採用した（１＝そう思わない、５＝そう思う）。また、日本が格差社会へと突入し、社会的不平等や社会的転落の可能性の高まりが頻繁に議論されているという背景を考慮し、喪失不安について尋ねる質問項目も取り入れることとした（「うかうかしていると、自分がこれまで獲得したものを失ってしまいそうな不安を感じる」、１＝よくあてはまる、５＝まったくあてはまらない）。

最後にもう一つ、家庭におけるジェンダー役割への態度（イクメン意識）に関する質問項目も含めることとした。回答者は「夫が妻と同じくらい家事や育児をするのはあたりまえのことだ」という質問項目に対して「１＝そう思わない」から「４＝そう思う」までの一つを選ぶ。より高い値を選んだ人は、より先進的なジェンダー役割への態度を有しているというものだ。本書の第八章で吉川も論じているように、若年男性と若年女性の間には、家庭におけるジェンダー役割分業に関する考え方に大きなギャップが生じている。それゆえ、各グループにおいて上記の変数が幸福感に与える影響も異なってくるのではないか、というのがここでの我々の予測である。

第二のステップにおける分析では、以上の五つを主観的な諸変数として用いることとする。以上の分析の背景には、人びとが何を「よい人生」としてイメージするかということについての代理尺度として、彼らの価値観に注目することが有効であるという考えがある（Austin 2016）。これらの価値観と幸福感に対する態度との関係性は、アスピレーション（理想）と現実のギャップが表れる部分だといってよいだろう。

四グループそれぞれにおける独立変数の分布と平均値は、図５－３と図５－４に示したとおりである。ただし、友人関係（「頼れる人の数」）の平均値については、ここでは図示していない。というのも、四グループのいずれにおいても平均は五人から六人の間程度であり、統計的な有意差が認められなかったためである。

まず第一のモデル（表５－１）について、その決定係数（調整済みR二乗）に注目してみたい。決定係数とは、それぞれのサブグループの内部において、独立変数である客観的な生活状況の違いによって、どのくらい幸福感の度合いの分散が説明されるかということを示すものである。すると、二つの男性グループにおいて、客観的な生活環境が幸福感に与える影響が比較的に大きいことがみて取れる。大卒男性における幸福感の三分の一近く（二七・

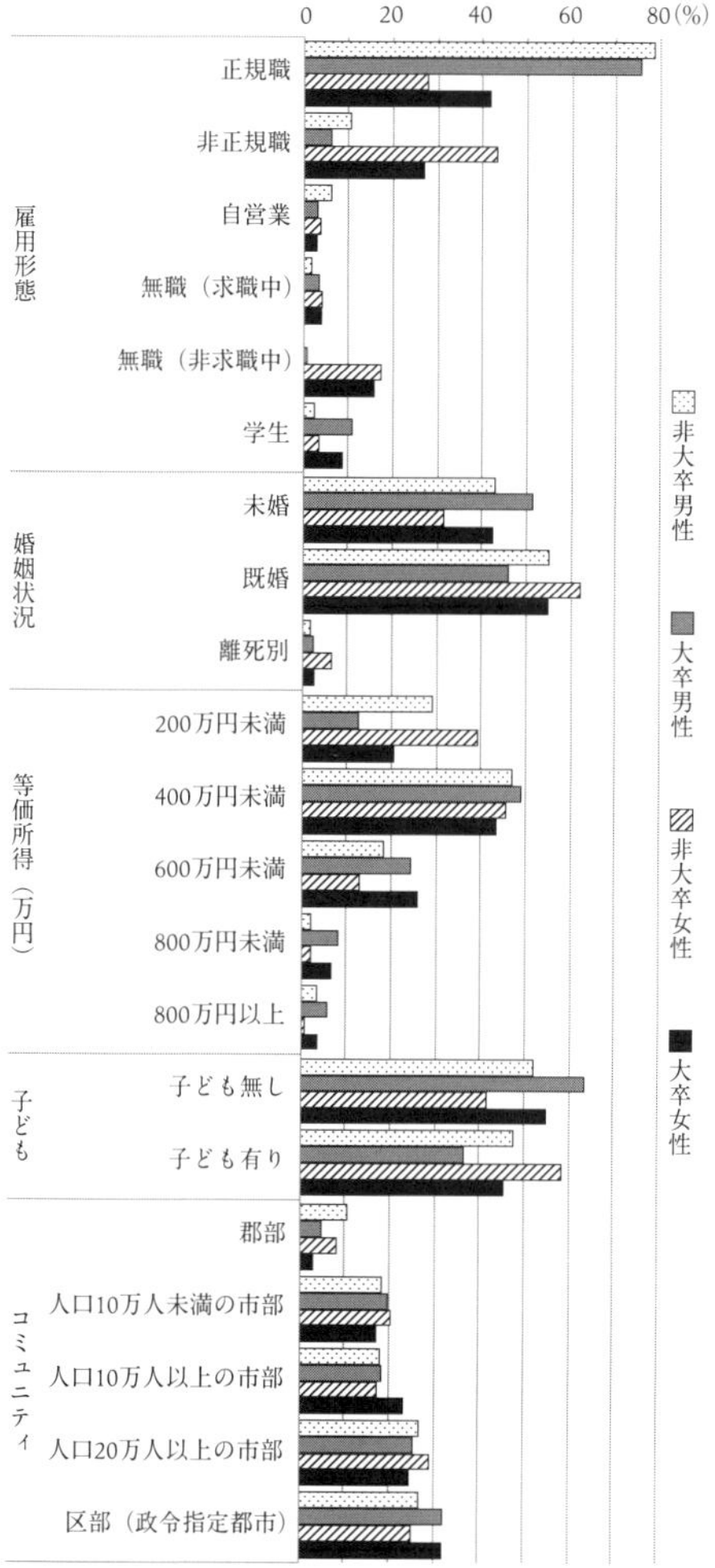

図５－３　学歴×性別ごとの社会経済的地位変数の分布

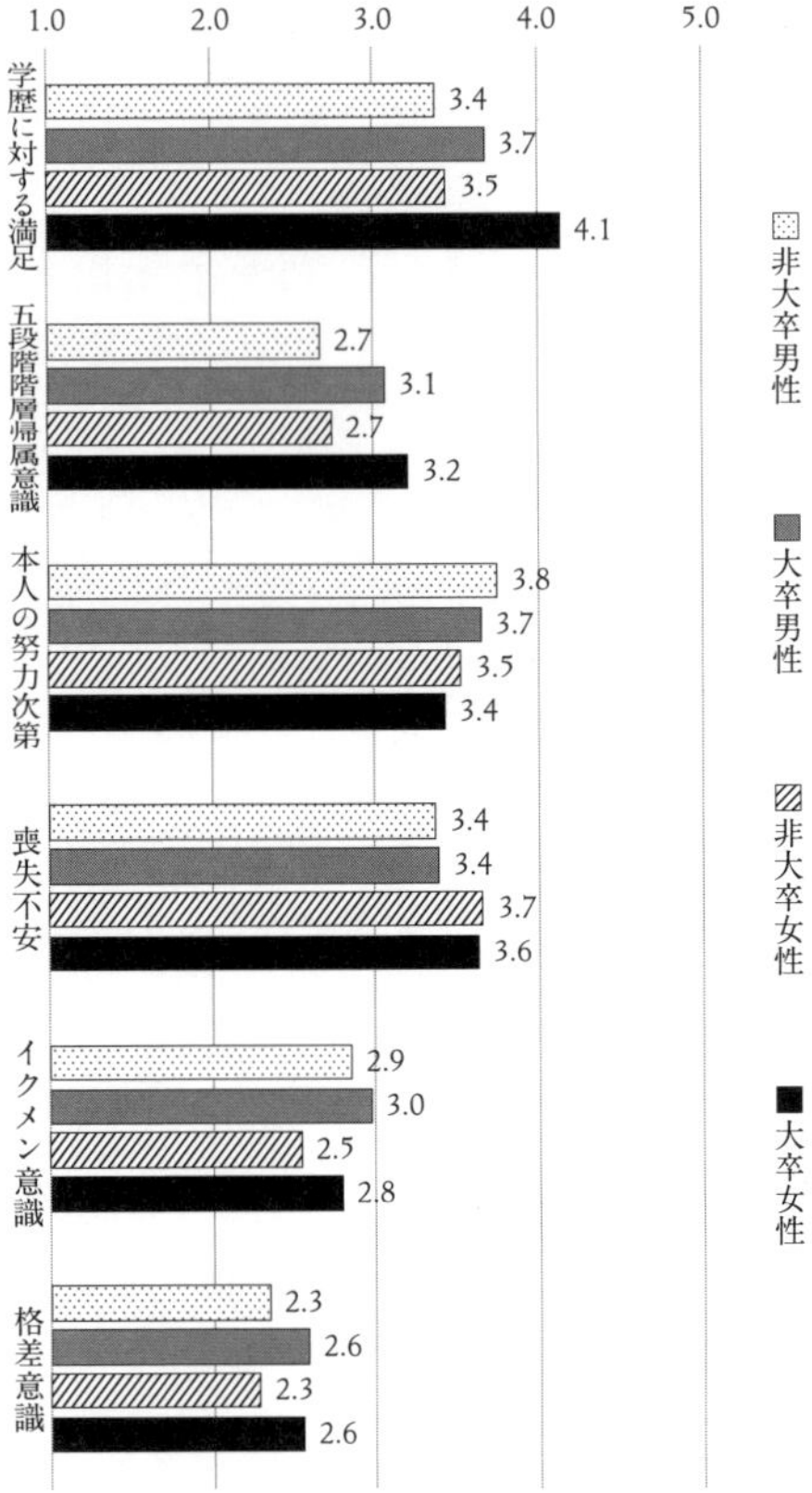

※他の項目はすべて五段階の質問項目で測定されているのに対して、「イクメン意識」のみ四段階の質問項目で測定されていることに留意されたい。すべての項目の平均値について、いずれも四グループ間で統計的に有意な差異が認められた（少なくとも $p < 0.05$）

図５－４　学歴×性別ごとの生活状況に関する主観的評価と態度の分布（平均値）

表5－1　OLS重回帰分析
（各サブグループにおける幸福感の規定要因：客観的な社会経済的地位（20～39歳））

	非大卒男性			大卒男性			非大卒女性			大卒女性		
	B	SE	β	B	SE	β	B	SE	β	B	SE	β
定数	5.119***	1.152		1.170	1.235		3.781***	0.962		4.303***	0.963	
配偶者有り	1.172*	0.478	0.283	1.654***	0.348	0.430	0.191	0.314	0.049	0.851*	0.341	0.226
子ども有り	0.438	0.462	0.106	−0.096	0.341	−0.024	0.318	0.297	0.083	0.392	0.324	0.104
正規職[注3]												
非正規職	−0.194	0.456	−0.029	0.153	0.472	0.019	−0.423	0.271	−0.111	−0.307	0.287	−0.072
自営業	−0.015	0.538	−0.002	−0.114	0.635	−0.010	0.649	0.605	0.066	0.176	0.677	0.016
無職（求職中）	−0.875	1.129	−0.059	−1.182†	0.618	−0.113	−0.952	0.574	−0.102	−1.414*	0.611	−0.147
無職（非求職中）	−			−0.620	1.181	−0.030	0.615†	0.361	0.124	0.164	0.363	0.032
学生	0.585	0.863	0.044	0.567	0.384	0.092	−1.505**	0.633	−0.146	1.098*	0.438	0.166
世帯収入（logged）	0.017	0.171	0.008	0.690***	0.191	0.217	0.346**	0.146	0.144	0.343*	0.136	0.162
地域	0.033	0.100	0.022	−0.051	0.089	−0.033	0.241**	0.087	0.163	−0.089	0.097	−0.056
頼れる人（人数）	0.115***	0.026	0.284	0.091***	0.024	0.215	0.066	0.027	0.146	0.116***	0.030	0.234
調整済み R^2		0.193			0.278			0.147			0.174	
n		206			231			258			228	

注1）B：偏回帰係数　SE：標準誤差　β：標準化偏回帰係数
注2）$^{\dagger}p < 0.1$, $^{*}p < 0.05$, $^{**}p < 0.01$, $^{***}p < 0.001$
注3）雇用形態が幸福感に与える影響の分析においては、正規雇用を参照グループとした。

八%）は、客観的な生活状況によって説明される。このグループの場合、既婚であり、収入が高く、多くの頼れる友人を持っている人の方が幸福感は有意に高い。仕事に就いておらず、それを探しているという状況は幸福感を有意に引き下げることになるが、その他の雇用形態は幸福感の相違には結びついていないようだ。非大卒男性の幸福感も同様に、客観的な生活状況によって強く規定されている（一九・三%）ものの、このグループの成員においては、既婚であることと、頼ることのできる友人の数のみが有意な影響を示した。収入の多寡や、雇用形態、あるいはそもそも仕事に就いているかどうかという点は、彼らの幸福感に対して有意な効果が認められなかった。

他方、女性グループに対しては、上記のような客観的生活状況の効果は比較的小さい。その効果が最も小さいのは非大卒女性（一四・七%）であり、彼女たちの幸福感は世帯収入が高く、仕事に就いておらず、それを探してもいない――つまりフルタイムの主婦をしている――という場合において上昇する。また、地方に住んでいる場合は、その幸福度が有意に低下する。大卒女性においては、幸福感の一七・四%が客観的生活状況によって規定され、既婚であることと頼れる友人の数にポジティブな効果が認められる。また、彼女たちの幸福感は収入が高くなることによっても増加する。このグループの成員たちにおいては、彼女たちがまだ学生である場合に幸福感が有意に高いという傾向がみて取れる。おそらく、まだ実際に仕事に就いた経験がないということと、日本の労働市場において未だ女性が直面し得る諸々のハードルが、その効果として表れているのではないだろうか。また大卒男性と同様に、仕事に就いておらずそれを探しているという状況は、彼女たちの幸福感を有意に低下させることがみて取れる。

第一のモデルから得られた結果をまとめると、たしかに幸福感に対する客観的生活状況の効果は認められる。しかし同時に、若者が自分たちの幸福感に評価を下す上で、それ以外の別の規定要因が存在することも示唆される。想像し得る要因は無数にあるが、ここでの分析ではそのわずかしか取り上げることができない。第二のモデルでは、若者たちがどのように自分たちの社会的な位置や、成功した人生へと続くチャンスをどのように評価するかということについて、何かしらを教えてくれるものとして、すでに紹介してきた五つの変数を取り上げることとする。

第二のモデルについて、第一のモデルの時と同様に決定係数に注目してみたい。四つのグループに共通していえることは、主観的な諸変数を投入したことによって、若者たちが自身について幸せか否かを判断する理由がより説明されるようになったということだ（表5－2）。「学歴に対する満足度」はすべてのグループにおいて幸福感にポジティブな効果が認められた。自身の学歴に満足しているほど幸福感は高く、この効果は非大卒男性において最も

表 5－2　OLS 重回帰分析
(各サブグループにおける幸福感の規定要因：客観的な社会経済的地位および選択された主観的諸変数 (20～39 歳))

	非大卒男性			大卒男性			非大卒女性			大卒女性		
	B	SE	β	B	SE	β	B	SE	β	B	SE	β
定数	0.697	1.295		−1.375	1.192		1.939†	1.053		1.378	1.144	
配偶者有り	1.003*	0.446	0.242	1.197**	0.316	0.311	−0.072	0.286	−0.019	0.644*	0.326	0.171
子ども有り	0.441	0.430	0.107	0.114	0.306	0.029	0.467†	0.273	0.122	0.244	0.306	0.065
正規職[注3]												
非正規職	0.097	0.422	0.014	0.117	0.428	0.015	−0.148	0.250	−0.039	−0.244	0.274	−0.058
自営業	−0.302	0.500	−0.036	0.103	0.584	0.009	0.490	0.546	0.050	−0.008	0.635	−0.001
無職（求職中）	−0.463	1.056	−0.031	−0.569	0.567	−0.054	−0.630	0.521	−0.068	−1.635*	0.582	−0.170
無職（非求職中）				−0.234	1.063	−0.011	0.428	0.339	0.086	0.342	0.345	0.066
学生	1.237	0.814	0.092	0.386	0.342	0.062	−1.287*	0.581	−0.126	0.886*	0.417	0.134
世帯収入（logged）	0.071	0.164	0.031	0.315	0.179	0.099	0.197*	0.134	0.082	0.215	0.136	0.101
地域	0.073	0.094	0.047	−0.148†	0.081	−0.096	0.202*	0.079	0.138	−0.052	0.091	−0.032
頼れる人（人数）	0.091**	0.024	0.225	0.077**	0.022	0.181	0.058*	0.024	0.130	0.092**	0.029	0.185
学歴に対する満足度	0.473**	0.116	0.255	0.433**	0.111	0.218	0.383**	0.102	0.217	0.295*	0.127	0.140
5 段階階層帰属意識	0.425**	0.157	0.166	0.575**	0.135	0.249	0.383**	0.129	0.171	0.382*	0.162	0.156
本人の努力次第	0.174	0.110	0.097	0.078	0.101	0.041	0.014	0.097	0.007	0.206†	0.116	0.104
喪失不安	0.216†	0.110	0.123	0.092	0.095	0.052	0.354**	0.111	0.181	0.382**	0.106	0.211
イクメン意識	0.010	0.018	0.033	0.517**	0.137	0.195	−0.331*	0.129	−0.142	−0.235†	0.130	−0.104
調整済み R^2		0.317			0.434			0.307			0.289	
n		206			231			258			228	

注 1）B：偏回帰係数　SE：標準誤差　β：標準化偏回帰係数
注 2）† $p < 0.1$, * $p < 0.05$, ** $p < 0.01$, *** $p < 0.001$
注 3）雇用形態が幸福感に与える影響の分析においては、正規雇用を参照グループとした。

強い。あるいは別の見方をすれば、学歴に対する不満はこのグループにおいて最も幸福感を低減させる効果が強いということになる。図５－４をみると、非大卒男性の「学歴に対する満足度」は他の三グループと比べて最も低いことがわかる。おそらくその背後には、大学を出ていないことが、いわゆる成功型の、地位向上的なキャリアへの実質的なハードルとなっているという実生活を送ってきた上での経験があるのかもしれない。これがこのグループの幸福感が比較的低い傾向にあることを説明する一つの要因といえる。他方で大卒女性についてみると、彼女たちは自分たちの学歴に最も満足しており、その結果として四グループの中でも最も幸福感のレベルが高い。

「階層帰属意識」についても、高い社会階層に所属しているという感覚は、四つのグループすべてで幸福感を有意に上昇させる。この効果は大卒男性において最も強く、このグループが社会的地位を特に重要視しているということが示唆される。また、二つの高学歴グループはいずれも、他の二グループよりも自分たちの社会的な位置を高く評価する傾向にある（図５－４）。表５－２に示される結果を踏まえるならば、これも彼らの幸福感の高さを説明する要素の一つだといえよう。

人生における成功のチャンスは自分たちの努力にかかっている（たとえば、社会的なバックグラウンドは大きな問題ではない）という感覚は、興味深いことに相対的に学歴の低いグループにおいて強い（吉川 二〇一八a）。それはつまり、彼らは十分努力さえすれば何でも望むものを達成できると考えているということだろうか。しかし、そうした理想が実情と合致しているかどうかについては、問いを投げかけざるを得ない。自分は個人の努力に応じて成功がもたらされる社会で暮らしているのだ、という考え方と幸福感に対する有意な関係が認められたのは、比較的幸福感の高い大卒女性グループにおいてのみであった。

「喪失不安」は両女性グループにおいて高い。おそらくは、彼女らがより多くの失い得るものを持っているからだろうか。頑張って得てきたものを失ってしまうかもしれないという不安は、両女性グループと非大卒男性グループにおいて幸福感とネガティブに結びついており、大卒男性においては有意な効果が認められなかった。

これらの結果は日本社会における人びとのリスク認知を反映しているようにもみえる。たとえば、男性と比べれば非正規で働いている女性の数は多い。その分彼女たちは相対的に多くの不安定を抱えているといえる。あるいは正規雇用下で働いていたとしても、（少なくとも結婚を志向するならば）仕事と家庭の両立が可能となるような「よい結婚」をしなければ、現在の職場での地位を維持するのに一定の困難が生じ得るだろう。上記のような説明は、それ自体、今からすれば古い男性中心的な考えに根ざしたものといわなければならない。しかしながら、日本社会を生きる女性の現実として、労働市場における自己実現と、適齢期までに結婚すべきというかつてのジェンダー観との狭間で葛藤を抱える人が決して少なくないのではないか。こうした若年女性たちにおける葛藤は、後述するジェンダー役割分業が幸福感に与える影響にもあらわれてくる。また、非大卒男性グループの場合も女性と同様、大卒男性グループと比べて非正規で働く人たちが多い（図５－３）。さらに加えていえば、非大卒男性グループの方が既婚者の割合が高く、子どもがいる人の割合も高い。その分、彼らは多くの責任を抱えているともいえるし、彼らにとって何かを失うということは、その家族にもかかわってくるような問題となることが予見される。

興味深いことは、家事や育児の負担を分担するということに関して、よりジェンダー平等的な態度を有するということが、いずれの女性グループにおいても幸福感を低減させているということだ。他方で大卒男性においては、夫が妻と家庭の負担を分担すべきという考えが、より幸せを感じさせてくれるものであるようだ。こうした相反する結果は、若年男女が経験するリアリティの相違を指摘しているのかもしれない。第八章で吉川も論じているように、若年男性は若年女性よりも強くジェンダー平等を肯定する傾向にある。しかしながら、こうした先進的な態度が女性においてネガティブな効果を示すということは、日々の生活の中において彼女たちが経験するものごとがその理想と符合していないことを暗示しているのではないか。つまり、未だ夫が妻ほどに家事にかかわることはなく、それが彼女たちの苛立ちに結びついているのではないかということである。

こういった類の分析から収集される知見は、それぞれの特定の集団がどれくらい幸せなのかを検討するにあたって、必ずしも十分なものとはいえない。しかし、そうした個々人が自分たちの幸福をどのように評価するかということに対して、何が大きな影響を有しているかを理解することも同じくらい重要なことだといえよう。ここで紹介した分析は、あるグループが他のグループよりも幸せなのはなぜか、ということについて幾分かのヒントとなるはずである。とはいえ、われわれが捉えているのは全体像のごく一部に過ぎないのはいうまでもない。

4　幸福感　それは何を教えてくれるのか？

ここまでの全体を通してみてきて、ここでさらに大きな問いが浮かび上がってくる。そもそも、幸福感（あるいは主観的ウェルビーイング）は、特定グループの生活の質を評価する上でよい指標といえるのだろうか？　今日の若者たちが他の年齢グループよりも自分たちの生活に対して肯定的な評価を与えており、さらに平成初期の同じ年齢グループよりも満足を感じているという事実（図5－1）を、我々はどう解釈したらよいのだろうか？　それも、

（少なくとも現在からみれば）当時は今日よりも人生に対してより多くを期待できる時代であったように思われるのにもかかわらずだ（とはいえ、高学歴女性にしてみれば、かつてより労働市場における選択肢も増え、物事が好ましい方向へと向かっているともいえよう）。

このことは、単純に今日の若者たちの期待が少ないことを意味しているのかもしれない。われわれが「よい人生」とか「満ち足りた人生」として想起するものは、世代間でも世代内でも変わり得る。我々は自分たちのアスピレーションを、より高い方にも、より低い方にも、適応させることができる（Austin 2016）。日本の若者が自分たちの生活を肯定的に評価しているという事実は、現実的に考えて届き得る程度に、自分たちのアスピレーションを親世代のそれと比較して低い方に調整した結果なのかもしれない。若者世代に関していえば、これは健全な態度であるようにもみえる。というのも、もし、たとえ社会的な上昇移動を達成できないかもしれないとしても、彼らはとても豊かな生活を過ごしており、将来にわたって同程度の生活水準を維持できるだろうチャンスに恵まれているからである。それはおそらく、男女を問わず、多くの大卒者にとってあてはまることだといえよう。

しかしながら、大学卒の学位を持たない吉川のいうところの LEGs（Lightly Educated Guys：非大卒若者）についていえば、彼らにとって手の届くであろう範囲や、望み得るいわゆる「よい人生」に対して、好ましくない制約が課せられているということもあり得る。彼らの生活に対する自己評価がそうした状況下で下されたものかもしれないということは、心に留めておくべきだろう。達成できそうなものが達成されていて、それで彼らが満足しているとすれば、それはよりよい生活を希望することへの諦念や、一向に生活向上の余地を提供してくれない社会に対して、彼らが積極的にかかわろうとする気持ちが失われてしまったということを意味しているのかもしれない。

ある意味では、古市（二〇一一）の解釈と類似しているともいえるが、我々は彼とは幾分か異なる解釈を行っている。彼の主張は、若者たちは将来に対して肯定的な予見をできないからこそ、「今、ここ」における満足度が高くなるというものであった。というのも、将来のどこをみてもポジティブな参照点が見当たらないからである。アスピレーションと現実のギャップが比較的小さいことによって、人びとは現在のライフスタイルに満足を感じることができる。日本の若者の将来に対する希望の小ささが、現在の彼らの満足度に結びついているという彼の仮説は、二〇〇九年の全国調査データを用いて実証的な分析を行ったHommerich（2017）の結果からも支持される。しかしながら、このような状況を古市（二〇一一）がいう「奇妙な安定」と呼んでいいのだろうか。それはいわゆる「現実逃避」にも近いもので、それ以外のなにものでもないのだろうか。それは彼あるいは彼女らが傷つくのを避けるため、苦し紛れに現実から目を背けようとしているようにもみえる。

さて、女性の方が一貫して高い主観的ウェルビーイングを有するということについて、同様の枠組みで実験的思考を行ってみるとどうだろうか。たしかに、何にしても女性たちの期待の方が小さい、ということはあり得そうである。そもそもの選択肢が男性よりも少なかった彼女たちにしてみれば、自らの達成し得るものに対する期待が低いのも道理である。そのことは、第七章「若者にとって自由な働き方とは何か」においても示されているように、若年女性たちの主観的自由が低いというところからもみて取れよう。とはいえ、少なくとも今日の高学歴女性たちにとって、彼女たちの活躍できる労働市場が拡大しつつあるのもまた事実である。その意味では、彼女たちはより大きな期待を持てるようになったし、またその期待を高いレベルにおいて実現することも可能になってきた。それゆえ、期待と現実とのギャップは相対的に低く保たれているといえるのではないか。なぜ彼女たちの幸福感が依然として高いのかは、このように説明することができるだろう。また、近年、若年男性の幸福感が上昇傾向にあるという事実についてみるならば、現実的に達成可能な「幸せな人生」というものについて、彼らの期待に下方修正が入ったということや、一人で家計を支えなければならないというプレッシャーから幾分か解放されたのでは、ということが示唆され得る。

ことに物質的な意味においては「より高く、より早く、よりよく」と切望することは必ずしもポジティブなことであると限らない。なぜならば、恒常的な成長への期待というものが一概に持続可能な「よい人生」の理想であるとはいえないからだ（Rosa and Henning eds. 2018）。他方で、このことが基本的人権の積極的追求（適切な労働環境、最低限のニーズのカバー、女性が働くことや男性が家で子どもの世話をする機会の平等など）の諦めを意味してしまうとすれば、こういった類の幸福感は問題を抱えたものとなるだろう。日本の（特に大学教育を経ていない）若者の多くは、彼らが社会を変えることができるとは考えていないため、社会にかかわることを忌避する傾向にある。長い目でみれば、彼らが舵取りを引き継がなければならなくなるどこかのタイミングで、このことが裏目に出てしまうことになるだろう。

ここから一般に指摘できることがあるとすれば、たとえ彼らの幸福感や生活満足度が高いからといって、政策担当者たちが若者世代を政策リストから二重線で消していいということにならないということだ。むしろ、実際それはまったく逆なのかもしれない。

注

（1）ここでは、内閣府（二〇一七）が毎年実施している「国民生活に関する世論調査」のデータが用いられている。図5－1を参照のこと。

（2）ただし、このことを最初に指摘したのは古市ではない。豊泉（二〇一〇）と大澤真幸（二〇一一）もこの難問について議論を行っており、古市も彼らを引用しながら彼の議論を展開している。

（3）しかしながら、彼女の分析は二〇代前半の未婚女性および未婚男性にのみ焦点をあてたものであり、それゆえ一般化が困難なものであるといえる。

（4）これは日本における一貫してみられるジェンダーによる違いで、女性は男性よりも高い幸福感の程度を有している。他方で、学歴の効果はあまり明確に出てこない。小林盾とホメリヒ（Kobayashi and Hommerich 2017）は学歴と幸福感の関係は複雑であり、もともとの幸福感の程度に応じて、学歴が幸福感に与える影響が異なるということを指摘している。

第6章

非大卒若者の大学離れ

学歴分断の「ソフトウェア」

吉川徹

吉川徹

1　大学進学を望まない若者たち

大学無償化の陰で

日本の教育費はとにかく高い。大学進学の私的負担の大きさは、とりわけ深刻だ。そこで、二〇一七年に発表された政府の「基本方針」では、低所得世帯や地方からの進学者に重点をおいた大学無償化が打ち出された。

夢と可能性を持つ若者たちが、経済的理由で大学進学を阻まれることがないようにする進学機会平等化の取り組みは、いうまでもなく重要だ。ただ、この政策にかんしては、社会全体への目配りの不十分さがどうにも気にかかる。

大学・短大進学率は、浪人を含む数字で五七・九％（二〇一八年学校基本調査）だ。ということは、一八歳人口の四割強は大卒学歴を持たずに社会に出ていくという計算になる。二〇一五年SSP調査で現役世代（二〇～五九歳）をみると、大卒（含む、短大・高専、大学、大学院卒）と非大卒（中卒、高卒、専門学校卒）を切り分ける学歴分断線は、大卒がおよそ四六％、非大卒がおよそ五四％というところにある（吉川二〇一八a）。日本を支える労働力、有権者、納税者の多数派は、実は大学に行かない人生を歩んでいる人たちなのだ。

大学無償化は、「大学進学こそが、望ましい人生を歩むために不可欠の人生経路だ」「社会経済的地位の低い親たちは、大学進学による子どもの立身出世を熱望している」という大卒学歴至上主義というべきものを前提としているようにみえる。

しかし本章で順を追ってみていくとおり、この考え方は、現代日本人の社会意識の実態に見合っていない。今の日本社会には、大卒学歴を必ずしも望まない人びとも少なからずいる。そうした価値観を「それもありだ」と肯定することは、大卒層にとってはためらいを感じることかもしれない。だが、わたしたちはその存在を無視するべきではない。

だれも疑わない？　大卒学歴至上主義の考え方

大学無償化の政策決定とほぼ時を同じくして、二〇一七年上半期の国会では「働き方改革関連法案」をめぐって与野党の論戦が交わされた。こちらの論点は、「高度プロフェッショナル制度」による裁量労働であった。

だがこれもよく考えてみると、すべての労働者が視野に入れられているわけではない。というのも、働き過ぎが懸念される自己裁量度の高いホワイトカラー雇用者は、間違いなくほとんどが大卒層だからだ。非大卒層には、時間単位でルーティーン業務をこなしている人が多いので、この法案の可否にはあまり関係がない。

他方、二〇一八年には入国管理法の改正によって、建設業などの「人手不足」を補う目的で、外国人労働者受け入れ枠の拡大が進められることになった。こちらについては、大卒層の大半は自分の雇用が脅かされるとは考えないだろうが、不安定な雇用環境にある非大卒層にとっては、自分たちの仕事が外国人に取って代わられかねない、憂慮すべき事態だ。

実際、若年非大卒男性の六割以上は、被雇用ブルーカラー職に就いていて、他の男性たちと比べて失業率が高く、非正規率も高く、キャリアが短いわりに転職回数が多い（吉川二〇一八a）。彼らにしてみれば、安易に「人手不足」をいう前に、政府に考えて欲しいことがあるはずだ。しかし外国人労働者の受け入れ拡大に伴う軋轢にかんして、このような学歴分断があることに気付いている人はほとんどいない。

こうした政策のあり方からは、大学に進学しない若者たちの存在が見過ごされている実情が浮かび上がる。官僚も政治家も学識経験者も、ほとんどが一流大学卒なのだから、その界隈で議論している限り、大卒学歴至上主義の考え方をだれも疑うことはないのだろう。大学進学をあえて望まなかった若者たちが少なからずいるにもかかわらず、その存在に日本社会は十分な目配りをしていないのだ。

切り離されるレッグス（Lightly Educated Guys）たち

序章においても触れたように、吉川徹（二〇一八a）は、男女のジェンダー、若年層と壮年層の生年世代、大卒／非大卒の学歴分断を用い、現役世代約六〇〇〇万人をほぼ八等分のセグメントに分け、社会経済的地位、社会的活動、家族構成、社会的態度のあり方を分析し、それぞれの生活・人生のプロフィールを描き出している。

その結果、日本社会の本体部分に深刻な凹みがあることがみえてきた。それは若年非大卒層が、雇用や収入にかんして、不利な条件と多くのリスクを抱えているということだ。かれらの社会経済的地位は、他の人々と比べて著しく不安定であり、それゆえに結婚して子どもを持つことにも出遅れがちだ。加えて、政治、消費、文化、国際交流、健康管理など、何につけてもその活動に活気や積極性がみられない。マーケティング・アナリストの原田曜平(二〇一四)は、かれらを「マイルドヤンキー」と名付けているが、まさしく言い得て妙である。

さらに重要なことは、こんにちの若年非大卒層が、祖父母から父母、父母から子どもたちへと、世代を超えて非大卒学歴を繰り返す流れの中にあるということだ。そしてかれらの中には、大学に進学できなかったのではなく、高校卒業後に大学に進学しない人生を、ある程度の確信を持って選んだ者も少なからずいる。

そこで、この見過ごされがちな、大学に行かない現代若者たちを正視することを期して、吉川はかれらをレッグス(LEGs: Lightly Educated Guys)と呼ぶことを提唱している。いわ

表6－1　若年非大卒男性と壮年大卒男性の格差

	若年非大卒男性（レッグス）	壮年大卒男性
人口規模	736万人	665万人
個人年収	322.0万円	659.4万円
世帯年収	500.8万円	886.9万円
専門職比率	7.9%	30.4%
非正規率	14.0%	5.3%
離職経験率	63.2%	56.5%
月当たり就労時間	193.2時間	186.8時間
既婚率	48.6%	81.4%
子ども数	0.96人	1.63人
海外経験率	47.5%	85.4%
喫煙率	52.2%	32.7%

出典：『日本の分断』より一部を修正して抜粋

ば、「軽学歴の若者たち」という意味だ。ちなみにguyの複数形のguysは、弱い男性性を持ちつつ女性たちも含む言葉になる。その含意は、日本社会を支えている中卒、高卒、専門学校卒の若年非大卒労働力を、大学進学競争の敗者あるいは脱落者であるかのように決めつけるのではなく、その存在意義を見直そうというところにある。

レッグス（二〇～三〇代の非大卒男女）は、男性が約七三六万人、女性が約六六七万人で、日本の現役世代のほぼ二割、全人口のほぼ一割を占める。レッグスの男性がどういう属性を持っているかを、最も有利な位置にいる壮年大卒男性と比較したものが表6－1である。ここからは若年非大卒層（レッグス）が、社会経済的な地位において、相対的にも絶対的にも、不利な状況に置かれていることがあらためて確認できる。
では、かれらは、そしてその他の「七人」は、自身の社会的な位置づけと根源的にかかわる大学教育について、どのようにみているのだろうか。このことが本章の分析の焦点となる。

2　だれが大学進学を望むのか

大学進学志向の学歴差と生年世代差

二〇一五年SSP調査では、「子どもには、大学以上の教育を受けさせるのがよい」という意見への賛否が尋ねられている。若干の寄り道になるが、この項目をめぐる研究の背景に触れておこう。日本の階層調査研究では従来、「子どもにはできるだけ高い学歴をつけさせたほうがよい」という質問が用いられてきた。これは高学歴志向と呼ばれている（中村二〇〇〇）。

導入されたのは一九九〇年代である。当時の日本社会を構成していたのは、一九二〇〜七〇年代の生年であった。この生年世代では、生年ごとの教育水準の違いが現在よりも大きかった。教育拡大、いわゆる高学歴化の影響があったためである。加えてそこには、旧制初等教育から新制大学まで制度の異なりも重なっていた。そのためこの時代、「高い学歴」という言葉が持っている意味合いは、生年世代によって異なっていた。自分の親世代を考える場合、自分自身を考える場合、子ども世代を考える場合では、どの水準の教育達成を「高い学歴」だとみなすかということについて、異なるスタンダードが用いられていたのだ。

この実態に鑑みて、高学歴志向を問う調査項目では、あえて学歴段階を特定せず、次世代の教育に対する志向の強さを測り出す項目設計がなされ、以後、そのワーディングが踏襲されてきた。現在でも時点間比較分析では、引き続き旧来の問いが指標とされている。

ただし、若い生年世代の学歴意識に焦点を絞り込む場合は少し事情が異なる。なぜならば、大学進学率の生年世代差が大幅に縮小し、学校制度の旧制・新制の別も考慮の必要がなくなっているからである。そこで二〇一五年SSP調査では、「できるだけ高い学歴」に代わり、新たに「大学以上の教育」を求めるかどうかを一義的に尋ねる質問項目を導入することにした。以下ではこれを、旧来の高学歴志向と区別して、大学進学志向と呼ぶ。なお、この章の分析においては、対象者を二〇〜五九歳に限定し、これを現役世代と呼ぶことにする(1)。

はじめに、今の現役世代全体について、大学進学志向の肯定傾向(「そう思う」+「ややそう思う」の回答率)が年齢(三年移動平均)によってどのように異なっているのかを、学

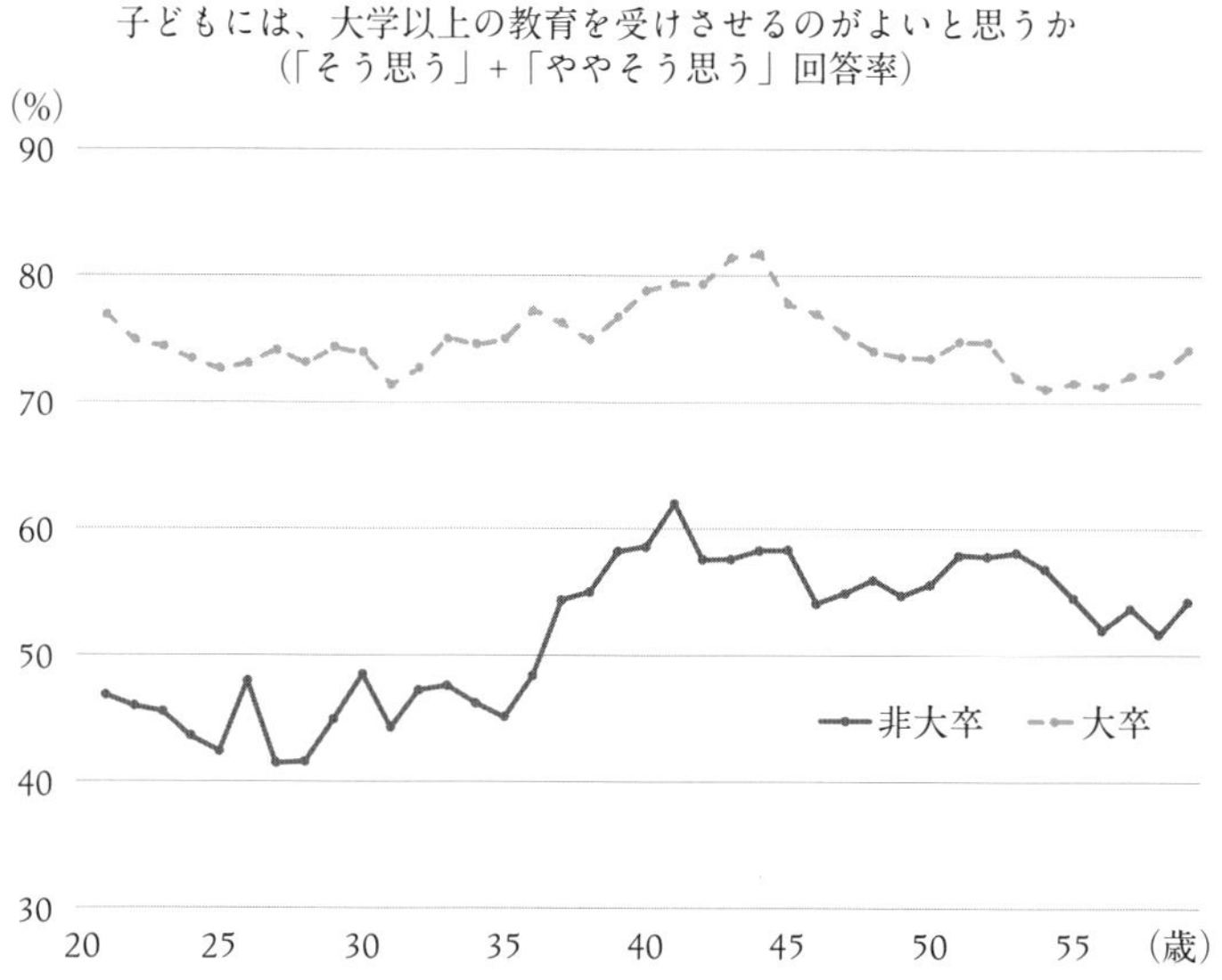

図6－1　年齢ごとにみた大学進学志向の学歴差

歴別に確認しよう。結果は図6－1のようになる。このグラフからは次のことがわかる。大卒層では、年齢ごとの大学進学志向の違いはほとんどみられず、肯定回答比率は七〇%台前半から八〇%台前半で推移している。[2] 他方、非大卒層では、大学進学志向は概して大卒層よりも低く、五〇%前後にとどまっている。

　しかも非大卒層だけをみると、年齢によって肯定比率の違いがあり、三〇代以下の若年非大卒層では、大学進学肯定比率は五〇%を割り込んでいる。結果として、若者たちにおいては大学進学志向の

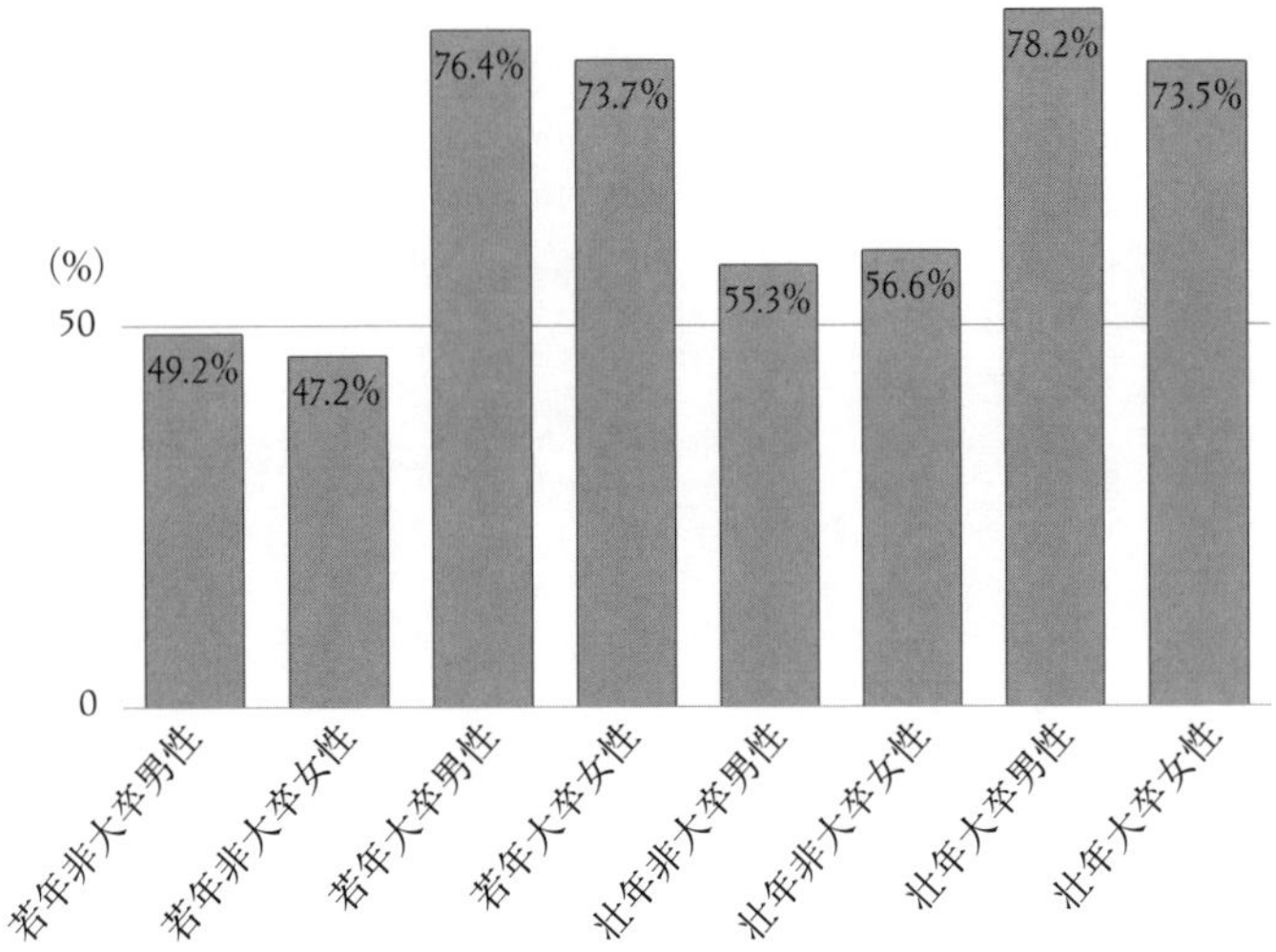

図6-2　大学進学志向の肯定比率のセグメント差

大卒／非大卒の学歴差が、三〇ポイント前後まで拡大している。

この年齢と大学進学志向の関係には、二つの解釈が考えられる。第一は、若い生年世代であるほど大学進学志向が低いという生年世代の効果である。第二は、大学進学志向が加齢によって変化するという効果である。高学歴志向と対象者の年齢の関係について中村高康（二〇〇〇）は、生年世代効果（若年層ほど否定的になる）がきわめて大きいが、三五～四〇歳において、やや高学歴志向が高まっているとし、その原因を子どもの教育達成への関心の高まりによると解釈している。確かに図6－1をみると、四〇代前半において少し肯定回答が増えているようにみえる。こうした点に留意しつつも、以下では、大学進学志向の年齢差を生年世代効果を意味するものとして解釈していくことにしたい。

次に、生年世代と学歴による大学進学志向の違いについて、男女の異なりも考慮しつつ、シンプルに確認するため、現役世代の八セグメントごとに大学進学志向の肯定率をみよう（図6－2）。ここからはわかるのは、若年大卒男性、若年大卒女性、壮年大卒男性、壮年大卒女性という大卒層の「四人」については、いずれも七〇％台の肯定率であり、大学進学志向に異なりはみられないということである。他方、非大卒層男女の大学進学志向は、総じて大卒層よりも低く、壮年非大卒層では五〇％台中盤、若年非大卒層では一段と低い四〇％第後半である。

性別・生年世代・学歴による大学進学志向の肯定率の違いをまとめると、男女差は小さいが、大卒／非大卒の学歴差は明確で、とりわけ「若年非大卒層（レッグス）の大学進学離れ」の傾向が強くみられるということになる。

じているのだろうか。

大学進学志向の規定要因

では、大学進学志向のこうしたセグメントごとの「温度差」は、いかなる要因によって生じているのだろうか。

大卒層と非大卒層の大学進学志向の差異は一見すると疑いのないものにみえるが、学歴によって就いている職が異なるし、経済力にも違いがあるので、これらによってもたらされている可能性がある。生年世代による回答傾向の違いについても、世代効果ではなく、社会経済的地位や、結婚や子育てというライフステージの違いによって生じている可能性がある。

つまり、大学進学志向のセグメント間の異なりは、社会に出てからの人生の経路の違いを反映したものなのか、生年世代や自身の大学進学経験が直接的な要因となっているのかを、多変量解析によって確かめる必要があるのだ。

そこで次に、大学進学志向を肯定／否定の二値とみて従属変数に置いた、二項ロジスティック回帰分析を行うことにした。独立変数としては、性別、年齢、職業的地位（EGP階級分類に無職を含め七カテゴリにとりまとめたもの）、世帯の経済力（等価所得を対数変換したもの）、配偶者の有無[3]、そして大卒／非大卒の学歴区分と若年層（二〇〜三〇代）／壮年層（四〇〜五〇代）の生年世代を投入する。

その際、三つの因果モデルを考える。モデル１は、前述の独立変数のみを投入した因果モデル（単純主効果モデル）である。モデル２はこれらに、生年世代と学歴の交互作用項を加えたモデルである。(4) この項は、若年かつ大卒層である場合の、大学進学志向を高める影響力を示している。この項が有意な正の効果を持っていれば、若年層において、壮年層よりも学歴差が拡大しているということができる。

モデル３はモデル２が示している結果を、情報のかたちを変えて表現したものである。投入されているのは、交互作用項ではなく、性別・生年世代・学歴によって切り分けたセグメントである。ここでは、若年非大卒男性（レッグス）の大学進学志向が、他のセグメントの七人と比較してどのような傾向にあるかに注目するために、これを基準カテゴリとする。

結果をみていこう。表６－２は二項ロジスティック回帰分析（モデル１および２）の結果である。疑似決定係数は〇・一〇前後とそれほど高くはないが、モデルは有意な因果的説明をするに至っている。

モデル１の結果からは、無職（専業主婦・学生を含む）と比較すると、非熟練ブルーカラー、自営業であることが、大学進学志向をやや低める効果を持ち、世帯が豊かであることと、結婚していること（有配偶）が、大学進学志向を肯定に導く効果を持つことを確認できる。その上で、大卒であると、非大卒である場合よりも大学進学志向に肯定的になるという強い効果がみられる（オッズ比二一・二六八）。しかし、年齢および若年／壮年の生年世代は、

表６−２　大学進学志向の２項ロジスティック回帰分析（1）

n = 2,266	モデル 1		モデル 2	
	B	Exp.(B)	B	Exp.(B)
切片	−1.005		−0.930	
性別（男性）	0.146	1.158	0.144	1.155
年齢	−0.004	0.996	−0.005	0.995
（無職　基準）				
上層ホワイト	−0.003	0.997	0.008	1.009
下層ホワイト	0.111	1.117	0.110	1.116
自営	−0.269	0.764	−0.265	0.767
熟練ブルー	−0.400	0.670*	−0.396	0.673*
非熟練ブルー	−0.523	0.593**	−0.521	0.594**
農業	−0.413	0.661	−0.417	0.659
等価所得対数値	0.233	1.262**	0.232	1.262**
有配偶	0.333	1.395**	0.351	1.421**
若年層	−0.286	0.751	−0.452	0.637*
大卒	0.815	2.260**	0.658	1.931**
若年・大卒			0.391	1.479*
−2 対数尤度比	188.177**		192.284**	
自由度	12		13	
Cox and Snell's R^2	0.080		0.081	
Nagelkerke's R^2	0.109		0.111	

注 1）B：偏回帰係数　Exp.(B)：オッズ比
注 2）* $p < 0.05$, ** $p < 0.01$

どちらも大学進学志向に対して直接的な効果を示してはいない。

このことから、大学進学志向の生年世代による異なりは、生年世代自体の特性によるものというわけではなく、社会経済的地位の世代間の違い（配偶者の有無や世帯の経済力の違いなど）によって、擬似的にもたらされていたものだと結論づけることができる。

他方、交互作用項を投入したモデル２をみると、生年世代が若年層であることが負の効果を持っており、加えて若年・大卒の交互作用項が有意な正の効果を持っている。これは、大学進学志向の学歴差が拡大しているということを示している。

表６－３では、モデル３の結果が示されている。これはモデル２で明らかになった事実について、若年非大卒男性（レッグス）の大学進学志向が、他のセグメントの七人と比較して有意に低いのかどうかを検討するものである。

オッズ比からわかるのは、若年非大卒男性（レッグス）と比較すると、若年大卒男性は約三・三倍、若年大卒女性は約二・五倍、壮年大卒男性は約三・二倍、壮年大卒女性は約二・九倍大学進学志向に肯定する確率が大きいという著しい意識差である。

以上により、図６－２の棒グラフから示唆された、若年非大卒層は特に大学進学志向が低いという傾向は、他の要因の効果を統制した上でも成り立つ特性だと結論づけることができる。ただし、非大卒層の四つのセグメント間の大学進学志向の差はそれほど大きくはない（レッグスと壮年非大卒男性の間のみ五％水準で有意差）。

表 6 − 3　大学進学志向の 2 項ロジスティック回帰分析（2）

n = 2,266	モデル 3	
	B	Exp.(B)
切片	−1.313	
年齢	−0.005	0.995
（無職　基準）		
上層ホワイト	0.013	1.013
下層ホワイト	0.113	1.120
自営	−0.265	0.767
熟練ブルー	−0.391	0.676**
非熟練ブルー	−0.514	0.598**
農業	−0.407	0.666
等価所得対数値	0.233	1.262**
有配偶	0.352	1.422**
（若年非大卒男性　基準）		
若年非大卒女性	−0.017	0.983
若年大卒男性	1.198	3.315**
若年大卒女性	0.902	2.465**
壮年非大卒男性	0.534	1.706*
壮年非大卒女性	0.367	1.443
壮年大卒男性	1.161	3.194**
壮年大卒女性	1.052	2.864**
−2 対数尤度比	193.206**	
自由度	16	
Cox and Snell's R^2	0.082	
Nagelkerke's R^2	0.112	

注 1）B：偏回帰係数　Exp.(B)：オッズ比

注 2）* $p < 0.05$, ** $p < 0.01$

3　拡大しつつある学歴分断

この章では、「子どもには、大学以上の教育を受けさせるのがよい」という意見への賛否から、現代日本人の大学進学志向の「温度差」をみてきた。若者にとっての大学進学志向は、自分自身の人生を顧みて、大卒学歴の重要性をどう考えているかを捉える指標だといえる。やがてその判断は、親としての次世代に対する大学進学アスピレーションへとかたちをかえていくことになるだろう。

分析の結果として確証されたのは、大学進学志向には大卒／非大卒の学歴による明確な「温度差」があり、特に現在の若年層では、この学歴差が前の世代よりも明瞭になっているということであった。この大学進学志向の学歴分断は、この先の社会において、大卒再生産と非大卒再生産というかたちで、次世代の教育機会の不平等をもたらす可能性を持っている。

二〇世紀後半の日本の急速な高学歴化は、だれもが高い学歴を望む社会意識をその駆動力としていた。苅谷剛彦（一九九五）が「大衆教育社会」と呼んだ日本型学歴社会の「ソフトウェア」である。竹内洋（一九九五）は、この時代の日本社会について、だれもが高学歴を求めてひとたびは加熱されるが、望んだ学歴を得られなかった人びとの思いは、ほどなく冷却されていき、激烈な格差社会に至ることなく総中流社会の秩序が保たれていたと読み解いている。

その後、中村（二〇〇〇）は、一九九五年時点では高い学歴を望むか望まないかということに、はっきりとした学歴差が生じていることを指摘しつつ、大衆教育社会が去って、社会的な立ち位置に応じた学歴観を持つ生年世代へと緩やかに移行しつつあることを描き出した。

では、現在の若者の状況はどうか。確実にいえることは、もはや若い世代の日本人に、だれもが一様に高学歴を望んだ大衆教育社会の面影を見出すことはできないということである。ただし社会全体が脱学歴社会の価値観を持つに至ったわけでは決してない。若い大卒層は大卒学歴取得について、当然のごとく高い関心を示すが、若い非大卒層の大学進学志向は、これに大きく水をあけられており、大卒／非大卒の大学進学の構えの分断がはっきりしたものになっているのだ。

この章で確認した、若年非大卒男女（レッグス）の五〇％以下の大学進学志向の支持率は、かれらが大学進学に加熱される人生経験を持たないまま、大学進学について終始冷めた意識を持っていることを示している。

現在様々な教育格差の是正策が講じられつつあるが、それらが実効性のあるものであるためには、二〇世紀の大衆教育社会のように、社会全体に大学進学を望む「ソフトウェア」が備わっていることが必要だ。しかし現在、少なからぬ数のレッグスたちは、大学進学に向かって加熱されているわけではない。この大学離れの進行によって、かれらは大学進学至上主義の政策をとる日本社会から、切り離された位置に追いやられることになる。そしてこの若者世代はやがて次世代を産み育てるライフステージに至るだろう。その段階では、大卒学歴をめぐる不平等の連鎖がより顕著になることが大いに危惧される。少なくとも二〇一五年の時点においては、日本の学歴分断が弱まる気配は見出せない。わたしたちは、大学進学を望まない若者たちの存在を直視しつつ、近未来の教育機会の不平等を考えなければならない。

注

（1）六〇～六四歳の対象者を除外するのは、本書の関心が若者論であることを考慮し、産業セクターと深くかかわり、自分自身の学歴達成と次世代の子育てを身近に感じている人びとに焦点を絞るためである。

（2）大卒層の四〇代中盤、非大卒層の四〇代前半において、肯定傾向がやや高まっている。これは、大学進学を控えた子どものいるライフステージに当たるためだと推測される。

（3）配偶者の有無に代えて、子どもの有無を投入した場合でもほぼ同様の結果が得られる。

（4）この他の交互作用についてもすべて確認したが有意なものはなかったため、モデルからは省いている。

第7章

若者にとって自由な働き方とは何か

非正規雇用、ワーク・ライフ・バランス、仕事の自己決定性

米田幸弘

1　働き方は自由の実現とどうかかわるか

人々は、いかなる働き方のもとで自由／不自由だと感じるのだろうか。本章では、若者にとっての自由を、働き方との関連で明らかにする。「自由であること」は近代社会で最も尊重されるべき価値の一つであるとされている。中でも働くことにかかわる自由をいかに実現するかという問いは、重要な論点となってきた（Blauner 1964＝一九七一、Gorz 1988＝一九九七、佐藤編 二〇一〇）。この問いに対する答えは自明ではない。

たとえば、非正規雇用・フリーターであることは、自由なのだろうか。(1)「会社人間」「社畜」という言葉があったように、自分を押し殺して会社に忠誠を尽くすことが求められがちな正社員よりは自由だといえるかもしれない（＝会社からの自由）。しかし、低賃金や雇用の不安定さ、仕事の技能獲得機会が狭まるという意味で、自由に生きるための社会的資源を十分に得られないと考えることもできるだろう。

また、会社の中で自己決定できる裁量や権限を持ち、自律的な働き方ができることは、一般的には自由であると考えられている（＝仕事をつうじた自由の実現）。しかし、仕事にやりがいなど求めず、社内で責任を負わない気楽な立場でいたい者にとって、責任の伴う決定を強いられることは重荷でしかないだろう。我々の社会は自由であることに大きな価値を置くが、人々が価値や意味を見出さない領域における「選択の自由」は自由の強制であり、負担や不安、脅威の源泉でしかないからだ（Drucker 1942[1995]＝一九九八）。

多くの社会理論家は、後期近代社会の中に、不自由さよりも「自由であるがゆえの不安定さ」がもたらすリスクや不安を見出している。自由化とコインの表裏の関係にある、流動化・不安定化・選択肢の多様化の中で、自己決定を強制されていることに問題の焦点が当たるようになっているのである（Bauman 2000＝二〇〇一、Beck 1986＝一九九八、Giddens 1991＝二〇〇五、Sennet 1998＝一九九九）。

働き方をめぐる日本の議論においても同様の傾向がうかがえる。長時間労働やパワハラ・セクハラを強いる「ブラック企業」の存在が問題視されていることからわかるように、会社が個人の自由を制約している側面は、これまでと同様に語られ続けている。しかしその一方で、二〇〇〇年代に入ってからは、以前ほど「終身雇用」が信じられなくなった（Meyer-Ohle 2009）ことや、若者の「学校から社会への移行」が以前ほどスムーズにいかなくなっている状況（溝上・松下編 二〇一四）を反映して、雇用をめぐる個人のリスクと不安を強調する言説が目立つようになってきている[2]。

「会社からの自由」が、生活の保証のない不安定な生活と引き替えのものだとしたら、そのような状況を人々は「自由」とは受け止めないだろう。そのことを最も象徴しているのが、若い世代を中心にした「終身雇用」への支持の高まりである。二〇歳以上の男女を対象に行っている「勤労生活に関する調査」(労働政策研究・研修機構)では、一九九九年の調査開始時点では若い人ほど支持率の低かった「終身雇用」が、近年になるほど若者の支持を高め、二〇一五年に実施された第七回調査では、二〇代から七〇代までどの年齢層でも九割近い支持率を集めるようになっている。高原基彰(二〇〇七)は、若者の間に広がる正社員志向の中に、会社への献身と引き替えに安定を保証する「終身雇用」「会社主義」への「ノスタルジックな再評価」を読み取っている。

岩間夏樹(二〇〇五、二〇一〇)によれば、一九七〇年代半ば以降に生まれた若者は、働くことにかんして上の世代とは異なる価値観を持っているという。豊かな社会に生まれ育った彼(女)らは、働くことの動機づけが「なりわいをたてること」から「自分さがし」へとシフトしている。加えて、若者を取り巻く制度状況も変化している。たとえば、「学校経由の就職」が退潮したことによって、就職活動はより市場原理にもとづくものになった。また、かつてほど雇用が長期安定的でなくなったことは、職業選択の意思決定が「一生に一度きり」ではなく、転職や職種、キャリア・コースの変更など、常に選択可能性を持つものだという意識を高めた。このように、働くことがゴールのみえにくい「自分さがし」となり、選択肢も多様化・複雑化した状況を、岩間(二〇一〇)は「就労アノミー」と表現している。ここでも、働くことをめぐる選択肢の増大が、若者の状況をかえって困難にしている様相がうかがえる。

ここまでの議論からわかるように、どのような働き方が自由／不自由に結びつくのかは、時代状況や制度的文脈の違いに加えて、その状況を受け止める人々の価値意識によっても異なってくる。本章では、どのような働き方が若者の当事者主観における「自由／不自由」につながっているのか、データにもとづいて明らかにしていきたい。その際、以下の三つの問いに沿って分析を進めていく。

（1）「仕事における自己決定性」は自由の実現にとって重要か。
（2）非正規雇用は自由なのか。
（3）「ワーク・ライフ・バランスの欠如」は自由を制約するか。

本章で使用する「主観的自由」の指標（後述）は、時系列比較が可能なデータを過去に持たないため、現在の若者を過去の若者と比較することはできない。そこで以下では、若年層（二〇〜三九歳）と壮年層（四〇〜五九歳）との比較をつうじて、若年層の傾向を明らかにするという方法を取る。壮年層を六〇歳未満で切るのは、六〇歳を超えると、仕事で第一線を退いた男性非正規雇用（嘱託など）が増えるため、比較の際に支障となるからである。本章で若年層と規定するのは、二〇一五年の調査時点で四〇歳未満となる年代である。これは岩間（二〇一〇）のいう、仕事に自己実現を求め始めた一九七〇年代半ば生まれ以降の世代にあたる。女性についていえば、一九九九年の改正均等法の施行、二〇〇一年の育児・介護休業法の改正などを経て、制度的にも人数的にも女性の就労継続可能性が拡大してから入社した、「育休世代」（中野 二〇一四）とほぼ重なる。中野円佳（二〇一四）によれば、仕事と育児の両立に加えて、（一）「男なみ」に仕事で自己実現をすること、（二）早めに母になり、母として役割を果たすこと、という二つの高いプレッシャーを受けてきた世代である。

また、近年の若者論では、若者を一括りにして論じることの困難さゆえに、学歴など若者の間での違いに焦点をあてることの重要性が指摘されている（吉川 二〇一八a、狭間 二〇一七、本書序章）。働き方についていえば、どのような学歴を獲得するかで、就ける職種やその後のキャリア形成の可能性、雇用の安定性などに違いが生じてくる。たとえば、吉川徹は、若年非大卒男性の「約半数が、資格や専門的知識を必要としない、販売・サービスや半熟練・非熟練のブルーカラー職従事者」であり、無職や非正規率も高く、「彼らの大半が離職や失業をすでに経験している」ことを指摘している。近年では、高卒層の若者が置かれた苦境に焦点をあてた研究も出てきている（中西・高山編 二〇〇九、杉田 二〇一五）。そこで本章でも、大卒層と非大卒層を分け、学歴という人的資源の多寡によって、働き方と自由の関係にどのような違いが生じるのかをみていく。

2　働き方と自由の間にどんな関係を想定し得るか

「主観的自由」を問うことの意義

この節では、先行研究の紹介を交えながら、本章で提示した三つの問いの背後にある問題意識を明確にする。その上で、働き方によって自由の程度がどのように異なるのかを、まずはシンプルな平均値の比較によってみていく。ただし、職業にかかわる変数は互いに密接に関連し合っているため、ここでは大まかな傾向を確認するにとどめ、本格的な検証は次節で行う多変量解析に委ねる。

まず、本章で使用する自由の指標について述べる。二〇一五年ＳＳＰ調査には、「私の生き方は、おもに自分の考えで自由に決められる」という質問項目があり、「よくあてはまる／ややあてはまる／どちらともいえない／あまりあてはまらない／まったくあてはまらない」の五段階で評価してもらうようになっている。これを先行研究にならって「主観的自由」と呼ぶ（内藤 二〇一二、二〇一七、二〇一八）。内藤準は、自由を客観的な指標ではなく、「「主観的自由」のような人びと自身の報告を頼りにしながら、経験的に明らかにしていかなければならない」（内藤 二〇一二、一六三頁）と述べている。なぜなら、「どんな客観的資源や地位が個人の自由に資するかは、ある時点の当該社会における人びとの価値観や規範、それらが構成する制度的文脈によって異なりうる」（内藤 二〇一二、一六三頁）からである。

本章でも同様の立場から、主観的な自由が働き方によってどのような影響を受けるのか、性別と学歴階層ごとの違いをみていきたい。客観的な数字の上で恵まれていないと思われる人間がかならずしも不幸だとは感じていないように、社会構造と社会意識とは単純な対応関係にあるわけではない。若者の置かれた厳しい社会状況と、若者の価値観とが交差する地点で何が起きているのかを明らかにすることが必要であろう。

主観的自由を用いた国内の実証的な研究としては、やはり内藤によるものがあげられる。具体的には、学歴、個人収入、（主観的）健康という個人的資源が主観的自由を高めること（Naito 2007、内藤 二〇一二）、他者との「つながり」を示す「サポートネットワーク人数」が主観的自由を高めること、このサポートネットワークの効果は個人年収の低収入層において弱まるという交互作用効果があること（内藤 二〇一七）、社会的凝集性の強さと主観的自由の間には、「ほどほど」の凝集性が最も主観的自由を低下させるというU字型の関連を持つこと（内藤二〇一八）、などが明らかにされている[3]。

若者の主観的自由は高いのか

表７－１は、主観的自由の度数分布である。「まったくあてはまらない」は度数が少ないため、「あまりあてはまらない」と統合したものを示した。まずは、性別に加えて、若年層（二〇～三九歳）と壮年層（四〇～五九歳）の二つに年齢層を分け、さらに学歴の違いを大卒／非大卒で分けた。

若者の傾向を視覚的にわかりやすく示すため、主観的自由の程度を平均値で比較したのが図７－１である。選択肢の「よくあてはまる」が最も高い得点になるよう、選択肢の五段階の数字を反転したものを用いている。図７－１をみると、全体的には大卒層で主観的自由が高く、非大卒層で低い傾向がある。これは教育という個人的資源が自由を高めるという内藤（二〇一二）の知見を裏づけるものである。しかし、これがあてはまらないのが若年男性である。若年男性では、学歴による差が生じておらず、非大卒層でも高い主観的自由を得ていることがわかる。それに対して女性では、若年層の主観的自由が全体的に高い中で、若年女性の非大卒層のみ低いことが目立っている。

サンプル数が多いこともあって（n＝2,955）、分散分析は〇・一％水準で有意だが、若年

表7－1　主観的自由の分布

		よく あてはまる	やや あてはまる	どちらとも いえない	あまりあて はまらない、 まったくあて はまらない	n
男性・若年層	非大卒	18.8%	49.8%	20.4%	11.0%	255
（20～39歳）	大卒	17.8%	50.3%	21.9%	9.9%	292
男性・壮年層	非大卒	20.4%	36.7%	29.2%	13.7%	613
（40～59歳）	大卒	20.5%	44.8%	23.2%	11.5%	469
女性・若年層	非大卒	15.0%	37.1%	27.7%	20.2%	321
（20～39歳）	大卒	20.8%	48.7%	16.9%	13.6%	308
女性・壮年層	非大卒	16.7%	38.6%	26.6%	18.2%	809
（40～59歳）	大卒	17.9%	44.3%	25.5%	12.3%	470

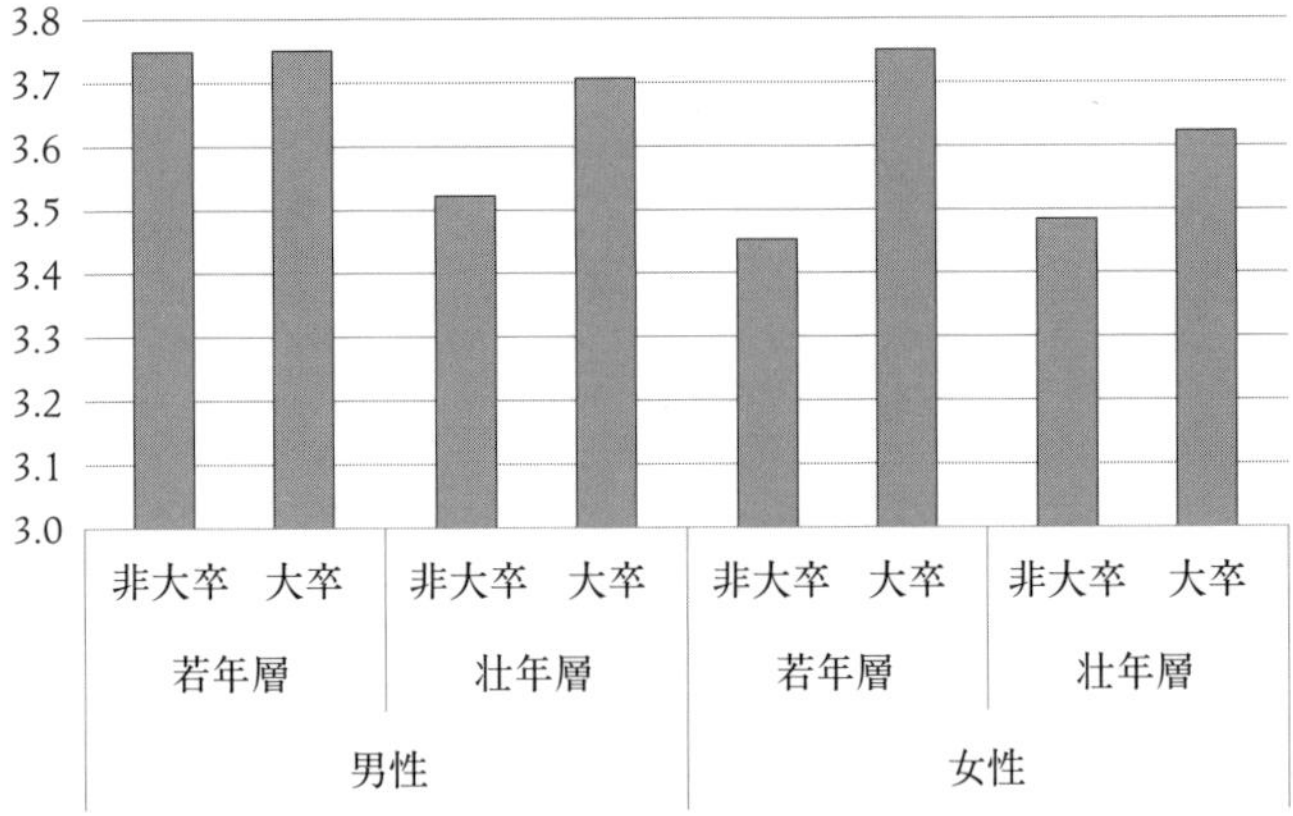

図7－1　主観的自由の平均値（性別×年齢層×学歴ごと）

層と壮年層で、それほど大きな差が生じているわけではない。若年層の内部で、主観的自由の度合いが働き方によってどのように分化しているのかが重要だということになるだろう。次節からは、三つの視点から働き方と自由の問題を具体的に切り出した上で、働き方による主観的自由の違いをみていくことにしたい。

「仕事における自己決定性」と自由の関係

仕事において自己決定できることは、若者の自由にとってどのくらい大きな意味を持つのだろうか。近代産業社会において職業労働は、単に生活費を稼ぐための手段にとどまらず、自己実現のための最も主要な手段と位置づけられてきた。近代の典型的な労働観によれば、人は仕事をつうじて自律性・主体性を発揮することで個性や能力を開花させ、自由を獲得する。仕事において自律性・主体性を発揮すること、すなわち自己決定できることが個人の解放や生の充実にとって欠かせないものだという考え方は、一九世紀になって登場したものである（Meda 1995＝二〇〇〇）。「仕事における自己決定性」は、個人の自由の実現とかかわる重要な論点だったのである。そのために、「仕事においてどのくらい自己決定できているのか」「仕事で自己決定できることが個人にどんな影響をもたらすのか」という問題意識が、多くの労働研究・労働意識研究を駆動してきた。本章と直接かかわる後者の問いに対しては、自律的に働くという経験が、仕事の有意味感や責任の意識を高めることや（Hackman and Oldham 1980）、物事を自分で考えて判断するセルフディレクション志向のパーソナリティを形成すること（Kohn 1969[1977]）、収入や雇用の安定のような外的報酬ではなく、やりがいのような仕事の内的報酬を重視する価値観を形成すること（Kohn 1969[1977]、Mortimer and Lorence 1979）、ディストレスを低減させ幸福感を高めること（Loscocco and Spitze 1990）、などが明らかにされている。

それでは、こんにちの若者にとっても、仕事において自己決定できることが、個人の自由の実現にとって重要な意味を持っているのだろうか。先行研究からは、二つの相反する可能性を考えることができる。まず、若者は仕事に「自分の個性」や「やりがい」「自己実現」を強く求めるようになったという指摘がある（岩間 二〇〇五、二〇一〇、片瀬 二〇一〇）。若者ほど、仕事において「能力の発揮」ができることを重視するという傾向も指摘されている（本田 二〇一〇）。これらは、豊かな社会に生まれ育った若い世代ほど、「良い給料」「失業の心配がない」といった物質的条件よりも、「仕事の成就感」や「気の合った仲間と働く」といった脱物質的な条件をより重視するようになる、という有名なR・イングルハートの仮説に連なるものだといえよう（Inglehart 1977＝一九七八）[4]。

加えて、このような若者の「やりたいこと」志向や「やりがい」志向は、低階層や、非正規雇用のような雇用の不安定な層においてより顕著だという議論もなされている。サービス業を中心とした不安定就業層は、賃金の低さや雇用の不安定性を埋め合わせるように、仕事にやりがいや自己実現を求めてワーカホリックに陥っていく（阿部 二〇〇六、二〇〇七、本田 二〇〇八）。仕事にやりがいや自己実現を求めることは、豊かな時代に生まれ育った若者のぜいたくだと思われがちである。しかし実際には、経済的な不安定さゆえに「消費による自己実現」がかなわないために「労働による自己実現」を求めている面があるという（鈴木 二〇一二）。これらの知見に従えば、仕事において自己決定できるかどうかが、若者の主観的自由の実現には大きく影響しており、この傾向は非大卒層においてより顕著であるという推測が可能である。

しかし他方では、近年の若者が仕事のやりがいより生活の安定を重視しているという、相反する傾向も報告されている。田靡裕祐と宮田尚子（二〇一五、二〇一六）は、NHK放送文化研究所の「日本人の意識調査」のコーホート分析を通して、基本的にはイングルハートの仮説に沿った傾向がみられるものの、最も若い世代（団塊Ｊ＋新人類Ｊ）では揺り戻しが生じており、それより上の世代（団塊＋新人類）よりも物質主義的な価値を重視するようになっているという。その背景として、彼らが日本経済の状況が長期的に悪化する中で人格形成期を過ごしたことが指摘されている。一節で紹介した、若年層で「終身雇用」への支持が高まっているという現象も、若者の物質主義への揺り戻しといえるかもしれない。これらの知見に依拠すれば、社会階層的に不利な非大卒層において物質主義的な傾向が強く、そのため仕事の自己決定性が自由の実現にとってあまり重要でなくなっている、という仮説が成り立つだろう。

以上の背景を踏まえた上で、仕事における自己決定性が、人生における全般的な自由の感覚にどのくらい結びついているのかを検討する。仕事の自己決定性の指標は、以下の二つの質問項目を用いる。

「自分の仕事の内容やペースを自分で決めることができる」

「職場全体の仕事のやり方に自分の意見を反映させることができる」

いずれも、「かなりあてはまる〜あてはまらない」までの四段階の質問項目を、選択肢の数字を反転して足し合わせたものを用いる（Crombach's α = 0.698）。

図7－2では、主観的自由の平均値を、仕事における自己決定性の度合いごとに比較している。若年層と壮年層を性別・学歴別にすべて表示すると煩雑になるため、平均値のグラフにかんしては若年層を中心に示した。壮年層については、比較のために男性大卒層のみを示した。仕事における自己決定性の四段階の質問を二つ足し合わせることにより八段階となるが、グラフでは、カテゴリを統合して四段階で示している。

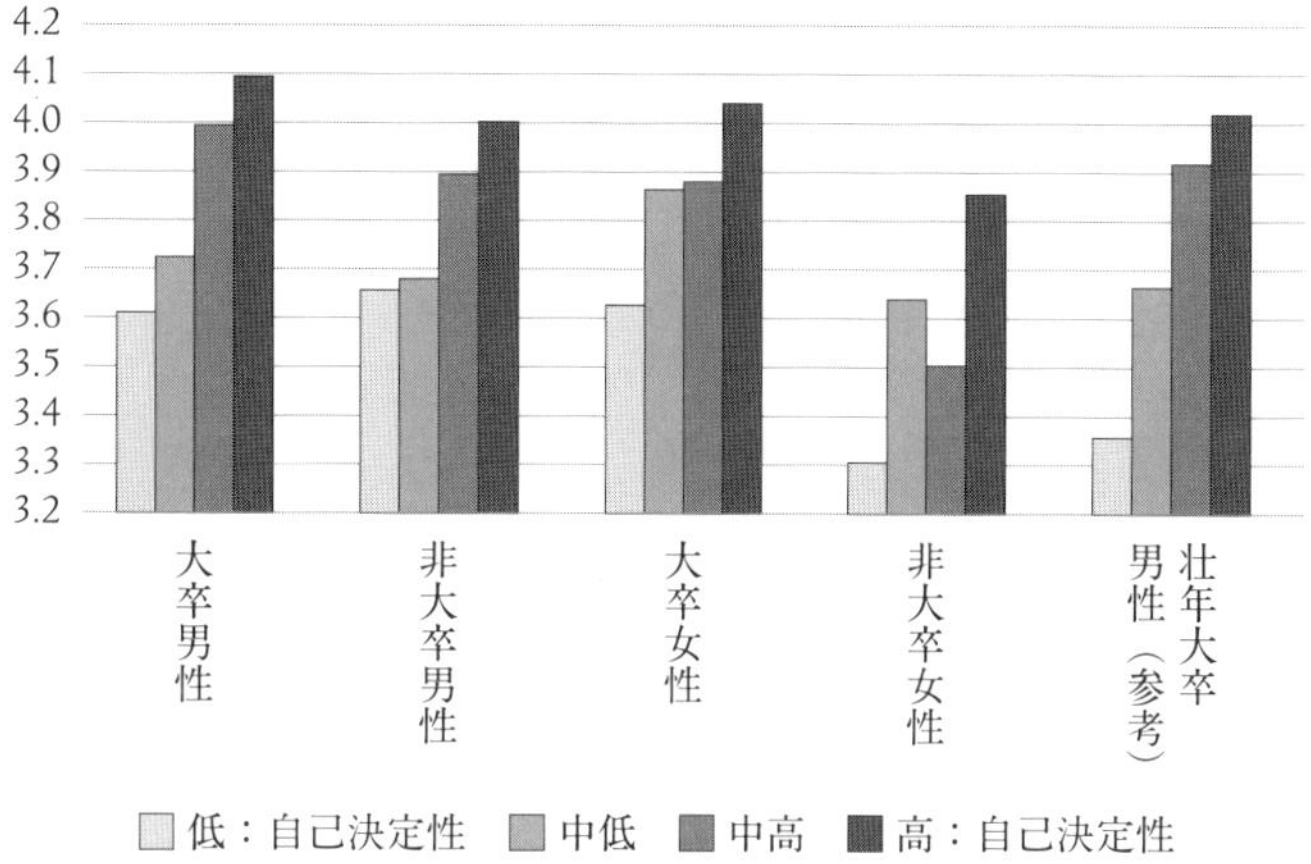

図７－２　主観的自由の平均値、仕事の自己決定性ごと

全体的に、仕事において自己決定できている人ほど、主観的自由が高い傾向にある。しかし、壮年の男性大卒層に比べて、若年層ではその関連が弱いようにみえる。特に男性の非大卒層では、仕事における自己決定性が低い人でも、主観的自由があまり低下していないことがわかる。仕事において自己決定できないことが、自由を制約されているという感覚にあまり結びついていないのである。

非正規雇用と自由の関係

非正規雇用は、低賃金で雇用も不安定である代わりに、自分の都合で働く時間を選択でき、転勤なども無く、正規雇用のように縛られないという意味で「自由な働き方」とされてきた。それは、非正規雇用の多数を占める女性の主婦パートや、いったん仕事の第一線を退いた高齢非正規に限らない。一九九〇年頃に「フリーター」という言葉が登場したとき、それは若者たちが自分で望んで選択した「自由な働き方」だというイメージで捉えられていたことはよく知られている。実証研究においても、若者がフリーターを選ぶ理由として、「「やりたいこと」へのこだわり」（特に男性）や「自由な時間と気楽な人間関係」（特に女性）があることが注目された（小杉 二〇〇三）。

しかし二〇〇〇年代に入ると、就職氷河期の中で正規雇用になれず、やむをえず非正規雇用になった若者たちの苦境がクローズアップされるようになる。フリーターにみられる「やりたいこと」志向は、非正規雇用に就いた原因というよりも結果であり、非正規雇用であることの自己正当化の論理として「やりたいこと」志向が持ち出されているという可能性が指摘されるようになった（下村 二〇〇二、久木元 二〇〇三、亀山 二〇〇六、山口 二〇一二）。さらに、非正規であることの「代償」として得られるはずの「自由」すら享受できない事例も報告されるようになった。二〇〇〇年頃から急速に増えた派遣社員や契約社員の多くは、賃金の低さや雇用の不安定性、技能獲得機会の少なさ、セーフティネットの脆弱性など、非正規であるがゆえの不利な条件は改善されないままに、正社員と同じような仕事内容と長時間労働をこなし、なおかつ重い責任を負わされた（小林 二〇〇七）。加えて、会社の中で正社員よりも弱い立場であるがゆえに、パワハラやセクハラのターゲットにもなりやすかった（鴨 二〇〇七）。非正規雇用でさえ過労死が生まれる状況や、「ブラックバイト」がはびこる現状は、非正規雇用・フリーターがもはや必ずしも「自由」な存在ではないことを暗示する。

杉田真衣（二〇一五）では高卒女性の非正規雇用の不安定さや立場の脆弱さが描かれている。また、同じ高卒でも、男性に比べて女性のほうが非正規から正規への移行がより困難であるという（杉田 二〇一五）。このように同じ非正規雇用でも、立場の脆弱性や正規への移行可能性などの条件は学歴や性別によって異なり、非大卒層や女性では、非正規の置かれた状況はより深刻であると考えられる。

このような状況のもとで、非正規雇用・フリーターであることは、若者の当事者主観において自由な働き方なのだろうか。

図７－３では、職業カテゴリによる主観的自由の違いを示している。正規雇用と非正規雇用の比較が焦点なので、サンプル数の制約もあり、経営と自営は一つのカテゴリにまとめた。女性の場合は、非正規雇用を一括りにせず、「既婚パート」を区別して独立のカテゴリとした(5)。

正規と非正規の違いに着目しながら比較すると、男性の壮年大卒層では、正規雇用の主観的自由が低く、非正規雇用の主観的自由が高い傾向がはっきりとみられる。それに対して、

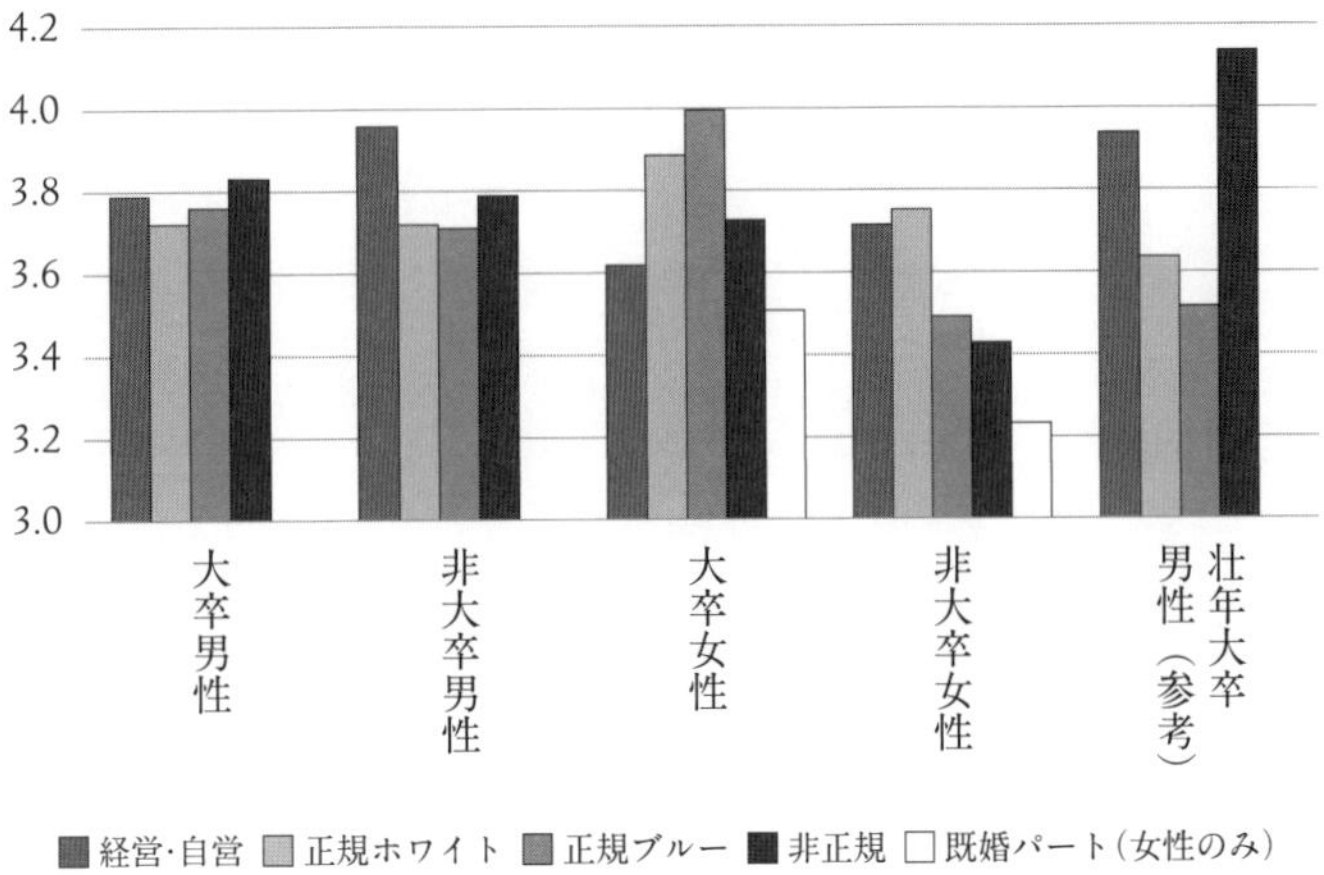

図７－３　主観的自由の平均値、職業ごと

男性の若年層では正規／非正規とではほとんど差が無い。女性の若年層では、正規雇用よりも非正規雇用や既婚パートのほうが、主観的自由が低い傾向がみられる。

「ワーク・ライフ・バランス」と自由の関係

働き方における自由の問題を考えるとき、「ワーク・ライフ・バランス（仕事と家庭生活の調和）」を避けて通ることはできない。特に正規雇用においては、長時間労働のような働き過ぎによって、自由が制約されている可能性がある。

アメリカでは、仕事のために家庭生活の時間が十分に取れず、家庭生活がストレスフルなものになっている実態をA・ホックシールド（Hochshild 1997＝二〇一二）が描いて以来、ワーク・ライフ・バランスが重要な論点として浮上したといわれている。日本では、内閣府が推進した「男女共同参画社会」の実現という文脈で、ワーク・ライフ・バランスという言葉が普及した（山口 二〇〇九）。もっとも、この言葉が普及するはるか以前の一九八〇年代から、男性社員の長時間労働が生み出す「過労死」や「父親不在の家庭」が日本では問題になっていた。近年ではそのことに加え、共働き家庭が増える中で、女性が仕事を犠牲にするか、家庭や私生活を犠牲にするか、どちらかを選択せざるをえない実態が問題視され、仕事と家庭生活の両立支援が政策的な課題となっているのである。

本章では、職業生活によって家庭生活が犠牲になっていることが、主観的自由を低下させるかどうかに着目した分析を行う。そのために「ワーク・ファミリー・コンフリクト」（WFC）にかんする質問項目を用いる。ワーク・ファミリー・コンフリクト（以下WFCと略記）とは、「個人の仕事領域と家族領域からの役割要請が、いくつかの観点で互いに両立しないような、役割葛藤の一形態」（Greenhaus and Beutell 1985）と定義される。仕事領域から家族領域への葛藤（Work → Family Conflict）と家庭領域から仕事領域への葛藤（Family → Work Conflict）の二つの方向がある。本章では働き方に着目しているので、職業→家庭への方向を捉えた以下の指標を用いる(6)。

「自分の仕事のために、家庭や私生活を犠牲にしていることが多い」(「よくあてはまる」〜「まったくあてはまらない」の五段階の質問項目)

家庭や私生活が犠牲になるほど仕事に縛られていれば、それが個人の「自由」を奪うのは当然だと思われるかもしれない。しかし、ある企業で働くワーキングマザーへの調査を通して、本来は安らぎの場であるはずの家庭が、しばしば職場よりもストレスフルな場になっていることを描いたホックシールドの研究(Hochshild 1997＝二〇一二)以来、このことは必ずしも自明でなくなっているといえる。もちろん、仕事が生きがいになっている男性の中にも、家庭より職場のほうが心地よい居場所になっているという人はいるだろう。しかし、とりわけ女性にとってみれば、家事や育児の負担が男女間で平等ではないため、共働き家庭でも女性の方がはるかに長時間の家事育児の負担を強いられている状況がある。そのため、家庭生活はたんなる余暇ではなく、職場から解放される限られた時間の中で、家事や育児をこなさなければならない。しかも職場における労働と違い、家事や育児は基本的に無償労働である。その苦労を理解したり承認してくれる存在がいるかどうかによって、職場と家庭の関係が逆転することは十分にありえる。実際、男性は家庭においてよりポジティブな精神状態を持つが、逆に女性は家庭よりも職場においてポジティブな精神状態を持つ傾向にあること

（Larson et al. 1994）、家庭よりも職場にいるときのほうが、男女ともにストレスの客観的数値が低く、幸福感については、男性は家庭にいるときのほうがより幸福感を感じるが、女性は職場にいるときの方がより幸福感を感じること（Damaske et al. 2014）など、ホックシールドの主張を裏づけるような量的研究もいくつか出ている[7]。

日本では、未就学児を持つ共働き夫婦を対象にしたパネル調査において、男性ではＷＦＣ（＝仕事のために家庭や私生活が犠牲になっていること）が一年後の心理的ストレスを高めるが、女性はＷＦＣが心理的ストレスに影響せず、代わりに家庭役割の負担増が一年後の心理的ストレスを高め、家庭役割を遂行する際の裁量権の大きさが一年後の心理的ストレスを低下させることが明らかにされている（島田他 二〇一二）。本書の第五章でも、家事・育児の分担にかんしてジェンダー平等的な価値観を有することが、女性の幸福感を低減させるという結果が出ている。

これらの知見を踏まえれば、以下の仮説が成り立つ。たとえ共働きであっても、家事・育児を主に担うのは女性であることが圧倒的に多いため、女性のほうが家庭をストレスフルな場だと感じやすいのではないか。働いていればなおのこと、家庭で家事や育児といったケア役割を「押しつけられる」ことを「不自由」だと考える女性は多いのではないか。逆にいうと、仕事で家庭や私生活が犠牲になることを、女性は必ずしも不自由だと感じないのではな

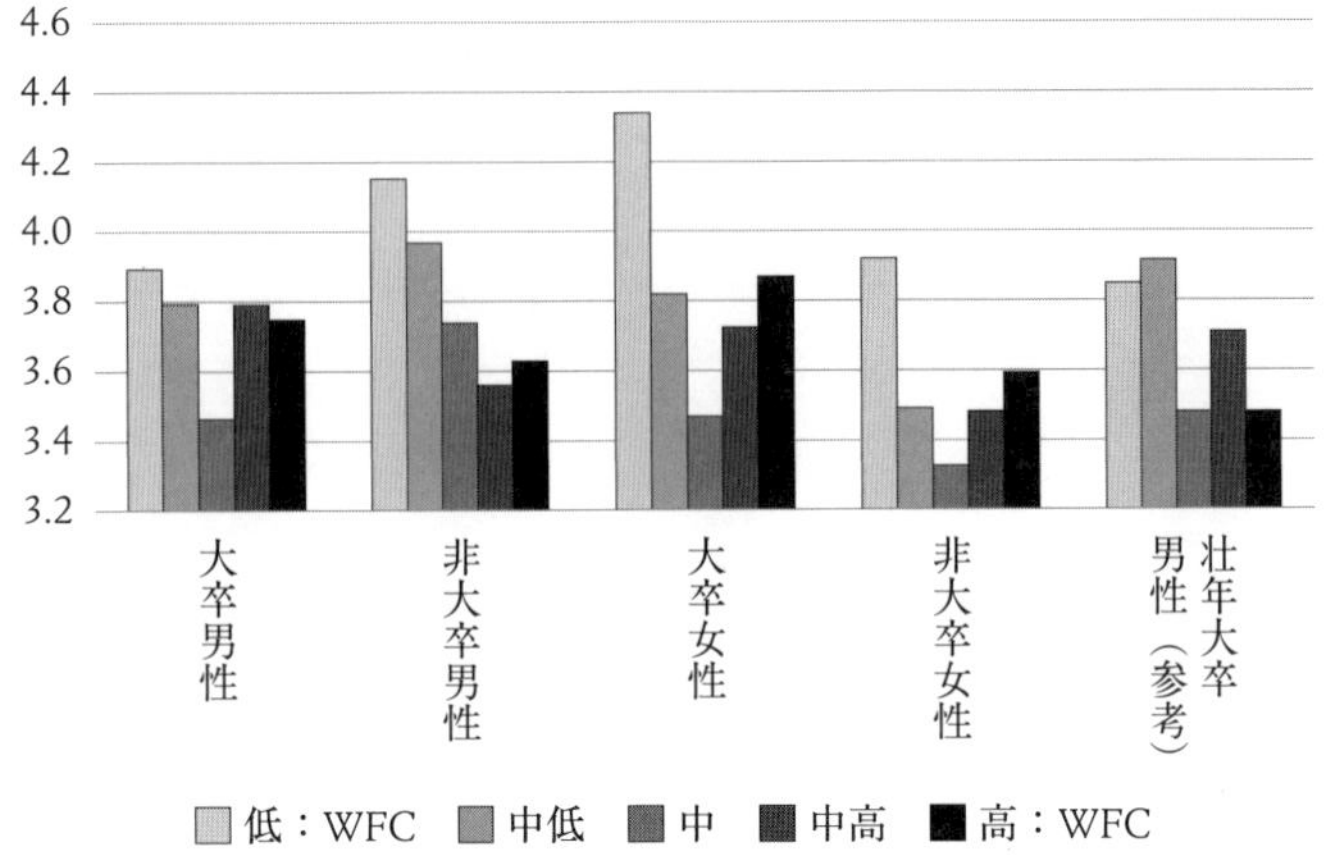

図7－4　主観的自由の平均値、WFCの程度ごと

いか。そして、このような傾向は、自己実現を得やすい職業に就くことが多いと考えられる大卒女性においてより顕著なのではないか。

以上の仮説にもとづいて、性別および学歴別にWFCと主観的自由の関連にどのような違いが生じていくのかをみていこう。図7－4をみてみると、WFCが高まるほど、主観的自由は低下するという線形の関連に近い傾向がみられるのは、若年の非大卒男性くらいである。それ以外の層では、WFCが中程度の層で最も主観的自由が低下するというU字型もしくはV字型に近い傾向がみられることがわかる。この傾向が特に顕著なのは若年の大卒女性である。家庭や私生活を犠牲にしてまで仕事にコミットすることで、むしろ主観的自由を高めているのである。この点については、次節で他の変数の効果をコントロールした多変量解析の結果を踏まえてあらためて論じることとする。

３　若者にとってどんな働き方が自由／不自由なのか

前節では、三つの問いに沿って、平均値の違いから主観的自由の傾向をおおまかに確認してきた。しかし、職業的な特性は互いに密接に関係しているため、擬似的な関連（もしくは無関連）があらわれている可能性がある。そこで以下では、主観的自由を従属変数にとり、属性や職業にかかわる変数を説明変数に投入した重回帰分析を行う。男女のそれぞれで、年齢層×学歴別に重回帰分析を行っていく。説明変数には、年齢、学歴、職業カテゴリ、個人年収（対数変換したもの）、仕事の自己決定性、ワーク・ファミリー・コンフリクト（ＷＦＣ）に加えて、以下の変数も加える。前節の平均値の分析より、ＷＦＣと主観的自由との間には非線形の関連が想定されるため、ＷＦＣの二乗値を投入する。またＷＦＣと関係のある労働時間（週当たり）や、養育期（＝小学生以下）の子どもの有無も説明変数に用いる。仕事の特性にかんする変数を使用するため、分析サンプルは有職者に絞られる。

重回帰分析の結果は、表７－２から表７－５にまとめてある。情報量が多いため、以下で

表7－2　主観的自由の規定要因（若年層・男性・有職者）

	非大卒			大卒		
	B	SE	β	B	SE	β
定数	1.005	1.237		2.316	1.196	
年齢	0.011	0.012	0.060	−0.013	0.015	−0.071
教育年数	0.187	0.087	0.142 *	0.043	0.056	0.057
雇用ホワイト (ref)	—	—	—	—	—	—
雇用ブルー	−0.020	0.142	−0.011	0.077	0.160	0.036
自営・経営	0.047	0.250	0.014	0.038	0.236	0.012
非正規雇用	−0.133	0.228	−0.045	0.026	0.261	0.008
個人年収（対数）	0.060	0.096	0.045	0.054	0.142	0.035
仕事の自己決定性	0.091	0.048	0.132	0.142	0.053	0.201 **
労働時間（週当たり）	0.003	0.005	0.047	8.23E−05	0.005	0.001
養育期子あり	−0.595	0.134	−0.314 ***	−0.192	0.135	−0.108
WFC	−0.180	0.061	−0.205**	0.002	0.057	0.003
WFC2 乗	0.074	0.051	0.098	0.082	0.055	0.104
調整済み R^2		0.113***			0.014n.s.	
n		210			211	

注1）B：偏回帰係数　SE：標準誤差　β：標準化偏回帰係数

注2）* $p < 0.05$, ** $p < 0.01$, *** $p < 0.001$

は本章の前半で提示した三つの問いに沿って、若年層を中心に結果を整理する。壮年層の結果については、若年層との比較のために必要な限りで言及することとしたい。

「仕事における自己決定性」は自由の実現にとって重要か

若年非大卒層で男女ともにＮＯ

「仕事における自己決定性」が主観的自由に与える効果をみると、全般的には、仕事における自己決定性が高いほど、主観的自由も高まる傾向がみられる。しかし、若年の非大卒層に

表７－３（参考）主観的自由の規定要因（壮年層・男性・有職者）

	非大卒			大卒		
	B	SE	β	B	SE	β
定数	0.814	1.017		2.199	0.945	*
年齢	0.009	0.009	0.054	0.002	0.010	0.013
教育年数	0.125	0.056	0.122 *	−0.004	0.041	−0.005
雇用ホワイト (ref)	—	—	—	—	—	—
雇用ブルー	−0.056	0.116	−0.029	−0.076	0.166	−0.026
自営・経営	−0.080	0.144	−0.035	−0.045	0.155	−0.018
非正規雇用	0.443	0.220	0.125 *	0.724	0.225	0.197 **
個人年収（対数）	0.043	0.081	0.029	0.012	0.068	0.010
仕事の自己決定性	0.156	0.037	0.242***	0.223	0.044	0.319 ***
労働時間（週当たり）	0.000	0.004	−0.004	0.007	0.004	0.101
養育期子あり	−0.324	0.121	−0.148 **	−0.096	0.133	−0.047
WFC	−0.076	0.045	−0.088	−0.098	0.050	−0.109
WFC2 乗	0.007	0.040	0.010	−0.020	0.050	−0.022
調整済み R^2		0.081***			0.101***	
n		363			308	

注 1）B：偏回帰係数　SE：標準誤差　β：標準化偏回帰係数
注 2）* $p < 0.05$, ** $p < 0.01$, *** $p < 0.001$

おいてのみ、男女とも「仕事における自己決定性」が、主観的自由に有意な影響を与えていないことがわかる（表７－２、表７－４）。仕事において自己決定できなくても、それが「自由を制約されている」という感覚につながらないということは、非大卒の若者が、人生において仕事そのものに重要な価値を見出していないか、仕事をつうじて自己実現できるような状況にないことを意味している。吉川（二〇一八ａ）が描いたレッグス LEGs（若年非大卒層）の置かれた不利な職業状況がここに

表7－4　主観的自由の規定要因（若年層・女性・有職者）

	非大卒			大卒		
	B	SE	β	B	SE	β
定数	3.550	1.241	**	1.082	1.025	
年齢	−0.001	0.015	−0.007	−0.025	0.015	−0.138
教育年数	0.002	0.087	0.001	0.134	0.052	0.176 *
雇用ホワイト (ref)	—	—	—	—	—	—
雇用ブルー	−0.166	0.294	−0.040	−0.002	0.363	0.000
自営・経営	−0.171	0.344	−0.037	−0.114	0.300	−0.028
非正規雇用	−0.489	0.183	−0.220**	0.012	0.169	0.005
既婚パート	−0.396	0.220	−0.169	−0.099	0.232	−0.038
個人年収（対数）	−0.054	0.069	−0.059	0.087	0.094	0.076
仕事の自己決定性	0.102	0.054	0.132	0.136	0.050	0.187 **
労働時間（週当たり）	0.001	0.007	0.016	0.004	0.005	0.067
養育期子あり	−0.447	0.164	−0.218 **	0.088	0.165	0.044
WFC	0.011	0.071	0.012	−0.047	0.061	−0.054
WFC2 乗	0.055	0.057	0.066	0.111	0.056	0.139 *
調整済み R^2		0.063*			0.092**	
n		215			209	

注 1）B：偏回帰係数　SE：標準誤差　β：標準化偏回帰係数

注 2）* $p < 0.05$, ** $p < 0.01$, *** $p < 0.001$

も反映しているとみることができる。「仕事にやりがいや自己実現を求める」若者像は、レッグスにはあてはまっているとはいえないだろう。

ちなみに、仕事で自己決定できていることが主観的自由に最も大きく影響するのは、壮年男性の大卒層であった（表7－3）。彼らの中で、仕事の自己決定性が高い層は、自由の感覚を得ていると同時に、生活満足や幸福度も高い傾向がある（データは省略）。近代の労働観が想定する「仕事をつうじた自己実現」を最も現実に近いものとし

表７－５（参考）主観的自由の規定要因（壮年層・女性・有職者）

	非大卒			大卒		
	B	SE	β	B	SE	β
定数	4.066	1.376	**	1.882	0.945	*
年齢	−0.008	0.010	−0.045	−0.005	0.011	−0.035
教育年数	−0.044	0.095	−0.024	0.082	0.043	0.119
雇用ホワイト (ref)	—	—	—	—	—	—
雇用ブルー	−0.104	0.203	−0.028	−0.219	0.300	−0.044
自営・経営	−0.233	0.195	−0.069	−0.260	0.168	−0.112
非正規雇用	−0.164	0.160	−0.069	−0.036	0.183	−0.014
既婚パート	−0.227	0.162	−0.107	−0.190	0.174	−0.100
個人年収（対数）	0.079	0.057	0.079	0.001	0.056	0.001
仕事の自己決定性	0.124	0.038	0.167 **	0.134	0.042	0.204**
労働時間（週当たり）	−0.006	0.005	−0.080	0.001	0.005	0.021
養育期子あり	−0.213	0.153	−0.080	−0.445	0.146	−0.220**
WFC	−0.119	0.047	−0.135 *	0.023	0.057	0.029
WFC2 乗	0.010	0.040	0.012	0.064	0.045	0.088
調整済み R^2		0.046**			0.077**	
n		405			271	

注 1）B：偏回帰係数　SE：標準誤差　β：標準化偏回帰係数

注 2）* $p < 0.05$, ** $p < 0.01$, *** $p < 0.001$

て生きることができているのは、若年層ではなく壮年大卒男性だといえる。

非正規雇用は自由か

若者全般、特に女性の非大卒層でNO

非正規雇用であることが主観的自由に与える効果は、性別や年齢層、学歴によって異なっている。男性壮年層においては、大卒であれ非大卒であれ、非正規雇用であることが（雇用ホワイトと比べて）主観的自由を高める有意な効果を持っている（表７−３）。橋爪裕人（二〇一八）は、正規／非正規間の生活満足度の格差について、一九九五年と二〇一五年のデータを比較している。その結果、二〇年間で正規雇用の生活満足度が上昇したことにより、正規／非正規間の生活満足度の格差が拡大したことを実証している。この知見を本章の結果と照らし合わせれば、壮年男性の非正規層は、生活満足度の低さと引き替えに自由は獲得できているということになる。非正規雇用であることに伴う低賃金や雇用の不安定性は、壮年男性にとってまさに「自由の代償」（小杉編 二〇〇二）であることがわかる。

しかしそれに対し、若年男性においては、非正規雇用であることが主観的自由を高める有意な効果を持たず、非正規雇用の持つ不安定性と引き替えに得られるはずの自由が存在していない（表7－2）。そして、女性の若年非大卒層に至っては、非正規雇用であることが、（雇用ホワイトと比べて）主観的自由を低下させる有意な効果を持っている（表7－4）。女性の若年非大卒層にとって、非正規雇用であることはむしろ自由を制約するものとなっているのである。その理由は何だろうか。

本章の分析モデルでは、個人年収や仕事における自己決定性も同時に投入されている。したがって、非正規雇用であることが女性の若年非大卒層の自由を制約しているのは、収入が低いことや、仕事の裁量度が低いためではない。これら以外にも、非正規であることは不利な面を持っている。たとえば、雇用の不安定性、技能獲得機会の限定、育児休業や社会保険など企業福祉へのアクセス機会の制約、そしてこれらの不利な条件がもたらす将来不安などが考えられる。これらのいずれかまたは複数の要因によって、若年女性の非大卒層の非正規雇用は自由を実感できずにいるのだと考えられる。

ＷＬＢの欠如は自由を制約するか　若い非大卒男性でＹＥＳ、若い大卒女性でＮＯ

ワーク・ライフ・バランスの欠如をあらわす指標として用いたワーク・ファミリー・コンフリクト（ＷＦＣ）の効果をみると、若年層では、男性の非大卒層でのみ、ＷＦＣが高まるほど主観的自由が低下するという線形の有意な傾向がみられる（表7－2）。それ以外ではＷＦＣによって主観的自由が低下しないというのは、どう理解したらよいだろうか。

一般に、ＷＦＣが高いと主観的自由は低下しそうなものだ。それが必ずしもそうなっていないのは、家庭や私生活を犠牲にしてでも仕事中心の生活を送ることに生きがいを感じる人がそれなりにいるためだろう。そういう人たちは仕事に深くコミットすることで主観的自由を高めているため、ＷＦＣが主観的自由を押し下げる効果が相殺されているのだと考えられる。逆にいえば、ＷＦＣが高いほど主観的自由が低下するという線形の関連がみられる男性の若年非大卒層は、仕事に対するコミットメントが弱いのだと推察できる。

女性の若年大卒層で、ＷＦＣの二乗が有意な効果を持っていることは、さらに別の事情も考慮して解釈する必要があるだろう（表7－4）。女性の若年大卒層では、WFCと主観的自由の関係がU字型の二次曲線を描いており、WFCが低い層と高い層の両極において主観的自由が高い。私生活を犠牲にしてまで仕事に深くコミットしている若い大卒女性が、仕事に自己実現を求めていることを示唆する結果である。家事や育児がいまだに多くの場合で女性の役割とされている現代日本では、仕事を辞めることによって、家庭内の家事・育児等のケア役割に縛り付けられるという「不自由」を受け入れたくない女性が一定数いるだろう。仕事を続けている大卒女性の多くは、家庭や私生活を犠牲にしてでも仕事を続けることで、何とか自由を維持しているのではないだろうか。

本章における若年女性は、一節で言及した「育休世代」（中野 二〇一四）とほぼ重なる。この世代は「仕事で自己実現せよ」と「子どもを産み育てよ」という二つのプレッシャーを同時に受けてきたのであり、今の日本社会でこの二つを両立することの困難さが、若い大卒女性の自由の規定構造によくあらわれているのではないか。

4 結論　若年非大卒層《レッグス》の職業的苦境、若年大卒女性のジレンマ

本章では、若者の働き方と自由の関係について分析を行った。若年層の特徴を明らかにす

るために、性別に加えて、大卒／非大卒の学歴別に分析を行った。その結果明らかになった若年層の傾向を、まずは本章で掲げた三つの問いに即して要約してみよう。

（1）大卒層では、仕事における自己決定性が高いと主観的自由が高まる傾向があるが、非大卒層では、男女ともに仕事における自己決定性は主観的自由にほとんど影響しない。このことから若い非大卒層では、仕事をつうじて自己実現する傾向が弱いことがうかがえる。

（2）若者にとって、非正規雇用であることは（男性の壮年層と異なり）自由の獲得にはつながっていない。特に若い女性の非大卒層においては、非正規雇用であることはむしろ自由を低下させる。若者にとって非正規雇用は、低収入や雇用の不安定さと引き替えに得られる「自由な働き方」ではない。それゆえに、若年層は上の世代よりも安定志向になっていると考えられる。

（3）若い男性の非大卒層では、ワーク・ファミリー・コンフリクト（ＷＦＣ）が高いほど主観的自由が低下している。これに対し、若い大卒女性では、ワーク・ファミリー・コンフリクト（ＷＦＣ）が低い層と高い層で自由が高まるというU字型の二次曲線的な関連がみられる。

次に、本章で得られた知見を、視点を変えて「性別×学歴別」に整理しなおしてみよう。若年層の多様化を捉えるために、吉川（二〇一八ａ）にならい大卒男性、非大卒男性、大卒女性、非大卒女性の四つのタイプごとの特徴を描き出してみたい。

男性の場合、大卒層では、主観的自由に影響を与える要因が仕事の自己決定性のみであった。それに対して、非大卒男性では、仕事の自己決定性が主観的自由に影響しておらず、仕事によって家庭や私生活が犠牲になっていると感じる人ほど、主観的自由が低下している。他にも養育期の子がいることが主観的自由を低下させるなど、いずれも私生活の自由にかかわる要因が影響を与えていた。

要するに、大卒男性は仕事でどのような経験をできるかが自由の獲得にとって重要であるのに対して、非大卒男性は仕事によって私生活が浸食されないかどうかが自由の獲得にとって重要になっているのだ。非大卒男性の全体的な主観的自由の高さは、私生活中心志向ゆえに可能になっている面があるだろう。若者論でよくいわれる「仕事に自己実現を求める若者像」は、主に大卒層の若者を指していると解釈することができる。ただし、仕事にやりがいや自己実現を求めているかどうかの検証は様々な方法が考えられるので、異なる指標や分析を用いれば結果は変わり得る点には留意が必要である。その意味で、本章の結果はいくつかの先行研究の結果を必ずしも否定するものではない。

若年大卒女性は、大卒男性と同様に仕事の自己決定性が主観的自由に影響している。また、ワーク・ファミリー・コンフリクト（WFC）が低い層と高い層で自由が高まるというU字型の二次曲線的な関連がみられた。仕事で家庭を犠牲にしていない層のみならず、犠牲にしている層でも主観的自由が高まっているのである。ここには、仕事にやりがいや自己実現を求める大卒女性が、「仕事か家庭か」の二者択一を迫られる中で、家庭や私生活のほうを犠牲にすることで何とか自由を獲得しているというジレンマ的状況がみて取れる。共働きであっても家事や育児はあいかわらず女性が担う仕事とされ続けているために、女性にとって家庭が職場よりもストレスフルな場になっているという、ホックシールドのいう「職場と家庭の逆転現象」が日本でも生じているといえそうだ（Hochshild 1997＝二〇一二）。

しかし大卒女性は、自らの人的資源を生かして仕事を生きがいにし得るという意味で、まだ「自由」な位置にいるともいえる。非大卒女性は、たとえ家庭がストレスフルだったとしても、仕事をつうじた自己実現に活路を見出すことが難しいのである。非大卒女性は、そもそも主観的自由が全体的に他のどの層と比べても低い。また、仕事の自己決定性が主観的自由に影響を与えておらず、仕事にやりがいや自己実現を求めにくい職業状況に置かれているそして、とりわけ立場が弱く不安定な非正規雇用において、自由な生き方が制約されるような状況が生じているのである。(8)

　ここまでみてきたように、若年層を一括りに扱うのではなく、大卒層／非大卒層に分けて分析したことで、学歴という人的資源の有無が若者の「仕事における自由／仕事をつうじた自由」の獲得可能性にかかわっていることが示された。大卒層は仕事においてやりがい／自己実現志向を維持しているものの、働き方の「自由化」という名の「リスク化・不安定化」に晒された非大卒層では、仕事にそのような意味をあまり求めることができなくなっている。吉川（二〇一八a）のいうレッグス（若年非大卒層）の置かれた厳しい状況が、働き方と自由の関係に即して分析することでより明らかになったといえる。

　ただし、どの層においても、個人年収のような経済状況が主観的自由に影響を及ぼしていない点は重要である。本章の中心的な問いではないためここまで言及しなかったが、経済的資源の欠如が自由な生き方を制約するということは、A・センを引用するまでもなく、大いにありえることである（Sen 1992＝一九九九）。しかし、世代間格差を含めた「格差社会化」がさかんに語られるようになった現在でも、低所得であることが主観的自由を低下させるという傾向はみられない。[9] 物質主義的な価値への揺り戻しが生じているとしても、それは限定的なものだということであろう。

　最後に、本章の課題について述べる。第一に、サンプル数の制約もあり、厳密な仮説検証よりは、性別・学歴ごとの若者の意識傾向を記述するという方向に重点を置いた分析となっている。第二に、これも、過去に同じ質問項目のセットを有する調査データがないという現実的な制約によるが、時点間比較ができていないことである。本章の分析結果から導き出された若者の傾向は、彼らに特有の世代経験によって形成された特徴として解釈可能なものである。しかし、たんに若い時期のライフステージによる特徴であるという可能性も完全には否定できない。自由と働き方の関係について、今の壮年層も、若い頃は今の若者と似たような意識構造を持っていた可能性がある。同様に、今回の分析で若年層だった人々が年をとるにつれて、今の壮年層と同じような意識構造と持つようになるという可能性もある。このような加齢効果、ライフステージ効果の可能性を検証するには、二〇年ほど待たねばならない。

注

（1）「フリーター」の定義としては、たとえば以下のようなものがよく知られている。「一五〜三四歳で学生でも主婦でもない人のうち、パートタイマーやアルバイトという名称で雇用されているか、無業でそうした形態で就業したい者」（小杉 二〇〇三）。フリーターの高年齢化が進んだ現在では、三四歳までという年齢の上限は設けないほうがよいだろう。

（2）「終身雇用」にかんしては、実態はともかく、人々の間で「終身雇用は崩壊した」というイメージが広がったという事実が重要である。それが実態を反映しているのかについては、「終身雇用は終わった」「終身雇用は終わっていない」「終身雇用はそもそもはじめから存在していない」など、複数の議論がある。

（3）ただし、主観的自由のワーディングは、調査によって若干の違いがある。

（4）物質主義／脱物質主義については、本書第二章の議論も参照。

（5）既婚パートは以下の基準で作成した。女性本人がパート、アルバイト、臨時雇用、内職のいずれかであること。なおかつ、配偶男性が正規雇用、経営者・役員、自営業主のいずれかであること。この二つの条件を満たすものを既婚パートとした。

（6）逆に、家庭の事情（家事・育児・介護等）により仕事を犠牲することが多い若年女性には、家族→職業という因果のファミリー・ワーク・コンフリクト（ＦＷＣ）が生じやすいと考えられる。このＦＷＣがもたらす影響については、二〇一五年ＳＳＰ調査では検討できないため今後の課題としたい。

（7）逆に、ホックシールドの主張を支持しない実証結果も報告されている（Brown and Booth 2003、Kiecolt 2003）。

（8）本章の分析サンプルでは、若年非大卒女性の非正規雇用率は六割近くあり（若年大卒女性では四割未満）、二度以上の離職経験がある人が半分以上（若年大卒女性は三割未満）となっている。非大卒層の不安定性の高さがわかる。

（9）　本章では個人年収を投入したモデルのみを示しているが、世帯年収を投入した場合でも結果は同じである。

第8章

性別役割分業意識の新局面

拡がりゆく若年男女の意識差

吉川徹

1　ジェンダー平等と性別役割分業意識

若者のジェンダー平等への構え

内閣府男女共同参画局（二〇一九）の発表によると、世界各国の男女平等の進行を表すジェンダーギャップ指数で、日本は一四九ヵ国中一一〇位と低迷している。この指数は、日本の女性たちが男性と対等な社会的立場で、産業経済局面において活躍しているかどうかを示すものである。この観点では、日本は他の先進社会と比べて立ち遅れた状態にある。

同時に、現代日本における夫婦の家事分担の不均等もしばしば指摘される。内閣府の子ども・子育て本部（二〇一八）の発表によると、六歳未満の子どもを持つ夫の家事・育児関連時間は、日本では一日当たり一時間二三分、妻は七時間三四分であり、夫の家事・育児の時間数でも、夫婦間の役割分担のバランスでも、先進社会の中で最も低い水準にとどまっている。

ジェンダー平等について、目下の課題とされているのは、こうした客観的数値にあらわれる現代日本の男女の不平等だ。もっとも二〇代のあるいは三〇代前半の若者の場合は、職業キャリアが長くはなく、子どものいない既婚者や未婚者が多く、ここであげたような仕事や家庭における役割分業の実践上の課題にいまだ直面していない人も少なくないだろう。それでも、この先の日本社会の男女共同参画の当事者が、他ならぬかれらの生年世代であることは疑いようがない。

そうした観点で考えるべきことは、現状の背後にある若者の社会意識である。客観的な実態が重要であることはいうまでもないが、かれらがジェンダー平等についてどのような構えを持っているかを正確に把握しておくことも、政策の実効性を考える上では欠かせない。そしてこれこそが、調査計量に期待されている検討課題でもある。そこでこの章では、現代日本の現役世代の性別役割分業意識のあり方を、若年層の動向に注目しながら明らかにしていきたい。

男性は外、女性は家庭という分業観

日本において、性別役割分業意識の計量的検討がはじまったのは一九七〇年代だといわれる（鈴木　一九九七）。社会学において当初から主要変数と目されてきたのは「男性は外で働き、女性は家庭を守るべきだ」という男女の分業状態についての意見の賛否を直接的に問う質問文であった。社会学ではこれを性別役割分業意識と呼ぶことが多いのだが、以下では、並行して分析する夫の家事・育児参加を問う項目と区別するため、内外《うちそと》意識と略称する（吉川　二〇一四）。

内外意識は、ジェンダー平等をめぐる二〇世紀の議論を背景としている。男性主導で動いていた産業経済セクターに、マイノリティの位置にある女性が進出していくことについて、人々の賛否の傾向がどのようになっており、それがどう変化しているのかが論点とされていたためだ。

性別役割分業をめぐっては、この他に「専業主婦は意義のある仕事だと思うか」「男の子と女の子は違った育て方をすべきだと思うか」「男性が中心的な役割を果たし女性はそれを補助するべきか」…などのワーディングを持つ複数の質問が尋ねられてきた。しかし、内外意識はその直接的なワーディングと分析上の「切れ味」のよさから、つねに性別役割分業をめぐる議論の中核にあった。

多くの計量研究の蓄積により、内外意識については、男性よりも女性のほうが分業に否定的であるという、男女のジェンダー差が継続していることが知られるようになった。これに加え、男女によって異なる職業的地位の効果、若年層ほど分業に否定的であるという生年世代差、時代が新しくなるほど分業に否定的になるという時点効果（尾嶋 二〇〇〇）、教育年数が長いほど分業に否定的になるという学歴の効果（白波瀬 二〇〇五）、そして夫婦関係において妻の就労や家計参入度が高いほど否定的になるという傾向（島・加茂 二〇一六）などが明らかにされている。

表８－１　性別と内外意識の関係

		そう思う	どちらかといえばそう思う	どちらかといえばそう思わない	そう思わない	合計
男性	度数	47	314	522	486	1,369
	（%）	3.4	22.9	38.1	35.5	100.0
女性	度数	37	269	632	669	1,607
	（%）	2.3	16.7	39.3	41.6	100.0
合計	度数	84	583	1154	1155	2,976
	（%）	2.8	19.6	38.8	38.8	100.0

$\chi^2 = 25.272$（$p < 0.01$）　Cramer's V＝0.092

ところで、「男性は外、女性は家庭…」という分業理念については、この三〇年ほどの社会的望ましさ（社会全体が目指す価値観）の変化に触れないわけにはいかないだろう。周知のとおり、男女共同参画の推進に伴い、女性を家庭に押し止めてきた旧来の価値観は、政策上推奨されなくなった。いまや、公的な場でこの質問文のような発言をすれば、少なからず物議をかもすことになるだろう。この社会的望ましさの大きな変化に伴って、導入当初は賛否が拮抗していた内外意識は、二〇一五年の時点では大きく分布の様相を異にしている。

表８－１は、男女別に性別役割分業意識の回答傾向をみたものである。ここでは女性の八〇・九％、男性の七三・六％が否定的な意

見（「どちらかといえばそう思わない」＋「そう思わない」）を持っていることがわかる。現在でも、従来から指摘されてきた男女の意識差を確認することはできるのだが、日本人全体の意見のあり方は否定傾向に大きく偏ってしまっているのだ(1)。

継続調査によって社会意識の長期的な変化を捉える際には、同じワーディングの質問と選択肢を繰り返すことが原則である。けれども性別役割分業意識に関しては、主力指標である内外意識の回答分布が、社会的望ましさの変化に伴ってこのようにスケールアウトしつつあるため、時代に見合った項目の再設計が求められている。

イクメン意識

それでは、二一世紀の日本社会を生きるわたしたちは、そしてこの先の日本社会を共に支えていく若年男性、若年女性たちは、性別役割分業について何を争点とすることになるのだろうか。

現在、政府は、男女共同参画社会の実現に取り組んでいる。そこで掲げられている男女共同参画の五本の柱の一つには、家庭生活における活動と他の活動の両立がある。男女が対等な家族の構成員として、互いに協力し、社会の支援も受け、家族としての役割を果たしながら、仕事や学習、地域活動などができるようにすることが、日本社会全体で目指されているのだ。

男性（夫・父親）の家事育児参加は、既婚女性のワークライフバランスの改善をもたらし、就労継続を容易にし、少子化対策にも効果を発揮することが期待できる。産業経済セクターにおける男女の平等化とともに、男性の積極的な家事育児参加が重要な課題とされるのはもっともなことである。性別役割分業意識にかんしても、「外」（ワーク局面）における女性の進出と、「内」（ライフ局面）における男性のコミットメントという二つの異なる局面でのジェンダー平等を扱う必要が生じているとみることができるだろう。

そこで二〇一五年ＳＳＰ調査では、この新しい潮流を考慮し、ジェンダー意識について全く新しいワーディングによる質問を設計した。それは、「夫が妻と同じくらい家事や育児をするのはあたりまえのことだ」という意見への賛否を「そう思う」「どちらかといえばそう思う」「どちらかといえばそう思わない」「そう思わない」の四件の選択肢で問う項目である。厳密にいえば、家事と育児の双方に言及がなされているのだが、わたしたちはこれをイクメン意識と通称することにした。ちなみにイクメンという言葉は、近年盛んに用いられるようになった現代社会学用語である（工藤 二〇一六）。そこで本章では、旧来の内外意識と、新しいイクメン意識が現代の若年成人にどのように受容されているのかをデータによって明らかにしていく。

2　男女の新たなせめぎ合い

思いがけない男女差

このイクメン意識について、男女別に回答傾向をみてみると（表8－2）、こちらは内外意識とは違って、賛否がおおよそ拮抗した状態にあることがわかる。今の若者たちをターゲットに見立て、プリテストを経て設計された新規項目であるだけに、賛否を分けるワーディングのバランスは、現時点では内外意識よりもよい。

さらにここでは、男女の回答分布について、たいへん興味深い傾向が明らかになる。それは、男性の「そう思う」＋「どちらかといえばそう思う」という肯定回答が六七・一％に上るのに対し、女性においては意外に低く、五五・〇％にとどまっているという男女差である。夫の家事育児参加は、男性において女性よりも肯定的に受容されており、その男女差は内外意識の男女差よりも顕著なのだ（Cramer's V＝0.135）。

このことについては次のような解釈が可能だろう（吉川 二〇一八ａ）。内外意識の問いでは、女性が旧来のライフスタイルを脱して産業局面に加わっていく当事者に見立てられている。この状況設定では、女性のほうが積極的で男性は守旧的な傾向が測り出される。他方、「イクメン意識」は、ジェンダーフリーな家事分担に向けて、男性をライフスタイル変革の

表８－２　性別とイクメン意識の関係

		そう思う	どちらかといえばそう思う	どちらかといえばそう思わない	そう思わない	合計
男性	度数	261	657	371	79	1,368
	(%)	19.1	48.0	27.1	5.8	100.0
女性	度数	202	682	578	146	1,608
	(%)	12.6	42.4	35.9	9.1	100.0
合計	度数	463	1339	949	225	2,976
	(%)	15.6	45.0	31.9	7.6	100.0

$\chi^2 = 54.085$（$p < 0.01$）　Cramer's V = 0.135

当事者に見立てている。女性の側からこれをみると、自分たちが主導してきた家事・育児領域に、新たに男性が入り込んでくることへの賛否が問われていることになる。そして、この構図における男女のせめぎ合いでは、男性が積極的で、女性のほうが少し尻込みしている状況が測り出されるのだ。

要するに、攻守の入れ替わったジェンダー分業への構えからは、「新たな領域には参入したいが、既得の主導権も守りたい」という男女それぞれの本音による意見の食い違いを読み取れるのだ。

だれが何に賛成しているのか

続いて内外意識、イクメン意識をともに賛成／反対の二分類として、性別、生年世代、

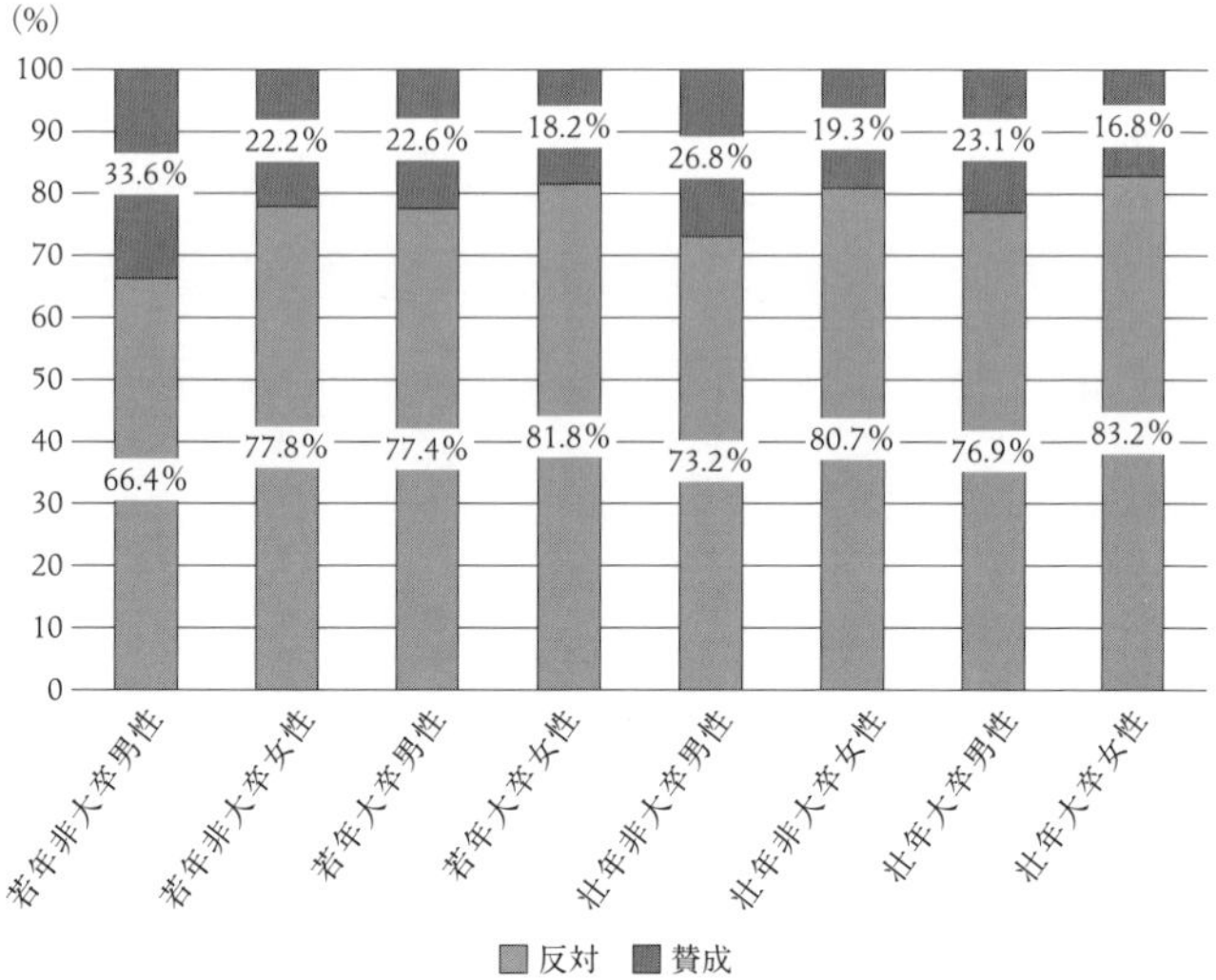

図８−１　８つのセグメントごとの内外意識の賛否の比率

学歴によって現役世代を切り分ける八つのセグメント（序章参照）を用いて、社会的属性による傾斜を確認しよう。図８−１、図８−２はその結果である。

図８−１からまずわかるのは、内外意識の賛否の違いは、それほど大きくはないということである。そんな中で、若年非大卒男性の三三・六％という肯定率の高さと、壮年大卒女性の一六・八％という肯定率の低さがやや目立っている。

イクメン意識のほうは、図８−２では賛否を逆にして表示し

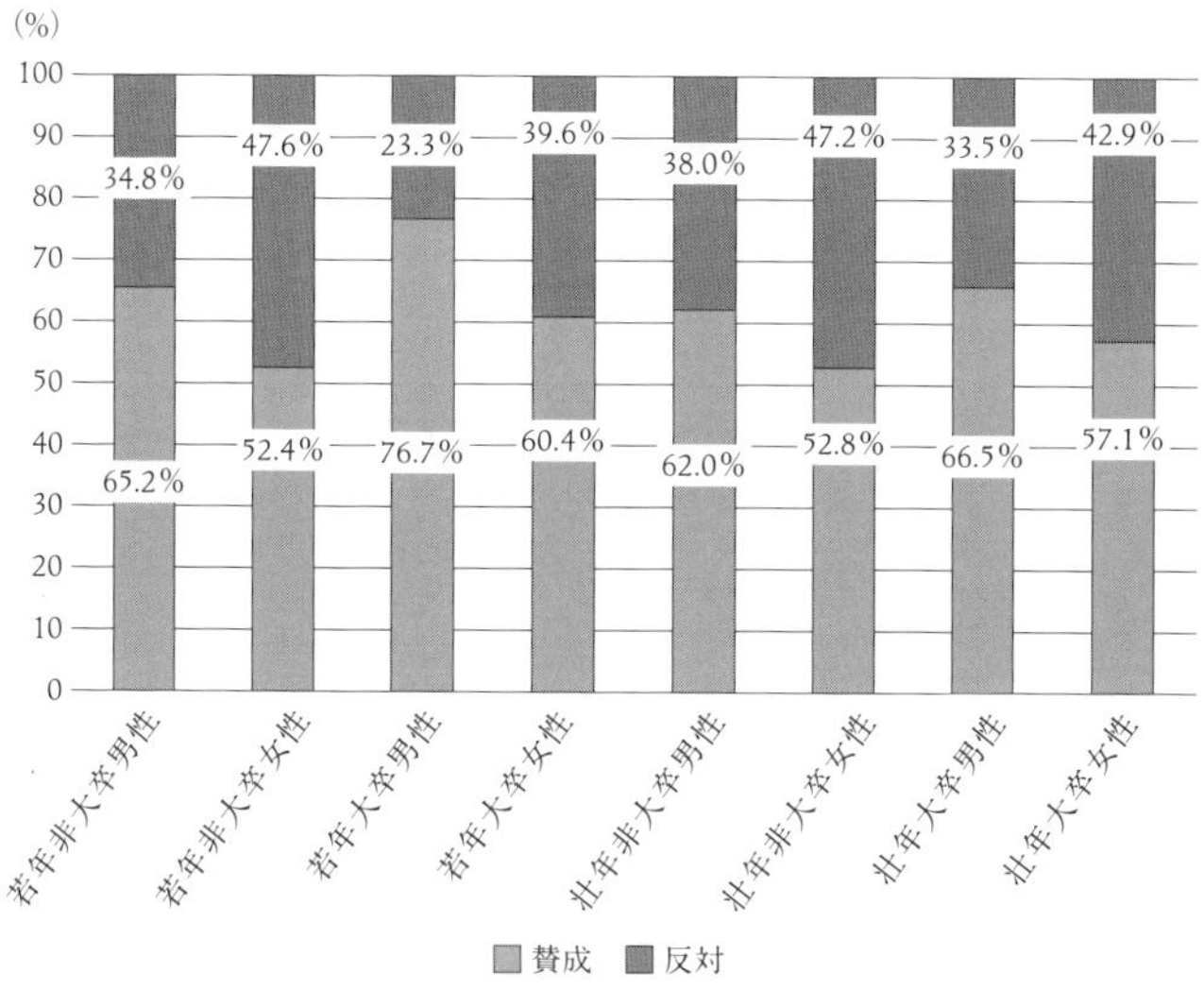

図８－２　８つのセグメントごとのイクメン意識の賛否の比率

ているので、図８－１の内外意識と同様の傾向であれば類似したグラフ形状となるはずである。しかし結果はそうなってはおらず、若年大卒男性のイクメン肯定率の高さ（七六・七％）がやや突出したかたちになっている。肯定傾向が強い男性たちの中でも、特に若年の大卒男性は、性別役割分業のあり方を率先して変革しようとする、「意識高い系」だといえそうだ。

もっとも、彼らの中で実際に配偶者がいるのは半分以下なので、現状では、かれらのイクメン意識が、男性の家事参加の実践につながっていると単純に考えることはできないだろう。そう考えれば、この章の冒頭に述べた、日本の男性の家事時間がなかなか増えないという実態の立ち遅れと賛否の意見の矛盾も了解することができる。

反対にイクメン肯定率が低いのは、若年非大卒女性（五二・四％）と壮年非大卒女性（五二・八％）である。これは専業主婦やパート主婦、あるいは家事手伝いなどが多いこれらのセグメントでは、家事・育児がアイデンティティの源泉となっており、従来女性に割り当てられてきた家庭内役割を堅持したいという気持ちが強いためだろう(2)。

ところで、性別役割分業意識については、第七章でも触れられているように、就業形態（自分自身の働き方）との関係性が従来から論じられてきた。そこでイクメン意識についても、就業形態による賛否の傾向の違いを確認しておく。図8－3は就業形態とイクメン意識の関係をみたものである。就業形態における正規雇用は、常勤被雇用および自営業従業者を指している。非正規雇用はパート、アルバイト、派遣、臨時職を指しており、無職には退職者と学生を含む。ここでは、ジェンダーと就労をめぐる男女の立場の違いを考慮して、男女別に計六つのカテゴリとした。

結果をみると、男性内では就業形態による有意な違いはみられない。ところが、女性内では就業形態によって、考え方に違いがみられる。家事育児を担い「主婦」としての役割をよ

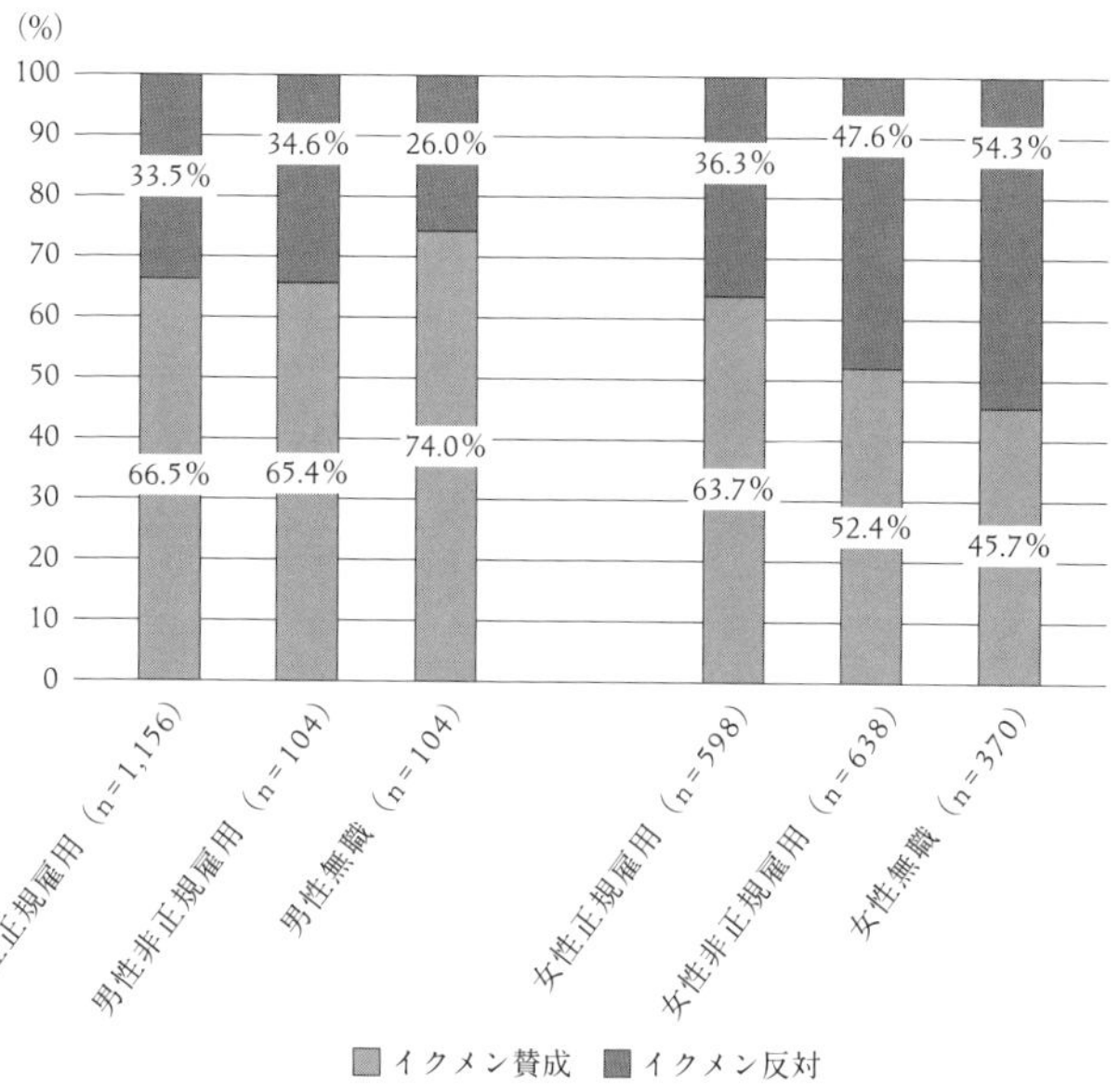

図８－３　就業形態とイクメン意識の関係（男女別）

り多く担っていると考えられる無職女性では、イクメン反対が過半数を超えており（五四・三％）、非正規女性でも、否定的な意見が半数近くを占めているのだ（四七・六％）。これに対し、女性の中でイクメンに比較的肯定的なのは正規雇用の女性たちである。しかし現状では、女性の中で無職・非正規雇用の比率はおよそ六割であるので（n＝1,008）、家事や育児を多く受け持っている彼女たちの意見が、女性全体の否定的傾向を形作っているとみることができる。[3]

3　すれ違う若年男女の思い

若年層における分業観のマッチング

図8－1と図8－2では、八つのセグメントごとの性別役割分業意識の異なりを示した。ここではさらに、これらをまとめて、それぞれのセグメントの分業観の布置を考えてみる。図8－4は縦軸に内外意識への否定率、横軸にイクメン意識への肯定率をおいて、それぞれのセグメントの態度をプロットしたものである。

ここからわかるのは、まず男性（□で表示）と女性（○で表示）が少し距離の離れた別々の社会的態度の群を形成しているということである。そしてそれぞれの中での若年／壮年、大卒／非大卒の位置取りはよく似た形状になっている。

もっとも、夫婦間の分業を考えるときに重要なのは、実際にパートナーとなる場合が多い同世代の異性間に、性別役割分業への賛否の傾向の開きがどれくらいあるかということであるだろう。男女間の傾向が異なっていれば、夫婦間の齟齬が大きくなったり、そもそもマッチングしにくかったりすることが考えられるからである。この点に焦点を絞って結果をみてみよう。

図8－4の中に点線で示したのは、若年層の男女四セグメント、壮年層の男女四セグメン

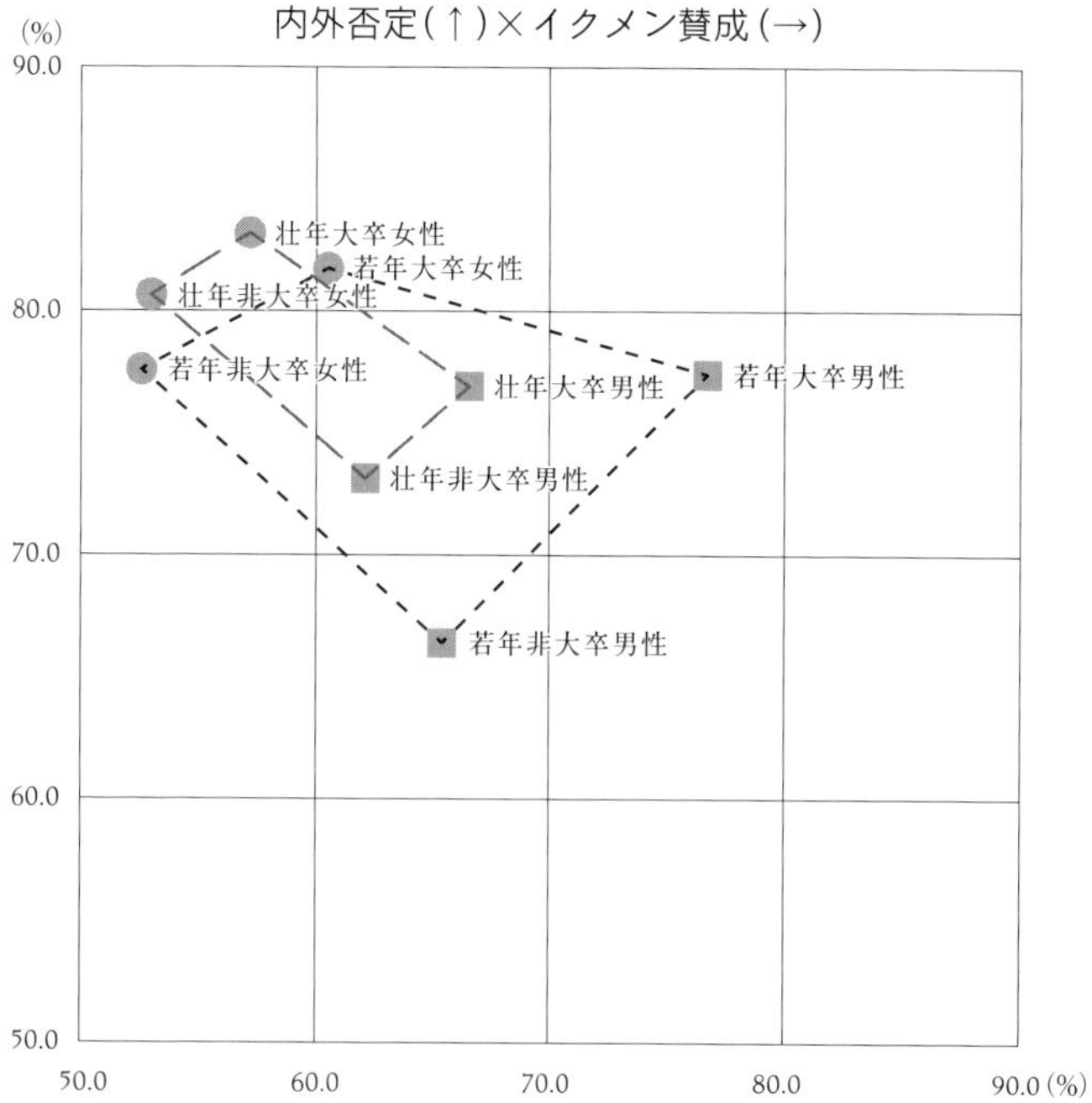

男性　$\chi^2 = 2.572$ ns　Cramer's V = 0.043

女性　$\chi^2 = 33.151$ ($p < 0.01$)　Cramer's V = 0.144

図 8 - 4　8 つのセグメントの性別役割分業意識の位置どり

トの意識の傾向にどれだけ距離があるかということである。ここからは、壮年層ではセグメント間の傾向のばらつきは大きくないが、若年層において、男女の意識差が壮年層よりも大きくなっていることを読み取ることができる。

このことが示唆するのは、この先の日本社会で性別役割分業に当事者としてかかわることになる若者たちにおいて、男女間の性別役割分業意識の異なりが、上の世代よりも大きくなっているということである。若年層の夫は、内外の役割分業を維持しつつ家事育児に参加することを望んでいる。しかし彼らの妻として想定される若年女性のほうは、内外の役割分業には否定的な意見を持つが、夫の家事・育児参加については男性ほど強くは望まない。この図からは、こうした若年男女の関係をうかがい知ることができる。

結語

この章では、内外意識とイクメン意識という二つの性別役割分業意識について、男女、そして若年／壮年というそれぞれの社会的立場による傾向の異なりを記述した。

そこで明らかになったのは、既得の立場を守りつつ、新しい局面に積極的にかかわろうとしているという現代日本の若い男女の姿である。そして、これから結婚・子育てというライフステージを歩んでいく若年層において、男女の意識の齟齬が大きくなっていることが示された。これは男女共同参画、少子化などの現代的課題を解消するにあたり、配慮しておくべき気がかりな実態である。

最後に強調しておくが、ここでみたのは性別役割分業についての意見である。この先の日本社会にとってより重要なことは、心構えや望ましさではなく、男性の家事育児参加の実態が本当に変わり、女性をサポートする力を発揮することであるだろう。冒頭に述べたとおり、そこには依然として大きな課題がある。

注

（1）ちなみに一九九五年ＳＳＭ調査（Ｂ調査票二〇～六九歳）では、男性では四九・四％、女性では四〇・一％がこの意見に肯定している。肯定比率は現在よりも大幅に高いものの、やはり男性が守旧的で、女性がリベラルという傾向を確認することができる。

（2）二〇世紀の枠組みを理解している壮年層、とりわけ壮年女性たちでは、男女平等を望むフェミニズム的理念が根強い。しかし若年層では、そうしたイデオロギー的な拘束がやや弛緩している。若年層が保守化しているといわれるのは、イデオロギーの下支えによる革新的価値観支持という旧来の構造が、この意識にみられるように、失われつつあることによる、と筆者は考えている。

（3）イクメン意識について、従属変数を連続変量とみて、性別、年齢、学歴、職業の効果をみるOLS重回帰分析を行った結果を補助資料として示しておく。

付表8－1　夫が家事や育児をするのはあたりまえのことだ

n = 2,706	r	B	SE	β
性別（男性＜女性）	−0.115**	−0.155	0.034	−0.093**
年齢	−0.049*	−0.002	0.001	−0.026
学歴（教育年数）	0.09**	0.024	0.008	0.063**
世帯年収（対数値）	0.012	−0.02	0.019	−0.02
上層ホワイト（基準）				
下層ホワイト	0.002	−0.05	0.047	−0.025
自営	−0.035	−0.164	0.067	−0.051*
熟練ブルー	0.027	−0.028	0.057	−0.011
非熟練ブルー	−0.003	−0.046	0.054	−0.02
農業	−0.049*	−0.311	0.118	−0.052**
無職	−0.072**	−0.155	0.054	−0.068**
決定係数（R^2）	0.026**	調整 R^2	0.023**	

注1）r：相関係数　B：偏回帰係数　SE：標準誤差　β：標準化偏回帰係数
注2）* $p < 0.05$, ** $p < 0.01$

むすびにかえて　新しい若者論にむけて

序章でも述べられているように、本書はSSPプロジェクトの一環として刊行された。SSPプロジェクトは階層と社会意識の関係を明らかにすることに焦点を置いたプロジェクトであり、かならずしも若者の姿を明らかにするためのプロジェクトではなかった。しかしながら、二〇一五年SSP調査を分析していくうちに、若者の中の格差や階層差が無視できないレベルで存在していることが明らかとなっていった。このような若者の分断状況を研究成果としてまとめ、発信する必要がある。本書の企画はそのような意図から始まった。

お読みいただいたように、本書では権威主義的態度や幸福、消費といった様々なトピックから若者の中にある分断を明らかにしてきた。各章で行われた個々の議論をここで繰り返すことはしない。代わりに、各章の議論を大きくまとめ、本書全体として明らかになったことを述べるならば、それは若者の中で「今」の捉え方に分断が生じている、ということである。

「今」の捉え方とは、今という時間や今の自分、今の社会をどのように考えているのか、ということを意味している。たとえば、現在志向は将来よりも今を大事にする意識、幸福度や主観的自由は今の自分の状態への自己評価、自民党支持や性別役割分業意識、権威主義的態度は今までの社会や規範を肯定する意識である。

そしてこれらの意識における分断とは、二つのことを意味している。一つは若者の社会的な立ち位置によってそれぞれの意識の強弱が異なっているということである。具体的には、階層の低い若者ほど将来よりも今を大事にし、今までの性別役割分業を肯定している。階層が高い若者ほど自民党を支持している、といったことが本書の分析から明らかとなった。もう一つは、「今」の捉え方に影響を与える要因が社会的な立ち位置によって異なっているということである。たとえば、階層の低い若年男性では不安感と閉塞感が直接的に権威主義的態度を高めているが、階層の高い若年男性ではそれらの意識は直接効果を持っていない。階層の高い若者では仕事の自己決定性の高さが主観的自由を高めているが、階層の低い若者では効果を持っていない、といったことが明らかとなった。

本書のタイトル『分断社会と若者の今』は、今の若者の姿を明らかにしたという意味だけではなく、このような、若者における「今」の捉え方の分断を明らかにしたという意味も含まれている。

それでは、本書が明らかにした若者における「今」の捉え方の分断は、若者論に対してどのような意義を持っているのだろうか。

近年の若者論では、今の若者が現状の自分や社会に満足し、肯定しているのではないかということが議論となっている。本書の分析結果からはその実態が世の中でいわれているほど単純ではなく、実は複雑な様相を呈していることがわかった。若者における「今」の捉え方の分断とは、階層の低い、あるいは高い若者のほうが現状を肯定しているといった単純なものではない。むしろ、階層の高い若者、低い若者それぞれが違ったプロセスで現状を肯定しているという複雑なものである。たとえば、自民党支持にかんしては階層の高い若者のほうが自民党を支持しており、権威主義的態度については階層の低い若者のほうが強い権威主義的態度を持っている。大学進学志向については、大卒層の若者で強く、非大卒層の若者で弱くなっているが、これはそれぞれの層が自らの学歴を肯定しているためだと考えることができる。

今の若者は現状肯定的であるのか否かというテーマがしばしば議論となるのは、このように若者の「今」の捉え方と階層とのかかわり方が複雑であるからである。注目する指標（自民党支持や権威主義的態度）や、イメージする階層によって今の若者は現状肯定的にみえたり、現状否定的にみえたりする。このような状況で、今までのように「最近の若者は○○」と若者を一括りにして語ろうとすると、階層によって異なる若者の特徴が混ざり合ってしまい、今の若者は捉えどころがない、という結論で終わってしまうだろう。

本書では、若者の中の分断に注目することで、今の若者の姿を積極的に描くことができた。消極的に若者を語る現状を脱して積極的に新しい若者の姿を描き出すためには、まずは若者を一括りにするのをやめ、若者の中にある違いに注目しなければならない。

以上のような本書の研究成果が、現代日本社会における若者を理解する上で少しでも役に立てたなら編者としてこれ以上の喜びはない。しかし、時の流れは止められず、本書の研究成果も「今は昔…」といわれるときが来るだろう。本書が捉えた若者たちはこれからどのような人生を歩み、自分や社会について何を思うのか。未来の若者たちはどのような生活を営み、この社会に何をもたらすのか。本書の知見をもとに、継続的な調査、研究が必要となる。

最後になったが、本書の刊行にあたっては大阪大学出版会の板東詩おりさんに大変お世話になった。初めての編集作業ということで右も左もわからない筆者にとってこれほど心強い存在はなかった。本当にありがとうございました。

二〇一九年　三月　編者を代表して　狭間諒多朗

辻大介, 2017,「計量調査から見る「ネット右翼」のプロファイル——2007年／2014年ウェブ調査の分析結果をもとに」『年報人間科学』38: 211-24.

海野道郎・片瀬一男編, 2008,『〈失われた時代〉の高校生の意識』有斐閣.

Warde, A., 2015, "The Sociology of Consumption: Its Recent Development," *Annual Review of Sociology*, 41(1), 117-34.

渡辺健太郎, 2017,「文系学部卒男性がもたらす若年層の権威主義化」『年報人間科学』38: 139-57.

綿貫譲治, 1976,『日本政治の分析視角』中央公論社.

Willis, P., 1977, *Learning to Labour*, Ashgate.（=1996, 熊沢誠・山田潤訳『ハマータウンの野郎ども』筑摩書房.）

山田一成, 1994,「現代社会における政治的疎外意識」栗田宣義編『政治心理学リニューアル』学文社, 92-113.

山田昌弘, 2004,『パラサイト社会のゆくえ——データで読み解く日本の家族』筑摩書房.

————, 2009,『なぜ若者は保守化するのか——反転する現実と願望』東洋経済新報社.

————, 2013,『なぜ日本は若者に冷酷なのか』東洋経済新報社.

山口一男, 2009,『ワーク・ライフ・バランス——実証と政策提言』日本経済新聞出版社.

山口泰史, 2012,「非正規雇用者とやりたいこと志向の関連についての検討 ——やりたいこと志向の継続と変化に着目して」東京大学社会科学研究所 パネル調査プロジェクト ディスカッションペーパーシリーズ, No. 60.

山岡拓, 2009,『欲しがらない若者たち』日本経済新聞出版社.

米田幸弘, 2018,「自民党支持層の趨勢的変化——その「保守」的性格の変質」石田淳編『2015年 SSM 調査報告書 8 意識 I』(2015年SSM調査研究会), 165-85.

わってきたか？」『現代の階層社会 3　流動化のなかの社会意識』東京大学出版会，47-61.
田靡裕祐・宮田尚子，2015，「仕事の価値の布置と長期的変化――『日本人の意識』調査の 2 次分析」『社会学評論』66(1): 57-72.
――――，2016，「仕事の価値と人々の価値志向」太郎丸博編『後期近代と価値意識の変容――日本人の意識 1973-2008』東京大学出版会，115-27.
谷口尚子，2011，「2009 年政権交代の長期的・短期的背景」『選挙研究』26(2): 15-28.
橘木俊詔，2016，『新しい幸福論』岩波書店.
TBS メディア総合研究所編，2012，「特集：いいじゃないの幸せならば？当世「若者」論の虚実」『調査時報』506: 2-39.
轟亮，2000，「反権威主義的態度の高まりは何をもたらすのか――政治意識と権威主義的態度」海野道郎編『日本の階層システム 2　公平感と政治意識』東京大学出版会，195-216.
――――，2011，「階層意識の分析枠組――価値意識を中心として」斎藤友里子・三隅一人編『現代の階層社会 3　流動化のなかの社会意識』東京大学出版会，79-91.
――――，2018，「生活満足度からみる現代の若者と高校生の姿」尾嶋史章・荒牧草平編『高校生たちのゆくえ――学歴パネル調査からみた進路と生活の 30 年』世界思想社，173-92.
友枝敏雄，2015，「保守化の趨勢と政治的態度」友枝敏雄編『リスク社会を生きる若者たち――高校生の意識調査から』大阪大学出版会，102-26.
――――編，2015，『リスク社会を生きる若者たち――高校生の意識調査から』大阪大学出版会.
豊泉周治，2010，『若者のための社会学――希望の足場をかける』はるか書房.

——全国家族調査「NFRJ」による計量社会学』東京大学出版会，329-45.
下村英雄，2002，「フリーターの職業意識とその形成過程——「やりたいこと」志向の虚実」小杉礼子編『自由の代償／フリーター——現代若者の就業意識と行動』日本労働研究機構，75-99.
白波瀬佐和子，2005，『少子高齢社会のみえない格差——ジェンダー・世代・階層のゆくえ』東京大学出版会.
杉村健太，2015，「日常生活場面における規範意識」友枝敏雄編『リスク社会を生きる若者たち——高校生の意識調査から』大阪大学出版会，33-56.
杉田真衣，2015，『高卒女性の 12 年——不安定な労働、ゆるやかなつながり』大月書店.
鈴木淳子，1997，『性役割——比較文化の視点から』垣内出版.
鈴木富美子，2017，「幸せ感からみた若者の多様性——ジェンダーと女性間の違いに着目して」佐藤香編『ライフデザインと希望』勁草書房，31-56.
鈴木謙介，2012，「若者のアイデンティティ」小谷敏・土井隆義・芳賀学・浅野智彦編『若者の現在 文化』日本図書センター，107-37.
鈴木宗徳，2015，「ベック理論とゼロ年代の社会変動」鈴木宗徳編『個人化するリスクと社会——ベック理論と現代日本』勁草書房，1-24.
多田隈翔一，2015，「物の豊かさを求める高校生——「失われた 20 年」における価値観の変化」友枝敏雄編『リスク社会を生きる若者たち——高校生の意識調査から』大阪大学出版会，77-101.
高原基彰，2007，「日本特殊性論の二重の遺産——正社員志向と雇用流動化のジレンマ」本田由紀編『若者の労働と生活世界——彼らはどんな現実を生きているか』大月書店.
竹内洋，1995，『日本のメリトクラシー——構造と心性』東京大学出版会.
田辺俊介，2011，「「政党」支持の時代変遷——階層は政党といかに関

Perspectives, Routledge.
労働政策研究・研修機構，2016，『「第 7 回勤労生活に関する調査」結果——スペシャル・トピック「全員参加型社会」に関する意識』，労働政策研究・研修機構ホームページ，（2018 年 6 月 30 日取得，http://www.jil.go.jp/press/documents/20160923.pdf）.
斎藤環，2012，「「変わらない」ことの「幸福」と「不幸」について」『調査情報』506，26–32.
————，2013，『承認をめぐる病』日本評論社.
佐藤香編，2017，『格差の連鎖と若者 3　ライフデザインと希望』勁草書房.
佐藤俊樹編，2010，『自由への問い 6　労働——働くことの自由と制度』岩波書店.
Schmuck, D. and J. Matthes, 2015, "How Anti-immigrant Right-wing Populist Advertisements Affect Young Voters: Symbolic Threats, Economic Threats and the Moderating Role of Education," *Journal of Ethnic and Migration Studies*, 41(10): 1577–99.
Sen, A. K., 1992, *Inequality Reexamined*, Clarendon Press.（＝池本幸生・野上裕・佐藤仁訳，1999『不平等の再検討——潜在能力と自由』岩波書店.）
Sennet, R., 1998, *The Corrosion of Character: The Personal Consequences of Work in the New Capitalism*, W.W. Norton & Company.（＝斎藤秀正訳，1999，『それでも新資本主義についていくか——アメリカ型経営と個人の衝突』ダイヤモンド社.）
島田恭子・島津明人・川上憲人，2012，「未就学児を持つ共働き夫婦におけるワーク・ライフ・バランスと精神的健康——1 年間の縦断データから」『厚生の指標』59(15)，10–8.
島直子・加茂美則，2016，「有配偶女性の就労と性別役割分業意識」稲場昭英・保田時男・田渕六郎・田中重人編『日本の家族 1999–2009

中澤渉・藤原翔編, 2015,『格差社会の中の高校生——家族・学校・進路選択』勁草書房.
難波功士, 2007,『族の系譜学——ユース・サブカルチャーズの戦後史』青弓社.
NHK 放送文化研究所編, 2004,『現代日本人の意識構造［第六版］』NHK 出版.
————, 2013,『NHK 中学生・高校生の生活と意識調査 2012——失われた 20 年が生んだ「幸せ」な十代』NHK 出版.
————, 2015,『現代日本人の意識構造［第八版］』NHK 出版.
仁平典宏, 2015,「融解する若者論——〈3・11〉以後の社会的条件との関連で」『学術の動向』20(1): 33-9.
野田昌吾, 2016,「ドイツ保守政治空間の変容——キリスト教民主・社会同盟の「復活」とその背景」水島治郎『保守の比較政治学——欧州・日本の保守政党とポピュリズム』岩波書店, 195-217.
大﨑孝徳, 2010,『プレミアムの法則』同文舘出版.
大澤真幸, 2011,「可能なる革命　第 1 回——「幸福だ」と答える若者たちの時代」『at プラス』07: 114-27.
太田恵理子, 2015,「若者のライフスタイル——成熟社会に生きる若者と格差」『マーケティングジャーナル』34(4): 5-22.
大嶽秀夫, 1999,『日本政治の対立軸』中央公論新社.
大竹文雄, 2005,『日本の不平等——格差社会の幻想と未来』日本経済新聞社.
尾嶋史章, 2000,「『理念』から『日常』へ——変容する性別役割分業意識」盛山和夫編『日本の階層システム 4　ジェンダー・市場・家族』東京大学出版会, 217-36.
尾嶋史章・荒牧草平編, 2018,『高校生たちのゆくえ——学校パネル調査からみた進路と生活の 30 年』世界思想社
Rosa, H., and C. Henning eds., 2018, *The Good Life Beyond Growth: New*

Naito, J., 2007, "Perceived Freedom and its Sociological Effects: An Inquiry into the Relationship Between Liberalism and Inequality," *International Journal of Japanese Sociology*, 16: 80-99.

内藤準，2012，「自由の規定要因とジェンダー不平等――階層測定の単位に関する論争から」武川正吾・白波瀬佐和子編『格差社会の福祉と意識』東京大学出版会，143-68.

――――，2017，「サポートネットワークの有効性に対する社会階層の効果――ネットワークと自由の分析」『理論と方法』32(1): 64-79.

――――，2018，「人びとのつながりと自由――地域に埋め込まれたサポート関係がもたらす「資源」と「しがらみ」」数土直紀編『格差社会のなかの自己イメージ』勁草書房，65-89.

中井美樹，2011，「消費からみるライフスタイル格差の諸相」佐藤嘉倫・尾嶋史章編『現代の階層社会1　格差と多様性』東京大学出版会，221-36.

中村高康，2000，「高学歴志向の趨勢――世代の変化に注目して」近藤博之編『現代日本の階層システム3　戦後日本の教育社会』東京大学出版会，151-74.

中村哲・西村幸子・高井典子，2014，『「若者の海外旅行離れ」を読み解く』法律文化社.

中西新太郎，2009，「漂流者から航海者へ――ノンエリート青年の〈労働―生活〉経験を読み直す」中西新太郎・高山智樹編『ノンエリート青年の社会空間――働くこと，生きること，「大人になる」ということ』大月書店，1-45.

――――，2012，「いつでも幸福でいられる不幸」『教育』801，49-58.

中西新太郎・高山智樹編，2009，『ノンエリート青年の社会空間――働くこと・生きること・「大人になる」ということ』大月書店.

中野円佳，2014，『「育休世代」のジレンマ――女性活用はなぜ失敗するのか？』光文社.

つなぐ』筑摩書房.
溝上慎一・松下佳代編，2014，『高校・大学から仕事へのトランジション――変容する能力・アイデンティティと教育』ナカニシヤ出版.
水島治郎，2016，『ポピュリズムとは何か――民主主義の敵か、改革の希望か』中央公論新社.
Mortimer, J. T. and J. Lorence, 1979, "Work Experience and Occupational Value Socialization: A Longitudinal Study," *American Journal of Sociology*, 84(6): 1361-84.
Mudde, C. and C.R. Kaltwasser, 2017, *Populism: A very short introduction*, Oxford University Press.（＝2018，永井大輔・髙山裕二訳『ポピュリズム――デモクラシーの友と敵』白水社.）
村上泰亮，1984，『新中間大衆の時代』中央公論社.
村田ひろ子・政木みき，2013，「中高生はなぜ"幸福"なのか――「中学生・高校生の生活と意識調査 2012」から③」『放送研究と調査』2012 年 3 月号，34-43.
内閣府，2014，「平成25年度 我が国と諸外国の若者の意識に関する調査」内閣府ホームページ，(2018 年 10 月 15 日取得，http://www8.cao.go.jp/youth/kenkyu/thinking/h25/pdf_index.html).
――――，2017，「平成 29 年 国民生活に関する世論調査」内閣府大臣官房政府広報室ホームページ（2018 年 10 月 15 日取得，http://survey.gov-online.go.jp/index-ko.html).
内閣府男女共同参画局，2019，「男女共同参画に関する国際的な指数」，内閣府男女協同参画局ホームページ（2019 年 1 月 31 日取得，http://www.gender.go.jp/international/int_syogaikoku/int_shihyo/index.html).
内閣府子ども・子育て本部，2018，「夫の協力」，内閣府ホームページ，(2018 年 8 月 30 日取得，http://www8.cao.go.jp/shoushi/shoushika/data/ottonokyouryoku.html).

Loscocco, K. A. and G. Spitze, 1990, "Working Conditions, Social Support, and the Well-Being of Female and Male Factory Workers," *Journal of Health and Social Behavior,* 31: 313-27.

Maggini, N., 2016, *Young People's Voting Behaviour in Europe: A Comparative Perspective,* Springer.

Mannheim, K., 1928, "Das Problem der Generationen," *Kölner Vierteljahresschrift für Soziologie,* 7(2/3).（＝1976，鈴木広訳「世代の問題」『マンハイム全集 3 社会学の課題』潮出版社.）

益田仁，2012，「若年非正規雇用労働者と希望」『社会学評論』63(1): 87-105.

松田久一，2009，『「嫌消費」世代の研究』東洋経済新報社.

松本正生，2001，『政治意識図説――「政党支持世代」の退場』中央公論新社.

――――，2018，「「若者の保守化」の正体――リアリティーなき「他人（ひと）ごと支持」」『新聞研究』798: 28-31.

松谷満，2015，「どうして「社会は変えられない」のか――政治意識と社会階層」数土直紀編『社会意識からみた日本――階層意識の新次元』有斐閣，144-66.

Meda, D, 1995, *Le Travail: Une valeur en voie de disparition,* Aubier.（＝若森章孝・若森文子訳，2000，『労働社会の終焉――危機に挑む政治哲学』法政大学出版局.）

Meyer-Ohle, H., 2009, *Japanese Workplaces in Transition: Employee Perceptions,* Palgrave Macmillan.

見田宗介，1979，『現代社会の社会意識』弘文堂.

宮台真司，1994，『制服少女たちの選択』講談社.

三宅一郎，1989，『投票行動 現代政治学叢書 5』東京大学出版会.

宮本みち子，2002，『若者が《社会的弱者》に転落する』洋泉社.

――――，2012，『若者が無縁化する――仕事・福祉・コミュニティで

―――, 2018, Social Structure, *Value Orientations and Party Choice in Western Europe*, Palgrave Macmillan.

小林美希，2007，『ルポ　正社員になりたい――娘・息子の悲惨な職場』影書房.

Kobayashi, J., and C. Hommerich, 2017, Are Happiness and Unhappiness Two Sides of the Same Coin? An Analysis of Happiness and Unhappiness,『理論と方法』32 (1), 49-63.

Kohn, M. L., 1969[1977], *Class and Conformity: A Study in Values, With a Reassessment*, 2nd ed., University of Chicago Press.

小杉礼子編，2002，『自由の代償／フリーター――現代若者の就業意識と行動』日本労働研究機構.

小杉礼子，2003，『フリーターという生き方』勁草書房 .

小谷敏，2011，「若者は再び政治化するか」小谷敏・土井隆義・芳賀学・浅野智彦編『若者の現在 政治』日本図書センター，29-65.

厚生労働省，2014，『平成 26 年版厚生労働白書』

工藤保則，2016，「イクメン」井上俊・永井良和編著『今どきコトバ事情――現代社会学単語帳』ミネルヴァ書房，66-9.

久木元真吾，2003，「「やりたいこと」という論理――フリーターの語りとその意図せざる帰結」『ソシオロジ』48(2): 73-89.

―――，2011，「不安の中の若者と仕事」『日本労働研究雑誌』53(7): 16-28.

Larson, R. W., M. H. Richards, M. Perry-Jenkins, 1994, "Divergent worlds: The daily emotional experience of mothers and fathers in the domestic and public spheres," *Journal of Personality and Social Psychology*, 67(6): 1034-46.

Layard, R., 2006, *Happiness: Lessons from a New Science*, Penguin Press.

Liebow, E., 1967, *Tally's Corner*, Little, Brown.（=2001，吉川徹監訳『タリーズコーナー』東信堂.）

石井まこと・宮本みち子・阿部誠編，2017，『地方に生きる若者たち――インタビューからみえてくる仕事・結婚・暮らしの未来』旬報社．

岩間夏樹，2005，『新卒ゼロ社会――増殖する「擬態社員」』角川書店．

―――，2010，『若者の働く意識はなぜ変わったのか――企業戦士からニートへ』ミネルヴァ書房．

亀山俊朗，2006，「フリーターの労働観――若者の労働観は未成熟か」太郎丸博編『フリーターとニートの社会学』世界思想社，144-67．

鴨桃代，2007，『非正規雇用の向かう先』岩波書店．

苅谷剛彦，1995，『大衆教育社会のゆくえ』中央公論社．

片桐新自，2014，『不透明社会の中の若者たち――大学生調査25年から見る過去・現在・未来』関西大学出版部．

片瀬一男，2010，「階層社会のなかの若者たち――もう一つのロスジェネ」小谷敏・土井隆義・芳賀学・浅野智彦編『若者の現在 労働』日本図書センター，53-84．

Kiecolt K J., 2003, "Satisfaction with work and family life: No evidence of a cultural reversal," *Journal of Marriage and Family*, 65(1): 23-35.

吉川徹，2014，『現代日本の「社会の心」――計量社会意識論』有斐閣．

―――，2018a，『日本の分断――切り離される非大卒若者《レッグス》たち』光文社．

―――，2018b，「現役世代の分断をめぐる一考察」石田淳編『2015年SSM調査シリーズ8　意識Ⅰ』SSM調査研究会，93-110．

―――，2018c，「大学に行かない若者たちを見過ごすな」，朝日新聞WEBRONZA，（2018年7月6日取得，http://webronza.asahi.com/politics/articles/2018070300005.html）．

Kitschelt, H., 1995, *The Radical Right in Western Europe: A Comparative Analysis*, University of Michigan Press.

Knutsen, O., 2009, "The decline of class voting" Dalton, R.J. and H.D. Klingemann, eds., *The Oxford Handbook of Political Behavior*, Oxford University Press.

イム・バインド　働く母親のワークライフバランス――仕事・家庭・子どもをめぐる真実』明石書店.）
Hommerich, C., 2017, "Anxious, Stressed, and Yet Satisfied? The Puzzle of Subjective Well-being among Young Adults in Japan," W. Manzenreiter and B. Holthus eds., *Life Course, Happiness and Well-being in Japan*, Routledge, 72-93.
Hommerich, C., and T. Tiefenbach, 2018, The Structure of Happiness: Why Young Japanese Might be Happy After All, H. Patrick and G. Christian eds., *Being Young and Resilient in Super-Aged Japan*, Routledge, 132-49.
本田由紀，2008，『軋む社会――教育・仕事・若者の現在』双風舎.
――――，2010，「若者にとって働くことはいかなる意味をもっているのか――「能力発揮」という呪縛」小谷敏・土井隆義・芳賀学・浅野智彦編『若者の現在 労働』日本図書センター，25-51.
堀好伸，2016，『若者はなぜモノを買わないのか』青春出版社.
堀有喜衣，2007，「学校から職業への移行の変容」堀有喜衣編『フリーターに滞留する若者たち』勁草書房，31-99.
堀江孝司，2017，「福祉国家と新自由主義への支持をめぐる一考察――世論調査からの接近」『人文学報 社会福祉学』（首都大学東京人文科学研究科）33: 1-27.
Inglehart, R., 1977, *The Silent Revolution: Changing Values and Political Styles Among Western Publics*, Princeton University Press.（＝1978，三宅一郎・金丸禅男・富沢克訳『静かなる革命』東洋経済新聞社.）
Inglehart, R., 1997, *Modernization and Postmodernization: Cultural, Economic, and Political Change in 43 Societies*, Princeton University Press.
乾彰夫，2010，『〈学校から仕事へ〉の変容と若者たち』青木書店.
乾彰夫・本田由紀・中村高康編，2017，『危機のなかの若者たち――教育とキャリアに関する5年間の追跡調査』東京大学出版会.
石田浩編，2017，『格差の連鎖と若者1　教育とキャリア』勁草書房.

and Family Roles," *The Academy of Management Review*, 10(1): 76-88.
Hackman, G. R. and R. J. Oldham, 1980, *Work Redesign*, Addison-Wesley.
濱島朗，1973，「現代社会と青年層――喪失と模索の世代」濱島朗編『現代青年論』有斐閣，1-43.
原田曜平，2013，『さとり世代――盗んだバイクで走り出さない若者たち』角川書店.
――――，2014，『ヤンキー経済』幻冬舎新社.
原純輔・盛山和夫，1999，『社会階層――豊かさの中の不平等』東京大学出版会.
橋本健二，2018，『新・日本の階級社会』講談社.
橋爪裕人，2018，「働き方と幸福感の関連構造」数土直紀編『格差社会のなかの自己イメージ』勁草書房，22-45.
秦正樹，2015，「若年層の政治関心と投票参加 ――日本型政治的社会化の構造と機能に着目して」『神戸法學雜誌』65(2): 263-85.
狭間諒多朗，2016，「若年層における現在志向の時点間比較――若者の現在志向の正体」SSP プロジェクト事務局（吉川徹・伊藤理史）編『2015 年階層と社会意識全国調査（第 1 回 SSP 調査）報告書』SSP プロジェクト，47-53.
――――，2017，「現在志向が若年層のおとなしさに与える影響――政治委任意識と格差意識に注目して」『ソシオロジ』62(1): 79-96.
狭間諒多朗・橋爪裕人・吉川徹，2013，「環境保護意識・健康維持意識の変容」『社会と調査』11: 70-84.
平野浩，2007，『変容する日本の社会と投票行動』木鐸社.
廣瀬毅士，2015，「社会階層による消費水準の差異――消費に社会階層間格差は生じているのか？」間々田孝夫編『消費社会の新潮流――ソーシャルな視点 リスクへの対応』有斐閣，67-78.
Hochschild, A., 1997, *The Time Bind: When Work Becomes Home and Home Becomes Work*, Holt.（＝坂口緑・中野聡子・両角道代訳，2012，『タ

遠藤晶久・三村憲弘・山崎新，2017，「維新は「リベラル」、共産は「保守」 世論調査にみる世代間断絶」『中央公論』131(10): 50-63.

Erikson, E. H., 1968, *Identity: youth and crisis*, Norton.（= 中島由恵訳，2017，『アイデンティティ――青年と危機』新曜社.）

Foa, R.S. and Y. Mounk, 2016, "The democratic disconnect," *Journal of Democracy*, 27(3): 5-17.（=2017，濱田江里子訳「民主主義の脱定着へ向けた危険――民主主義の断絶」『世界』891: 144-55.）

藤村正之・浅野智彦・羽渕一代編，2016，『現代若者の幸福――不安感社会を生きる』恒星社厚生閣.

藤田智博，2015，「若年層の内向き志向――留学をめぐる「グローバリゼーションの逆説」」『ソシオロジ』60(1): 63-79.

Furlong, A. and F. Cartmel, 2007, *Young People and Social Change*, 2nd ed., Open University Press.（=2009，乾彰夫・西村貴之・平塚眞樹・丸井妙子訳『若年層と社会変容――リスク社会を生きる』大月書店.）

古市憲寿，2011，『絶望の国の幸福な若者たち』講談社.

玄田有史，2001，『仕事のなかの曖昧な不安――揺れる若年の現在』中央公論新社.

Giddens, A., 1991, *Modernity and Self-Identity: Self and Society in the Late Modern Age*, Blackwell Publishing.（=秋吉美都・安藤太郎・筒井淳也訳，2005，『モダニティと自己アイデンティティ――後期近代における自己と社会』ハーベスト社.）

Gorz, A., 1988, *Métamorphoses du travail, Quête du sens: Critique de la raison économique*, Galilée.（=真下俊樹訳，1997，『労働のメタモルフォーズ，働くことの意味を求めて――経済的理性批判』緑風出版.）

Grasso, M.T., S. Farrall, E. Gray, C. Hay, and W. Jennings, 2017, "Thatcher's children, Blair's babies, political socialization and trickle-down value change An age, period and cohort analysis," *British Journal of Political Science*, 1-20.

Greenhaus, J. H. and N. J. Beutell, 1985, "Sources of Conflict between Work welfare state in different institutional, 1985-1990," *International Journal of Public Opinion Research*, 10(3): 211-36.

Beck, U., 1986, *RISKOGESELLSHAFT: Auf dem Weg in eine andere Moderne*, Suhrkamp.（＝東廉・伊藤美登里訳，1998，『危険社会――新しい近代への道』法政大学出版局.）

Beck, U., 2002, *Das Schweigen der Worter: Uber Terror und Krieg*, Suhrkamp Verlag.（＝2003，島村賢一訳『世界リスク社会論――テロ、戦争、自然破壊』平凡社.）

Beck, U., A. Giddens and S. Lash, 1994, *Reflexive Modernization Politics: Tradition and Aesthetics in the Modern Social Order*, Stanford University Press.（＝1997，松尾精文・小幡正敏・叶堂隆三訳『再帰的近代化――近現代における政治、伝統、美的原理』而立書房.）

Blauner, R., 1964, *Alienation and Freedom: the Factory Worker and his Industry*, University of Chicago Press.（＝1971，佐藤慶幸監訳『労働における疎外と自由』新泉社.）

Brown, S. L. and A. Booth, 2003, "Stress at home, peace at work: A test of the Time Bind hypothesis" *Social Science Quarterly*, 83(4): 903-20.

Damaske, S., J. M. Smyth, and M. J. Zawadzki, 2014, "Has Work Replaced Home as a Haven? Re-examining Arlie Hochschild's Time Bind Proposition with Objective Stress Data," *Social Science Medicine*, 115: 130-8.

土井隆義，2008，『友だち地獄――「空気を読む」世代のサバイバル』筑摩書房.

――――，2011，「キャラ化する政治意識の行方――素人っぽさの時代の国政選挙」『若者の現在　政治』日本図書センター，95-127.

Drucker, P, 1942 [1995], The Future of Industrial Man, Transaction Publishers.（＝1998，上田惇生訳『新訳 産業人の未来――改革の原理としての保守主義』ダイヤモンド社.）

遠藤功，2007，『プレミアム戦略』東洋経済新報社.

参考文献

阿部真大，2006，『搾取される若者たち——バイク便ライダーは見た！』集英社.

———，2007，『働きすぎる若者たち——「自分探し」の果てに』光文社.

Adorno, T. W., E. Frenkel-Brunswik, D. Levinson and N. Sanford, 1950, *The Authoritarian Personality,* Harper and Row.

Aldrich, D. P. and R. Kage, 2011, "Japanese liberal Democratic party support and the gender gap: A new approach," *British journal of political science,* 41(4), 713-33.

Alesina, A. and E. L. Ferrara, 2005, "Preferences for redistribution in the land of opportunities," *Journal of Public Economics,* 89: 897-931.

Altemeyer, B., 1996, *The Authoritarian Specter,* Harvard University Press.

雨宮処凛，2010，『反撃カルチャー——プレカリアートの豊かな世界』角川学芸出版.

浅野智彦，2016a，「青少年研究会の調査と若者論の今日の課題」藤村正之・浅野智彦・羽渕一代編『現代若者の幸福——不安感社会を生きる』恒星社厚生閣，1-23.

———，2016b，「はしがき」川崎賢一・浅野智彦編『〈若者〉の溶解』勁草書房，i-xi.

Austin, A., 2016, "Practical Reason in Hard Times: The Effect of Economic Crisis on the Kinds of Lives People in the UK Have Reason to Value," *Journal of Human Development and Capabilities,* 17 (2): 225-44.

Bauman, Z., 2000, *Liquid Modernity,* Polity.（＝2001，森田典正訳『リキッド・モダニティ——液状化する社会』大月書店.）

Bean, C. and E. Papadakis, 1998, "A comparison of mass attitudes towards the

わ行

た行

な行

は行

ま行

ら行

索　引

米田幸弘（よねだ　ゆきひろ）
1975 年生．大阪大学大学院人間科学研究科博士後期課程修了
現在，和光大学現代人間学部　准教授

主要業績

「日本社会の勤勉性のゆくえ　格差社会のなかの労働倫理」数土直紀（編）『社会意識からみた日本　階層意識の新次元』（有斐閣，2015 年）

「格差社会のなかの仕事の価値志向　脱物質主義化仮説の再検討」斎藤友里子・三隅一人（編）『現代の階層社会 3　流動化の中の社会意識』（東京大学出版会，2011 年）

松谷満（まつたに　みつる）

1974年生．大阪大学大学院人間科学研究科博士後期課程修了

現在，中京大学現代社会学部　准教授

主要業績

「『ポピュリズム』の支持構造　有権者調査の分析から」『歴史評論』751（歴史科学協議会，2012年）

「どうして『社会は変えられない』のか　政治意識と社会階層」数土直紀（編）『社会意識からみた日本　階層意識の新次元』（有斐閣，2015年）

HOMMERICH Carola（ホメリヒ　カローラ）

1978年生．ケルン大学経営・経済学部社会科学研究科博士後期課程修了

現在，上智大学総合人間科学部社会学科　准教授

主要業績

Carola Hommerich and Tim Tiefenbach, The Structure of Happiness: Why Young Japanese Might be Happy After All. In Heinrich, Patrick; Galan, Christian (eds.), *Being Young in Super-Aging Japan. Formative Events and Cultural Reactions* (London: Routledge, 2018).

David Chiavacci and Carola Hommerich (eds.), *Social Inequality in Post-Growth Japan. Transformation during Economic and Demographic Stagnation* (London: Routledge, 2017).

清水香基（しみず　こうき）

1990年生．北海道大学大学院文学研究科博士後期課程修了

現在，北海道大学大学院文学研究院　助教

主要業績

「日本人の宗教意識変容に関する計量的研究　NHK「日本人の意識調査」データを用いたコウホート分析」『次世代 人文社会研究』13（韓日次世代學術 FORUM, 2017年）

「幸福感に関する調査とデータ」櫻井義秀（編）『しあわせの宗教学　ウェルビーイング研究の視座から』（北海道大学出版会，2018年）

執筆者紹介　※執筆順、*は編者

吉川徹（きっかわ　とおる）*

1966年生．大阪大学大学院人間科学研究科博士後期課程修了
現在，大阪大学大学院人間科学研究科　教授

主要業績
『日本の分断　切り離される非大卒若者たち』（光文社，2018年）
『現代日本の社会の心　計量社会意識論』（有斐閣，2014年）　他

狭間諒多朗（はざま　りょうたろう）*

1989年生．大阪大学大学院人間科学研究科博士後期課程修了
現在，南山大学総合政策学部　講師

主要業績
「現在志向が若年層のおとなしさに与える影響　政治委任意識と格差肯定意識に注目して」『ソシオロジ』62(1)（社会学研究会，2017年）
「若者の地位アイデンティティ　現在志向と宗教性の効果に注目して」数土直紀（編）『格差社会のなかの自己イメージ』（勁草書房，2018年）

濱田国佑（はまだ　くにすけ）

1976年生．北海道大学大学院教育学研究科博士後期課程修了
現在，駒澤大学文学部　准教授

主要業績
「在日ブラジル人の『社会問題』化と排外意識」小林真生（編）『移民・ディアスポラ研究3　レイシズムと外国人嫌悪』（2013年，明石書店）
「地域住民のアイヌ政策に対する意識」小内透（編）『先住民族の社会学2　現代アイヌの生活と地域住民——札幌市・むかわ町・新ひだか町・伊達町・白糠町を対象にして』（2018年，東信堂）

分断社会と若者の今

発行日　2019年　3月29日　初版第1刷発行
　　　　2021年10月18日　初版第3刷発行

編　者　吉川徹・狭間諒多朗

発行所　大阪大学出版会
　　　　代表者　三成賢次

〒565-0871
大阪府吹田市山田丘2-7　大阪大学ウエストフロント
電話 06-6877-1614（直通）FAX 06-6877-1617
URL：http://www.osaka-up.or.jp

印刷・製本　尼崎印刷株式会社

ISBN 978-4-87259-679-3　C3036